M. SAGE

LA
ZONE-FRONTIÈRE

ENTRE

l'« Autre Monde » et celui-ci

Mens agitat molem.
L'esprit meut la matière.

PARIS
P.-G. LEYMARIE, ÉDITEUR
42, RUE SAINT-JACQUES, 42
—
1903
Tous droits réservés.

LA
ZONE-FRONTIÈRE

DU MÊME AUTEUR

Paru en 1902

Madame Piper et la Société anglo-américaine pour les Recherches psychiques, préface de Camille **FLAMMARION**.

A peine sorti des presses, cet ouvrage a été traduit en anglais chez Brimley Johnson ; et en allemand chez Ernst Günker.

M. SAGE

LA ZONE-FRONTIÈRE

ENTRE

l' « Autre Monde » et celui-ci

Mens agitat molem.
L'esprit meut la matière.

———❖———

PARIS
P.-G. LEYMARIE, ÉDITEUR
42, RUE SAINT-JACQUES, 42

1903

LA ZONE-FRONTIÈRE

CHAPITRE PREMIER

L'Homme cérébral et l'Homme magique.

L'essence de la vie est partout identique. — La pensée et l'instinct. — La vie n'est pas un simple phénomène chimique. — La conscience et son évolution. — La conscience de l'homme incarné sera toujours limitée. — L'homme cérébral et l'homme magique. — L'instinct de l'immortalité et la terreur de la mort. — L'hypothèse de Metchnikoff. — L'immortalité d'après les monistes. — L'Oriental craint moins la mort que nous. — La mort est-elle douloureuse ? La conscience chez le moribond. — L'instinct d'immortalité qui est en nous vient de l'homme magique. — L'étude de l'homme magique est possible en partie pour l'homme cérébral. — Le sommeil.

Lorsque dans le troupeau immense des humains bêlants et méchants, quelques rares unités deviennent capables de pensée propre et de réflexion, elles commencent par s'étonner d'elles-mêmes, et par se demander quelle sorte de phénomène elles peuvent bien être, au milieu des autres phénomènes de cet univers. Un beau matin, sans savoir pourquoi ni comment, sans savoir ni d'où il vient ni où il va, pareil à un naufragé déposé pendant son sommeil par une vague sur un rivage inconnu, l'homme se trouve au milieu d'un ensemble de choses infiniment complexe, qui réagit sur lui et contre lequel il est forcé de réagir. S'il s'étonne, ce n'est pas sans raison.

Les peuples enfants ne séparent pas l'homme de l'ensemble des choses qui l'environnent. Il n'en font pas un être à part, une sorte de dieu ; au contraire, ils attribuent à tous les autres êtres, animés et inanimés, une mentalité humaine ; pour eux l'univers entier est composé d'hommes qui ne diffèrent que par la forme extérieure ; des esprits humains meuvent toutes choses ; s'il est une différence entre ces esprits de même nature, elle consiste en ce que ceux qui meuvent la forme proprement humaine sont plus faibles et plus imparfaits que les autres. Pour celui que l'on appelle improprement le sauvage, pour l'homme-enfant, les animaux et les choses inanimées ont une force, une volonté, une âme, mais une âme sans faiblesses. Aussi en fait-il ses dieux, et les supplie-t-il à deux genoux de ne pas trop abuser de leur grand pouvoir.

C'est parce que cette conception est naturelle à tout homme, même civilisé, que nous acceptons si aisément les conventions et les fictions de la fable, que, par exemple, nous lisons sans nous récrier :

Le Chêne un jour dit au Roseau ;

ou bien :

Celui-ci, dit le Vent, prétend avoir pourvu
A tous les accidents.

Ce sont là des absurdités grossières qui devraient répugner à la raison même de l'enfant. Il n'en est rien ; au contraire, nous nous intéressons toujours aux aventures du chêne et du roseau anthropomorphes, alors que, en temps ordinaire, les aventures d'un véritable chêne et d'un véritable roseau ne nous intéresseraient nullement.

Au moyen-âge, certains évêques excommuniaient gravement les chenilles qui désolaient leur diocèse ; d'autres intentaient des procès aux sangsues, aux coqs ou aux rats. Maintes fois, des animaux ainsi condamnés après un procès en règle furent exécutés par la main du bourreau. Le dernier procès qui fut intenté à un animal n'est pas très éloigné de nous : le

27 brumaire an II, le tribunal révolutionnaire eut à juger un chien qui fut condamné à mort. On voit d'après cela que, même longtemps après Descartes, tout le monde ne considérait pas les animaux comme de simples automates.

Quand certains esprits humains ont dépassé le stage de la naïveté dont nous venons de parler, quand leur pensée est déjà moins simpliste, ils entrent dans une période d'orgueil, ils se contemplent eux-mêmes avec beaucoup de complaisance, et ils se proclament des rois, des dieux. Comme ils sont hommes, ils sont bien obligés d'attribuer aux autres hommes ce qu'ils s'attribuent à eux-mêmes. Il s'imaginent l'univers comme composé uniquement de matière brute et d'automates ; l'homme est un être à part, créé à l'image de Dieu lui-même ; l'homme seul a la pensée ; lui seul a la conscience, bref, lui seul a une âme immortelle. Descartes, qui était un grand esprit, a eu tort d'épouser cette théorie ; il aurait dû la laisser aux théologiens.

Mais à mesure que la pensée de l'homme devient plus pénétrante, à mesure que l'horizon qu'elle embrasse est plus étendu, cet orgueil et ces prétentions à la Descartes s'en vont en fumée. L'homme se rend compte que tout se tient dans l'univers, que tout s'enchaîne, que tout est solidaire ; il voit qu'entre lui et les autres êtres animés, voire même peut-être ceux qui sont inanimés, il n'y a qu'une différence de

degré, mais non pas une différence d'essence.
Nous ne savons pas ce que c'est que la vie,
mais nous percevons déjà clairement que ce
principe, quelle qu'en soit la nature, est partout
identique. Si l'homme est un esprit qui traîne
un corps, le chien n'est pas qu'une machine
infiniment parfaite, il est, lui aussi, un esprit qui
traîne un corps d'une autre forme ; et ainsi de
suite jusqu'aux degrés les plus bas de l'échelle
des êtres, jusqu'aux cristaux, tout au moins.
Cette conception est la plus grandiose de toutes
celles auxquelles l'esprit humain est parvenu
jusqu'aujourd'hui. Seuls des hommes très sots,
très attardés, peuvent la trouver humiliante.

Mais, de même qu'on ne trouve pas tous les
arbres arrivés au même degré de croissance,
on ne trouve pas ce principe unique de la vie
arrivé chez tous les êtres au même degré d'évolution. On peut distinguer trois grandes phases
de l'évolution de la vie : d'abord le principe
vital organise une forme ; au deuxième degré,
il réagit contre les influences extérieures au
moyen des organes qu'il a créés ; au troisième
degré enfin, il pense.

L'homme seul est-il arrivé à ce troisième
degré, celui de la pensée consciente ? Certes,
auraient dit jadis les cartésiens. Mais les savants
d'aujourd'hui, s'ils étaient affirmatifs, le seraient
plutôt dans un sens contraire. Les animaux
pensent, certainement, et la pensée de beau-

coup d'entre eux est peut-être plus intense et plus nette que celle d'un grand nombre d'humains. L'homme est un animal industriel, dirait-on volontiers, et lui seul a des industries. Erreur, erreur grave! Les animaux, même les moins élevés, ont aussi leurs arts, leurs métiers, leurs industries ; leurs travaux ne sont pas moins merveilleux que les nôtres ; souvent pour un esprit non prévenu, ils le sont davantage. Or, si on ne peut plus considérer les animaux comme des automates créant automatiquement des merveilles, si nos créations, à nous hommes, sont le résultat de la pensée, on est bien forcé d'admettre que les créations des animaux sont aussi le résultat de la pensée. Les effets étant identiques, on a logiquement le droit de conclure à une cause identique. Mais l'instinct? dira-t-on: un oiseau ne bâtit son nid que par instinct, il sait le bâtir presque en venant au monde, et jamais il ne fréquenta une école d'architecture pour nids. D'abord en ce qui concerne l'instinct, il est aujourd'hui à peu près démontré qu'il est loin d'être aussi immuable qu'on le croyait autrefois. L'animal peut très bien s'adapter à des circonstances nouvelles, il peut très bien modifier les procédés qui sont héréditaires dans sa race. Les exemples sont nombreux d'oiseaux qui, tout à coup, se sont mis à bâtir leur nid avec un duvet inconnu de leurs ancêtres, mais répondant mieux au but que l'herbe dont ceux-ci s'étaient servis pendant des siècles. Que dirait-on si, vraiment, l'instinct n'était qu'une science héritée, je dis science, c'est-à-dire une connaissance, un savoir-faire acquis par l'effort de l'esprit, et non pas du tout un don fait à un automate par un divin artisan? Beaucoup d'animaux ont une vie éphémère, qui ne leur permet pas d'apprendre beaucoup ; mais leurs ancêtres, à des époques géologiques reculées, vécurent longtemps : ils formèrent des sociétés nombreuses, au milieu desquelles la pensée put évoluer. On me dira : Où a-t-on un exemple dans la race humaine d'un savoir qui s'hérite ? Est-ce qu'un Newton, un Descartes, un Leibnitz a transmis par l'hérédité ses connaissances à ses enfants ? Non, mais nous n'avons quand même pas le droit de conclure que cela est impossible. L'hérédité peut être un phénomène très atténué dans notre espèce et très prononcé dans les autres. La quasi-incapacité de l'espèce humaine d'hériter des qualités acquises constituait une infériorité qui a pu, en fin de compte, devenir un avantage.

Héritant moins de pensées toutes faites, l'individu humain est forcé d'en créer davantage, et c'est ainsi que notre vie prend plus d'individualité. Mais oserait-on affirmer que nous n'héritons pas d'une manière atténuée de la pensée de nos ancêtres ? Ah ! les préjugés ! les us et coutumes surannés ! les tics, les impulsions inconscientes ne sont-ils pas là pour prouver le contraire ? — Quand il vient au monde, l'homme est le plus désemparé de tous les êtres ; il n'hérite pas comme l'oiseau de l'art de bâtir une demeure, mais il n'hérite pas non plus d'un vêtement pour le défendre du froid. Si nous voulons mieux comprendre l'univers, cessons de nous considérer comme le pivot de cet univers. De ce qu'un processus est très atténué dans notre espèce, n'en concluons pas qu'il soit forcément et partout également atténué.

Je crois fermement à la loi de l'adaptation au milieu, mais je ne crois pas que les êtres vivants s'adaptent au milieu automatiquement, comme une masse liquide, par exemple, épouse les aspérités du lit où elle se rassemble. Une modification, nécessitée par un changement dans le milieu, ne se fait pas spontanément, même chez le plus infime des êtres vivants : elle se fait par une sorte de cogitation, je dis cogitation afin de réserver le terme pensée aux cogitations conscientes des êtres supérieurs, comme l'homme.

L'être humain diffère des autres, aime-t-on à dire aussi, en ce qu'il est un être sociable, en ce qu'il est un animal politique. Ce serait en effet un bel avantage, si nous le possédions, que celui d'être les seuls à nous disputer en famille ; mais cet avantage est si peu exclusif que tous les animaux, à l'état de nature, ont une tendance à se réunir en société : C'est notre tyrannie seule qui les force à se disperser. Nous sommes fiers de nos Etats et de nos républiques ; mais n'oublions pas les républiques bien plus parfaites des abeilles et des fourmis. Est-ce que les fourmis ne savent pas aussi bien que nous se soumettre à une discipline, s'organiser en armées, obéir à des états-majors, massacrer et piller leurs ennemis ? Que diable ! c'est pourtant là notre plus beau titre de gloire. Qui nous dit qu'il n'y a pas des Newton, des Descartes et des Leibnitz parmi les fourmis ? Qu'en savons-nous ? Sait-on si une fourmi n'a pas pensé et exprimé aux autres fourmis cette idée que Pascal a formulée pour nous : Une fourmi à elle toute seule vaut mieux que l'univers entier ; l'univers, ensemble de forces brutes et inintelligentes, peut écraser la fourmi, mais il ne sait pas ce qu'il fait. La fourmi, au contraire, sait que l'univers l'écrase.

La vie des plantes elle-même, pour l'observateur attentif, rappelle absolument la vie des animaux. Il est prouvé aujourd'hui que les plantes sont sensibles ; l'appareil sensitif de certaines plantes est même supérieur à celui de certains animaux inférieurs. Les cas sont même nombreux où l'on est tenté d'attribuer aux plantes une conscience et une volonté. La vie, dis-je, est partout la même.

Nous l'observons jusque chez les cristaux.

C'est un principe vital qui les organise, qui leur donne leur forme, qui leur permet dans certaines circonstances de réparer ce que j'appellerais volontiers leurs traumatismes.

Est-ce que la vie plonge plus avant encore dans les profondeurs de la matière ? Probablement ; mais nous n'avons pu jusqu'à présent observer ses manifestations au delà des cristaux : nous le pourrons peut-être plus tard.

Qu'est-ce donc que le principe vital ? Qu'est-ce donc que la vie ? Pour les monistes, la vie n'est autre chose qu'une combinaison chimique dont ils n'ont pas encore pu surprendre le secret : ils prennent en pitié ceux qui en doutent. Pensez donc ! Ils ont constaté l'identité fondamentale du chimisme des êtres vivants et du chimisme du monde minéral ; ils sont même arrivés à produire dans leur laboratoire, par synthèse, quelques-unes des substances qui entrent dans la composition des êtres vivants. On a fabriqué une albumine composée exactement comme l'albumine vivante : elle est formée des mêmes corps simples pris dans les mêmes proportions. Il ne lui manque rien, ou presque rien : il ne lui manque que la vie. Mais les chimistes ne désespèrent pas de la lui donner. Du moment, disent-ils, que notre albumine artificielle est chimiquement identique à l'albumine vivante, si la nôtre n'a pas la vie, cela provient uniquement de ce que la disposition des atomes dans la molécule n'est pas celle qu'il faudrait. Cherchez donc cette disposition qui vous manque, messieurs : je crois que vous la chercherez longtemps. La vie peut animer la matière, mais elle n'est pas la matière. Je ne sais pas si nous découvrirons jamais le secret de la vie ; mais je crains bien que nous n'y arrivions pas tant que nous serons dans ce monde de la matière. Ce qui distingue la matière vivante, c'est qu'elle peut s'assimiler la matière non vivante. Un être vivant est un véritable laboratoire de chimie où fermentent toutes les pourritures ; il prend de la matière morte dans l'ambiance, il se l'assimile pour un temps très court, puis il la rejette. Cependant, dans tout être vivant, il y a quelque chose qui reste fixe. Ce principe fixe est évidemment indépendant du torrent rapide de matière qui le traverse. Ce principe fixe travaille la matière, probablement pour en tirer des énergies qui lui permettent d'agir dans le monde physique, mais il ne peut pas dépendre de cette matière. En résumé et pour être clair, sous toutes les formes des êtres vivants, il y a une âme qui organise ces formes pour un temps, dans un but de nous inconnu. Cette âme peut vivre en dehors de la matière ; elle ne vit même pleinement qu'en dehors de la matière. C'est la théorie que j'ai l'intention d'examiner dans cet ouvrage.

Le principe vital humain, pendant toute la durée de la vie intra-utérine, organise sa forme ; fait curieux, il repasse successivement par toutes les phases par lesquelles la race elle-même a dû passer à travers les âges avant d'arriver à la forme de l'homme actuel. Le principe vital fait une sorte de récapitulation rapide. Pendant toute la durée de la vie intra-utérine, il se consacre tout entier à son travail d'organisation. L'embryon, isolé dans les organes de la mère, plongé en outre dans un liquide spécial où il flotte mollement, éloigné des vibrations lumineuses, l'embryon, dis-je, n'a pas ou presque pas à réagir contre le monde extérieur. Il serait bien intéressant de savoir au juste où en est la conscience pendant la vie utérine ; mais nous ne le saurons jamais. Selon toute vraisemblance, elle est à peu près inexistante. Les monistes ne seront pas de cet avis ; ils ont distribué largement la conscience dans l'univers, ils en ont fait une sorte de phénomène accessoire, ou, comme ils disent, un épiphénomène, accompagnant chez les êtres vivants tous les autres phénomènes vitaux. Notre conscience à nous hommes, dont nous sommes si fiers, ne serait qu'une synthèse de toutes les consciences des diverses cellules de notre organisme. J'avoue en toute sincérité que mon esprit ne peut pas se faire à cette conception. Pour moi, la conscience ne va pas sans un souvenir au moins éphémère et sans une réflexion au moins atténuée. Je doute de l'existence de la conscience chez l'embryon, je doute même de l'existence de la conscience pendant les premiers instants de la vie extra-utérine. Toutefois la conscience n'est pas une sorte de plante parasite qui vient un beau jour se greffer sur l'esprit de l'être vivant. Le principe vital a en lui la potentialité de la conscience, si je puis m'exprimer ainsi ; il peut, à un moment de son évolution, devenir conscient de lui-même et se distinguer du monde extérieur.

L'apparition de la conscience rentre dans le développement normal du principe vital. Toutefois il ne faudrait pas croire que je n'attribue la conscience qu'à l'être humain : en fait, je ne connais que ma propre conscience ; c'est par induction que j'attribue à mes semblables une conscience pareille à la mienne. Cette même induction me permet certainement d'attribuer la conscience à la plupart des animaux : je trouve chez eux des signes incontestables de la pensée ; il est probable que cette pensée est accompagnée de conscience, peut-être même y a-t-il chez ces animaux que nous méprisons tant des individus plus conscients que beaucoup d'hommes. Ah ! la conscience chez certains humains, combien elle doit être embryonnaire ! — Les plantes elles-mêmes en sont-elles totalement dépourvues ? Nul n'oserait l'affirmer.

Ce que je redoute dans la mort, c'est justement l'anéantissement de mon moi conscient ; voilà d'où vient tout mon effroi. Mais ce moi, me dira-t-on, est, chez certains malheureux, anéanti plusieurs fois durant leur existence, sans qu'ils meurent : frappés soudain d'amnésie, ils reforment une personnalité nouvelle qui n'a aucun rapport avec la précédente. Ces misères existent, certainement ; mais s'il n'y a pas au tréfonds de mon être un je ne sais quoi qui enregistre ces fragmentations de ma personnalité, afin de me permettre plus tard de les rattacher ensemble, eh bien ! chaque fois que je change ainsi de personnalité, je meurs ; et si cette mort m'effraye moins que l'autre, celle qui doit détruire mon corps, c'est simplement qu'elle est soudaine et imprévue.

Enfin, voici l'enfant qui est né et qui pleure en commençant sa lutte pour l'existence. Les cris du nouveau-né sont probablement des réflexes, mais ils sont tellement légitimes qu'ils mériteraient d'être autre chose. L'homme commence une odyssée extraordinairement pénible dans le monde de la matière, du temps, de l'espace — tout autant d'illusions. La conscience vient petit à petit à l'enfant : il commence par distinguer son moi du monde extérieur, puis il prend conscience de quelques-uns des objets qui l'avoisinent. L'étendue de la conscience diffère avec chaque homme. Évidemment la conscience d'un bouvier, qui s'en tient à de grossières apparences, n'est pas la même que celle du savant, qui a longtemps réfléchi et qui a fini par découvrir dans les objets des propriétés inexistantes pour un regard moins attentif. La conscience d'un homme est en raison directe de son pouvoir d'attention et de sa science acquise, ou plutôt la science n'est qu'un élargissement de la conscience.

A première vue, l'homme pourrait croire qu'il n'y a pas de raison pour que, étendant indéfiniment le champ de sa conscience, il n'arrive à connaître tout l'univers. Mais il se tromperait. Le savoir humain pourra augmenter indéfiniment, l'homme n'en continuera pas moins à ne percevoir de l'univers qu'une partie très petite. Notre conscience est limitée par notre cerveau et par les cinq sens auxquels le cerveau commande. Par l'effort de la pensée, nous pouvons étendre le champ de chacun de nos sens, mais nous ne pourrons probablement jamais créer des sens nouveaux. Or si, dans l'univers, il y a infiniment plus de choses que n'en rêvera jamais notre philosophie, il y a surtout un infini de choses pour nous inexistantes parce que nous n'avons pas de sens pour les percevoir. Le vulgaire, et beaucoup de savants avec lui, ne se font pas facilement à cette idée : ils croient volontiers, comme les enfants, que nos cinq sens sont la mesure de l'univers. Parlez-leur par exemple d'un être dont le raisonnement nous amène à concevoir l'existence, mais qui ne tombe point sous nos sens : ils riront. Parlez-leur d'une âme distincte du corps visible : ah oui ! diront-ils, l'âme ! qui est-ce qui l'a jamais vue ? où est le chirurgien qui l'a jamais rencontrée sous son scalpel ? Enfantillage ! Le chirurgien n'a pas rencontré non plus l'éther sous son scalpel ; néanmoins il admet que le cadavre qu'il dissèque en est entièrement pénétré : il l'admet, parce qu'il y a un nombre considérable de phénomènes qu'on ne peut pas expliquer autrement. Notre cerveau et nos cinq sens ne sont donc pas la mesure de l'univers, le monde avec lequel ils nous mettent en communication n'est qu'un imperceptible fragment de l'univers. Or notre science moderne, dont nous sommes si fiers et à bon droit, étant limitée forcément par notre cerveau et nos sens, ne peut donc pas embrasser l'univers.

Mais si par hasard l'homme était quelque chose de plus qu'une machine protoplasmique ; si, en dehors de sa conscience cérébrale, il avait une autre conscience bien plus vaste momentanément endormie, conscience d'un monde autre que le monde physique, monde d'où il vient et où il retourne ; si nous avions des faits démontrant l'existence de cette conscience endormie, nous pourrions légitimement distinguer l'homme cérébral et l'homme, que j'appellerai avec Carl du Prel, magique. Je dis *magique*, parce que c'est cet homme que les vieux adeptes de la magie ont cru étudier. Leurs études ne valent peut-être pas grand'chose et sont à refaire. Toutefois, de même que les alchimistes avaient entrevu bien des vérités dont la chimie s'honore aujourd'hui, il pourrait se faire que les occultistes aient entrevu bien des vérités dont la science s'honorera demain. Cette science de demain, pourquoi ne lui conserverions-nous pas le vieux nom de *magie*, et pourquoi éprouverions-nous de la répugnance à dénommer l'objet de son étude *l'homme magique ?*

La science d'aujourd'hui tout entière est l'acquis mental de l'homme cérébral, mais cette science n'a nullement détruit l'hypothèse de l'homme magique ; au contraire, plus elle va, plus elle se heurte à un substratum inconnu, disons le mot, à un monde inconnu, qui semble pénétrer celui-ci de toutes parts.

L'homme magique peut être non seulement immortel mais encore éternel ; il peut s'endormir sans cesser d'enregistrer pour se les rappeler plus tard, les événements où il joue un rôle. Mais en tout cas l'homme cérébral, lui, est loin d'être immortel : il est même très éphémère. Non seulement il est éphémère lui-même, mais tout ce qui l'entoure est également éphémère. Tous les êtres vivants ou même ceux qui semblent ne pas l'être ont un commencement, une naissance, une vie relativement rapide et une fin relativement prompte. Depuis que la race des hommes existe, elle n'a jamais cessé de constater que tout finit, et pourtant elle n'a jamais pu se faire à cette idée. Nous avons, comme un sentiment d'être immortels, et ce sentiment ne peut pas avoir été puisé dans notre milieu. Ce sentiment, cet instinct de l'immortalité est tellement puissant chez nous que nul homme ne peut envisager sans effroi l'idée qu'il faudra mourir.

La mort est et restera toujours pour nous la reine des épouvantements. Je dis pour nous, mais il en est probablement de même pour les animaux : des bœufs ne passent pas sans effroi en un lieu où ils ont vu un de leurs compagnons tomber pour ne plus se relever. Si le bœuf rumine encore dans le calme quelques instants avant qu'on ne l'assomme, cela vient justement de ce qu'il se croit immortel, de ce qu'il ne réfléchit pas, de ce qu'il ne joint pas deux idées ensemble, de ce qu'il ne sait pas que sa fin est proche. Si elle le savait, la pauvre bête ne ruminerait pas. Au reste, les cas sont nombreux où il est possible de constater chez les bêtes une anxiété terrible quand elles ont une vague idée qu'elles pourraient périr.

Nous aimons tellement la vie que nous la préférons à la mort, même avec tout le cortège des douleurs. Que je sois bancal, perclus, dit notre bon La Fontaine qui connaissait bien l'homme, pourvu qu'en somme je vive, c'est assez... Ne viens jamais, ô mort !

Sornettes que tout cela ! s'écrient non sans dépit les savants matérialistes. La mort n'effraye pas tout le monde ; elle effraye le vulgaire parce qu'il l'a peuplée d'épouvantails ; mais un savant, un Hœckel, par exemple, est bien au-dessus de la mort ; il descend, lui, dans le tombeau, plein de calme, comme on va se reposer dans son lit le soir. Ce calme fait très bien dans une belle page de prose ; c'est grand, cela vous fait planer bien haut au-dessus du profane vulgaire. Mais je suis sceptique, et je crains qu'en face de la mort l'âme du savant matérialiste soit moins calme que ses périodes ne le laissaient supposer jadis. Mais ceux qui se suicident, dira-t-on, est-ce qu'ils redoutent aussi la mort ? On ne se suicide que par amour de la vie, parce qu'on avait conçu la vie trop belle et parce que la réalité est trop loin de cette conception ; enfin on ne se suicide jamais que sous l'influence d'un accès de folie. Les suicidés ne prouvent rien du tout.

D'autres savants, plus logiques et plus pénétrants, ne s'imaginent pas chasser la terreur de la mort en s'en moquant et en la niant. Cette terreur universelle existe, elle est un fait, et M. Metchnikoff, logique dans ses principes, s'en étonne. Lui et l'Institut Pasteur ont entrepris de guérir la vieillesse, qui n'est qu'une sorte de maladie. Ils pourront très bien y arriver ; ils n'empêcheront pas l'homme de mourir un jour, mais ils pourront prolonger longtemps son existence. Seulement ils prétendent qu'ainsi un jour viendra où l'homme mourra volontiers, où il désirera même mourir, où, fatigué des travaux de la vie, il aspirera, d'après l'expression imagée et très belle de M. Metchnikoff, au bon sommeil de la terre. C'est là une hypothèse toute gratuite et qui ne repose pas sur les faits. Je veux bien que l'homme ne meure pas, qu'il se tue, comme disait Broussais ; mais cela ne prouve pas que le jour où il mourra au lieu de se tuer, il mourra avec plaisir. Voilà un homme qui en naissant a reçu pour 200 ans de vie en puissance. La terrible maladie de la vieillesse arrive et le tue à 90 ans. Rien d'étonnant à ce qu'il s'effraye, à ce qu'il proteste : il n'a pas son compte ; il redoute la mort parce qu'elle le supprime brusquement, au lieu de l'éteindre doucement. Admettons. Mais tous les hommes, au moment de leur naissance, ne reçoivent pas en puissance pour 200 ans de vie, il doit y en avoir qui n'en reçoivent que pour 90 ans, par exemple, et qui épuisent leur réserve de force vitale. Donc il doit y avoir des vieillards qui meurent avec plaisir, qui trouvent qu'il est très bon de mourir. Oui, sans doute, on trouve des vieillards qui expriment ces idées, mais on n'en trouve pas qui les pensent dans toute la sincérité de leur âme ; ils se résignent à la nécessité inéluctable de mourir, ils n'appellent pas la mort, à moins que la souffrance ne leur rende la vie intolérable.

Or, qu'on retourne la question comme on voudra, si nous ne sommes que des machines protoplasmiques éphémères, la mort est une fonction physiologique qui devrait nous être aussi indifférente que toutes les autres. Néanmoins l'effroi devant la mort continue à remplir les temples et à faire prospérer les prêtres de toutes les superstitions. La grande foule des matérialistes eux-mêmes, moins stoïque que les chefs, demande une consolation. M. Jean Finot, après tous les maîtres de son école, leur en fournit, dans un livre récent, une bien curieuse : ceux qui s'en contenteront seront des gens faciles à consoler. Nous ne mourons pas, dit-il, notre corps est immortel; à peine est-il descendu dans le tombeau qu'il donne naissance à des myriades d'autres vies. Ces animalcules qui naîtront de ma dépouille sont peut-être très beaux en eux-mêmes ; mais, n'en déplaise à M. Jean Finot, je les trouve hideux et je n'éprouve aucun plaisir à les contempler. Ce sera faiblesse d'âme, mais cette faiblesse est en moi. Je trouve que M. Finot a tort de condamner aussi sévèrement qu'il le fait la crémation, sous prétexte que nous devrions avoir des sentiments paternels envers les animalcules qui naissent de notre dépouille. Je trouve même qu'il se moque de moi. Ce que je redoute dans la mort, ce qui me fait tressaillir d'effroi, c'est l'anéantissement de mon moi conscient. Si j'étais sûr que ce moi conscient ne meurt pas avec mon corps, eh bien! de ce corps je ne me soucierais aucunement, pas plus que je ne me soucie d'un vieux vêtement que j'ai quitté. Si ce corps, après sa mort, devient un foyer nouveau de vie utile, tant mieux ; mais ce n'est pas là mon affaire.

Maintenant, est-ce à dire que toutes les races éprouvent un effroi également intense en présence de la mort? Nous autres Occidentaux nous sommes privilégiés sous ce rapport. Dans notre méchanceté, nous avons mis au delà de la mort, un enfer, une éternité de douleur. Cet enfer est si difficile à éviter, il faut pour cela témoigner tant de respect à nos prêtres, se faire si petit devant eux, qu'on peut dire qu'il est à peu près inévitable pour la majorité des humains. Et dame! quand la fin approche, quand on voit le moment où l'on va s'abîmer dans cet océan d'infinie douleur rêvé par notre imagination, dame! il serait étonnant qu'on n'eût pas un frisson, qu'on demeurât calme et reposé devant une pareille perspective. L'Oriental, lui, Hindou ou Chinois, a été moins sot ou moins méchant.

Il n'a pas mis d'enfer éternel au delà de la tombe ; au contraire, il y a plutôt mis du bonheur pour tous. Or, comme sa vie est souvent misérable, au delà de ce qu'un Occidental peut concevoir, qu'y a-t-il d'étonnant à ce qu'il salue quelquefois la mort comme une libératrice ? C'est une libératrice qu'il abhorre d'instinct, mais c'est une libératrice tout de même : c'est sa raison qui lui dit qu'il ne faut pas tant la redouter.

Certains matérialistes disent : La crainte de la mort, c'est tout simplement la crainte de la souffrance par laquelle on meurt ; on craint de mourir parce qu'on craint de souffrir, il n'y a pas autre chose. Eh bien ! ne leur en déplaise ! il y a autre chose. Voici un homme calme et plein de vie ; si on lui disait que dans quelques instants il va mourir, sans s'en apercevoir, de la rupture d'un anévrisme, je vous assure que son calme ne durerait pas longtemps, même s'il était bien pénétré de cette idée qu'aucune douleur n'accompagnera sa fin.

Mais au fait, est-il vraiment si douloureux de mourir ? L'observation impartiale tendrait plutôt à prouver que la mort est infiniment douce. C'est une bonne mère qui vient nous prendre dans ses bras et nous guérir en souriant de la maladie de vivre : « N'oublie pas, disait Socrate à Criton, quelques instants avant d'expirer, d'offrir un coq à Esculape. » « Mon Dieu, disait

La Boétie, moribond, qu'on faisait revenir d'un évanouissement à force de remèdes, mon Dieu! qui me tourmente tant? Pourquoi l'on m'ôte de ce grand et plaisant repos auquel je suis? Quelle aise vous me faites perdre! » S'il fut un homme qui redouta la mort, ce fut ce pauvre Alfred de Musset ; l'idée lui en était insupportable. Mais quand le moment de mourir pour de bon arriva, lui qui avait tant souffert de l'insomnie, pris d'un sentiment de béatitude profond, il dit : « Enfin! je vais donc pouvoir dormir! » Quand la mort approche, la douleur cesse ; les affres de l'agonie, suite de réflexes purs, ne sont pénibles que pour les spectateurs. Tout ceux qui ont pu exprimer leurs sensations à ce moment en témoignent ; en cherchant un peu, on citerait des textes tant qu'on voudrait. Le mourant plonge lentement dans un sommeil de plus en plus doux ; la conscience du monde physique, de ses douleurs comme de ses joies, devient de plus en plus vague. Puis tout s'éteint, de cette conscience physique, tout, sauf probablement le souvenir. L'homme est mort, ou plutôt non, l'homme cérébral seul est mort, l'homme magique s'éveille petit à petit : nous sommes dans un autre monde.

Eh bien! la science aura beau démontrer qu'il est doux de mourir, si elle ne démontre pas en même temps que tout n'est pas fini avec la mort pour notre moi conscient, elle n'en rendra pas la mort aimable pour cela.

Mais si, par hypothèse, notre moi cérébral n'était qu'une faible partie de notre moi total, si, au-dessous de l'homme cérébral, il existait réellement un homme magique, nous n'aurions alors aucune peine à expliquer l'instinct d'immortalité qui est en nous, instinct qui produit notre effroi devant la mort. L'homme cérébral ne peut pas avoir l'instinct de l'immortalité. Où l'aurait-il pris? Tout meurt autour de lui, tout passe, tout s'évanouit. L'expérience de l'individu, comme l'expérience de la race, devrait s'élever fortement contre toute idée d'immortalité. Et c'est bien là ce que font les savants matérialistes qui n'ont étudié que l'homme cérébral et qui, l'ayant étudié avec leur cerveau, prétendent qu'il est seul digne d'examen, qu'il est seul réel. Ils sont logiques quand ils sourient de pitié en présence du sentiment d'immortalité qui sourd des profondeurs de l'âme des individus. Ils ont raison de crier et de croire à la superstition : l'homme cérébral n'est pas immortel, et les faits qui tendent à démontrer l'existence de l'homme magique sont souvent si fugitifs, si déconcertants, si difficiles à admettre pour la conscience cérébrale qu'on comprend très bien que l'homme d'aujourd'hui, qui a de science juste ce qu'il en faut pour être orgueilleux, mais pas assez encore pour revenir à l'humilité, nie ces faits purement et simplement, même contre toute évidence. Hœckel, le grand pontife du monisme, qui, pareil au Tout-Puissant, a mesuré l'univers de son compas, qui, du haut de sa vaste intelligence, contemple avec un dédain profond tous ceux qui ne pensent pas comme lui, Hœckel, dis-je, a écrit ces propres paroles : « La croyance mystique à une âme, existant par elle-même, indépendamment du cerveau, est un reste des superstitions des siècles passés qui a persisté jusqu'à nos jours. Elle joue encore un grand rôle dans les mystères des religions modernes et dans l'imagination des spirites. Cependant la physiologie scientifique réussit dans tous les cas facilement à montrer que ces croyances reposent sur des illusions volontaires ou non. La saine critique fait rentrer dans le domaine de la fantaisie tous les récits modernes concernant des « esprits » et des « apparitions », aussi bien que les légendes de démons et de fantômes que nous ont transmises les siècles passés. »

M. Hœckel, il n'y a que les enfants qui puissent affirmer pareille chose aussi catégoriquement, parce qu'ils ignorent encore l'infinie complexité de l'univers et la débilité de notre esprit. Vous êtes peut-être dans le vrai ; mais ne croyez pas l'avoir démontré : vous vous tromperiez lourdement.

Mais si en dépit de la « saine critique » d'un

Hœckel, les faits supranormaux auxquels il fait allusion existaient bien réellement, ils seraient dus à l'homme magique dont nous parlons. Cet homme magique, endormi pour un temps dans la matière, dans un but et par des procédés à nous inconnus, n'en conserverait pas moins le sentiment certain de son immortalité, je dirai mieux, de son éternité. On comprend alors que tous les raisonnements, que toute la logique de l'homme cérébral ne puissent arriver à détruire un sentiment qui part d'une source aussi profonde.

Nous vivons à la surface de notre être, a dit William James. Nous sommes, disait récemment Oliver Lodge, pareils à des icebergs dont la partie émergée est insignifiante par rapport à la masse énorme qui flotte sous les eaux. Nous avons deux consciences, a professé Frédéric Myers, la conscience supraliminale, notre conscience de l'état de veille, qui est peu importante, et la conscience subliminale, qui plonge à des profondeurs infinies. Cette conscience subliminale emmagasine tout ce qui effleure la conscience supraliminale et l'emmagasine pour l'éternité. Elle est transmise par l'hérédité, et c'est chez elle qu'on trouve l'explication de l'instinct. La conscience supraliminale de l'animal peut être réduite à très peu de chose, alors que la conscience subliminale, contenant tout ce que la race a conquis dans son évolution, est puissante et plus active que chez l'homme.

Mais alors, dira-t-on, la connaissance de l'homme magique sera à tout jamais dérobée à la science positive, puisque cette science, la seule qui jusqu'aujourd'hui ait donné des résultats positifs à l'humanité est exclusivement celle de l'homme cérébral? Sans doute, il ne faut pas espérer arriver à la connaissance complète de l'homme magique; cet homme magique s'étudiera lui-même quand il se sera réveillé dans un autre monde où il lui sera donné de se percevoir. Mais les faits accessibles à l'homme cérébral, qui témoignent non seulement de l'existence de l'homme magique, mais qui permettent encore d'entrevoir quelques-unes de ses facultés sont en très grand nombre. Nous en examinerons quelques-uns au cours de cet ouvrage. Non seulement l'homme magique pourra devenir un objet d'étude pour la science, mais encore cette étude sera la grande préoccupation de la science de demain.

Et d'abord, parmi les faits que les conceptions monistes n'expliquent pas, il en est un bien extraordinaire, et dont l'étrangeté ne nous frappe pas simplement à cause de sa fréquence; je veux parler du sommeil. Pourquoi dormons-nous et qu'est-ce que le sommeil? Toutes les explications qu'on a fournies ne tiennent pas debout.

En quoi consiste le sommeil ? En une congestion du cerveau, disait-on naguère ; l'organe fatigué se congestionne et nous dormons. Pourquoi se congestionne-t-il ? D'autres ont prétendu qu'au lieu de se congestionner pendant le sommeil, le cerveau s'anémiait. Ces contradictions prouvent simplement qu'on ne sait rien. Puis est venue la découverte des neurones, c'est-à-dire qu'on a fini par voir que les cellules de l'encéphale sont indépendantes. On a triomphé aussitôt : les neurones devaient donner la clef de tous les mystères. De même autrefois les linguistes, quand ils découvrirent le sanscrit, crurent naïvement que s'ils ne tenaient pas la langue primitive, ils n'en étaient plus guère éloignés. Certains ont prétendu que les neurones épuisés, ayant besoin de se refaire, rentraient leurs tentacules et se désintéressaient de la vie de leur république. D'autres ont cru pouvoir affirmer que les prolongements protoplasmiques des neurones ne changeaient pas de place pendant le sommeil. Bref, le mystère est toujours aussi profond. L'activité de l'esprit ne disparaît pas pendant le sommeil ; au contraire, dans bien des cas, elle augmente. On a parfois des rêves profonds aussi lucides que l'état de veille ; on élabore pendant le sommeil des pensées abstruses : certains hommes de génie travaillent plus en dormant qu'en veillant. Mais ce qui est frappant, c'est d'abord que pendant le sommeil, l'idéation se fait par images, et ensuite qu'elle a lieu avec une rapidité telle que le temps semble ne pas exister pour elle. Si le sommeil est peu profond, cette idéation, qui a son origine dans des excitations faibles venues de l'extérieur, est incohérente et absurde ; mais si le sommeil est profond, elle acquiert une cohérence parfaite. On peut voir en rêve des lieux qu'on n'a jamais visités, des événements qui ne sont pas encore arrivés. Seulement les rêves profonds s'oublient au réveil plus facilement que les autres : de là le phénomène si fréquent et si étrange de la paramnésie ou fausse mémoire.

Nous disons que l'idéation pendant le rêve est extraordinairement rapide. Ainsi supposons qu'en compagnie d'un ami qui vous observe vous vous endormiez dans un fauteuil. Votre sommeil aura été de si courte durée que votre ami ne s'en sera même pas aperçu. Et cependant, pendant ces deux ou trois secondes, vous aurez eu le temps de commettre un délit, d'être arrêté par la police, de demeurer en prison, de comparaître devant un tribunal, d'écouter les plaidoiries et votre condamnation. Quelquefois ce sera le couteau d'une guillotine imaginaire qui vous réveillera.

La même rapidité de l'idéation se retrouve au moment de la mort. Le moribond, en un clin d'œil, revoit comme dans un panorama toute sa vie passée.

Et dulces moriens reminiscitur Argos.

Si la pensée est une sécrétion de l'encéphale, comme la bile est une sécrétion du foie, comment expliquer cette rapidité vertigineuse, précisément au moment où les neurones s'engourdissent. Même si tous ne s'engourdissent pas et si quelques-uns restent à veiller, pourquoi pendant l'engourdissement de leurs camarades, prennent-ils ainsi le mors aux dents?

Mais si la pensée est indépendante de l'encéphale, si le cerveau n'est qu'un organe dont l'homme magique se sert pour agir dans le monde de la matière, si ce cerveau n'est qu'une entrave pour l'homme magique qui ignore l'espace et le temps, on s'explique très bien le sommeil et les phénomènes concomitants. L'homme magique se retire légèrement de l'organisme qu'il meut, la conscience cérébrale s'endort, et la conscience magique, avec ses facultés propres, s'éveille quelque peu, plus ou moins, selon que le sommeil est plus ou moins profond. Alors nous pensons par images, par images nettes et intenses, se succédant avec une rapidité prodigieuse. Or, les contrôles de Mme Piper ou de Mme Thompson nous disent : Dans notre monde nous percevons directement la pensée.

Il y a bien d'autres phénomènes qui révèlent l'existence de l'homme magique. Qu'il me suffise, pour ce chapitre, d'avoir dit un mot du plus vulgaire.

CHAPITRE II

L'Au-delà.

Où est l'autre monde ? — Les chrétiens n'étaient pas embarrassés jadis, mais l'astronomie a détruit leurs conceptions. — Allons-nous habiter successivement les planètes ? — Le monde d'un homoncule ou celui d'un géant doivent différer entièrement du nôtre. — Notre univers est en nous. — La vie est partout, dans les milieux les plus divers. — Pourquoi n'existerait-elle pas dans les espaces interplanétaires ? — L'éther semble être non un corps, mais un monde et un monde habité. — L'espace et le temps dans ce monde. — Le corps astral ou éthéré. — Difficulté des communications.

S'il existe un homme magique, et si cet homme magique est immortel, où va-t-il après la mort de l'homme cérébral ? Dans un autre monde. Mais où est cet autre monde. Cette question a une très grande importance. L'homme cérébral, enfant de l'espace et du temps, ne conçoit rien en dehors. Si on lui parle d'un autre monde sans pouvoir le localiser, il en conclut instinctivement à la non-existence de cet autre monde.

Pour la plupart des religions encore actuellement existantes, et principalement pour celle qui m'intéresse davantage, puisque c'est contre elle que le monde latin se débat péniblement, cette question de la localisation de l'au-delà ne présentait jadis aucune difficulté. Quand le christianisme se forma, l'humanité se fiait complètement aux apparences. Ce qu'on voyait était considéré comme la seule réalité, et on croyait voir toutes choses comme elles sont. On voyait la terre immobile : elle était donc immobile. On voyait la terre au centre du monde : elle était donc au centre du monde. On voyait au-dessus de la terre une voûte immense qui semblait solide : le ciel était donc, non l'espace infini où roulent les mondes, mais le firmament (1), c'est-à-dire une voûte solide, à laquelle Dieu, dans sa bonté, avait fixé des clous lumineux pour égayer nos nuits. Cette voûte tournait tout d'une pièce autour de notre terre.

Au début, les religions sont toujours d'accord avec la science. Mais un fossé qui devient chaque jour plus profond ne tarde pas à se creuser entre elles. La science, fille de la raison, va se transformant et se perfectionnant au fur et à

---

(1) Du latin *firmus*, ferme, solide.

mesure qu'on étudie davantage et que la raison humaine se fortifie. La religion, elle, reste immobile. Ses théories scientifiques du début deviennent autant de dogmes intangibles. Après quelques siècles, la religion apparaît à la science comme un monument de bêtise. Mais la religion qui domine les immenses troupeaux humains chez qui la pensée n'a pas encore commencé à balbutier, la religion se défend. Elle anathématise la science, elle condamne la raison, elle remplit le monde de ses fureurs. Et ces fureurs sont telles, le troupeau bêlant des simples qui la soutiennent est tellement grand, que c'est pour moi un sujet d'émerveillement de voir la science et la raison, incarnées dans d'infimes minorités, finir toujours par avoir le dernier mot. La raison est une force divine contre laquelle rien ne prévaut.

Pour le christianisme donc, l'au-delà était localisé en deux endroits: le paradis ou séjour des élus, c'était le ciel ; ils allaient habiter là-haut, au-dessus de cette voûte qui surplombe la terre, et ils y contemplaient face à face Dieu le père, sorte de potentat à l'asiatique qui tonnait dans les nuages quand il était en colère. On ne se préoccupait pas de savoir si les élus n'avaient pas quelquefois le vertige à être obligés de suivre le firmament dans son mouvement de rotation d'une rapidité fantastique. Les mauvais, les méchants selon l'Église, les insoumis, les raisonneurs, les damnés en un mot, allaient dans la région inférieure, dans l'enfer, qui se trouvait au-dessous de nos pieds. C'était le séjour des ténèbres éternelles ; car enfin, quand on creuse un trou dans la terre, il est facile de voir qu'il y fait noir. Les prêtres chrétiens avaient su concevoir les plus épouvantables tourments pour les damnés : leur imagination a toujours été fertile en horreurs. Mais en revanche ils se tenaient dans un vague prudent quand ils parlaient des joies du paradis. Sur ce point ils ont manqué d'habileté. S'adressant aux foules grossières, ils n'auraient pas dû hésiter à faire comme Mahomet, et à remplir leur paradis des joies que les foules grossières sont capables de concevoir. Ce vague des descriptions du paradis a laissé dans la tiédeur et l'indifférence bien des âmes qui mieux renseignées seraient devenues fanatiques.

Mais lorsque Copernic eut, d'un effort de son puissant génie, remis les choses en place, quand il eut démontré que la terre, cette prétendue capitale de l'univers, n'en était qu'un misérable village, il y eut grand émoi au camp des prêtres chrétiens. Et d'autres vinrent, les Képler, les Galilée, d'autres encore, qui anéantirent la cosmogonie chrétienne. Toutes les fureurs n'y firent rien. Ah ! les astronomes ! de tous les savants ce sont les plus redoutables et les plus détestés ! Ils ont fait à la sainte Église plus de mal que Voltaire, plus de mal que les matérialistes. Aujourd'hui les prêtres chrétiens sont bien embarrassés, quand leurs ouailles leur demandent où est le paradis et où est l'enfer. Qand on est en famille, quand il n'y a pas dans le voisinage quelque savant maudit pour entendre, on ne se gêne pas pour affirmer encore : le paradis, c'est là-haut, et l'enfer c'est sous nos pieds. Il y a peu d'années, dans certains séminaires d'Espagne, on enseignait encore *ex cathedra* que la terre ne tourne pas. Quant à moi, je puis garantir l'authenticité du fait que voici. J'ai fait, comme beaucoup de mes contemporains, une partie de mes études dans un petit séminaire. Notre professeur de rhétorique nous disait : « La terre tourne ? En est-on vraiment bien sûr qu'elle tourne ? » C'est le même homme qui, périodiquement pris de saintes fureurs, s'écriait : « Ah ! messieurs ! quand donc le Roy viendra-t-il mettre à la porte toute cette fripouille ! » Le pauvre homme par ses méchancetés a laissé en moi un impérissable souvenir : je le vois encore et le verrai toujours, il avait un front haut de deux doigts et des idées de même dimension.

Même en dehors des religions constituées, cette question de la localisation de l'au-delà a préoccupé et troublé bien des esprits. Certains, toujours hypnotisés par les idées de temps et d'espace, ont imaginé que les âmes des humains allaient habiter les planètes de notre système l'une après l'autre, ou peut-être des planètes appartenant à d'autres systèmes. Est-il besoin de faire ressortir l'absurdité de cette conception ? Sans doute les conditions de la vie sur les autres planètes nous sont inconnues ; mais ces planètes, appartenant, pour parler comme les occultistes, au même plan physique que la nôtre, seraient, sans la distance, accessibles aux sens de l'homme cérébral. Si nous pouvions nous en approcher, nous distinguerions les accidents du sol et naturellement aussi les habitants. Donc un homme mourant, qui devrait, après sa mort, aller habiter Saturne, par exemple, devrait conserver une forme accessible à nos sens. Nous pourrions assister à son départ et lui dire au revoir. Ce n'est pas le cas. Si quelque chose survit à la mort du corps, ce quelque chose est totalement imperceptible pour les sens de l'homme cérébral. Quant à supposer que l'homme quitte la terre sous forme d'esprit invisible pour aller se réincarner sur une autre planète, c'est vraiment abuser du droit à l'hypothèse et c'est vraiment porter trop loin le besoin de localiser l'au-delà dans l'espace. Au reste, s'il faut ajouter quelque importance aux communications spirites, à celles tout au moins où toutes les précautions ont été prises pour éviter les fraudes des médiums, les communiquants ne semblent pas venir d'aussi loin.

A ce propos, je dois dire que, même si la science vient à établir d'une manière indubitable qu'il est possible aux incarnés de communiquer avec les désincarnés, je dois dire que je ne crois pas que ces derniers puissent nous renseigner jamais sur ce qui se passe sur les autres planètes. Les esprits ne perçoivent pas la matière ; or ces planètes et leurs habitants sont matériels. Un esprit qui voudrait nous renseigner sur Mars devrait chercher à percevoir Mars à travers un médium martien. En premier lieu, cette vision des esprits à travers les médiums est toujours très imparfaite ; en deuxième lieu un homme désincarné peut tirer quelque parti d'un autre organisme humain analogue à celui qu'il possédait, mais comment tirerait-il parti d'un organisme tout différent, comme doit l'être celui d'un Martien ? Où aurait-il appris à le manier ? Enfin reste l'hypothèse que les esprits désincarnés, venus n'importe d'où, se rencontrent quelque part et se communiquent les impressions de leur vie alors qu'ils étaient incarnés. Mais rien, pour le moment, ne nous permet de supposer que cette rencontre a lieu.

Il n'est pas utile d'aller chercher si loin. Des mondes, même des mondes accessibles à nos sens, nous en avons partout autour de nous, sur la terre elle-même. William Crookes l'a montré dans un discours remarquable adressé aux membres de la Société pour les Recherches psychiques. Il suppose un homoncule qui soit assez petit pour saisir nettement les forces moléculaires que nous percevons à peine. Il ne le place pas au milieu des molécules elles-mêmes, parce que, dit-il, je serais totalement incapable d'imaginer son ambiance.

« La physique et la chimie de ces homoncules, à qui par hypothèse nous donnons un cerveau équivalent au nôtre, seraient totalement différentes de notre physique et de notre chimie. Plaçons ce petit être sur une feuille de chou : la surface lui fait l'effet d'une plaine sans fin ; cette surface est constellée de globes transparents et brillants (1), qui sont immobiles et dont le plus petit dépasse encore la hauteur des Pyramides. Chacune de ces sphères, par une de ses faces, émet une lumière éblouissante. Mu par la curiosité, notre homoncule s'approche et touche l'un de ces globes. La surface résiste à la pression, à l'instar d'une balle de caoutchouc. Par hasard, le malheureux brise cette surface, et il se sent emporté comme dans un tourbillon, jusqu'à ce qu'enfin un équilibre se rétablit, et il demeure suspendu à la surface de la sphère, entièrement incapable de se dépêtrer. Mais petit à petit, au bout d'une heure ou deux, il s'aperçoit que le globe va diminuant

---

(1) Les gouttes de rosée.

de volume. A la fin, celui-ci disparaît tout à fait, et notre homoncule est libre de continuer son voyage. Il quitte la feuille de chou pour errer à la surface du sol, qui lui apparaît hérissé de rochers énormes et de sourcilleuses montagnes.

« Tout à coup il aperçoit devant lui une large surface, composée de la même substance qui tout à l'heure formait les globes dont était constellée la feuille de chou. Mais au lieu de s'élever au-dessus du sol comme tout à l'heure, cette substance va s'éloignant du bord en formant une immense courbe concave. Au loin, la surface semble horizontale, mais cela est si loin pour notre homoncule qu'il n'est pas sûr de ne pas être le jouet d'une simple apparence. Supposons maintenant qu'il ait dans sa main un seau de grandeur proportionnée à sa taille. A force d'adresse, il réussit à le remplir d'eau mais en le retournant il s'aperçoit que le liquide ne tombe pas, et que pour le déloger il faut avoir recours à des chocs violents. Fatigué par ses efforts pour vider le seau, il s'asseoit sur le rivage et s'amuse à jeter des cailloux et d'autres objets dans l'eau. Si ces objets sont mouillés, ils s'enfoncent; mais s'ils sont secs ils flottent à la surface et refusent obstinément de s'enfoncer. Il essaie d'autres substances. Une baguette d'acier poli, un porte-crayon en argent, un fil de platine, objets qui ont deux ou trois fois la densité des pierres, refusent totalement de s'enfoncer et flottent à la surface comme des bouchons de liège. Supposons que notre homoncule, aidé de plusieurs de ses semblables, réussisse à jeter dans l'eau l'une de ces barres d'acier énormes que nous appelons des aiguilles ; cette barre d'acier se creuse à la surface du liquide une sorte de godet et flotte tranquillement. Après ces observations et d'autres du même genre, il édifie des théories sur les propriétés de l'eau et des liquides en général. En arrivera-t-il à la conclusion que la surface des liquides tend toujours à l'horizontalité et que les solides placés dans un liquide s'enfoncent ou flottent suivant que leur poids spécifique est inférieur ou supérieur à celui du liquide? Pas du tout. Il conclura et avec raison qu'au repos les liquides prennent une forme sphérique, ou du moins curviligne, convexe ou concave, selon des circonstances qu'il n'est pas facile de déterminer ; que les liquides ne peuvent pas être versés d'un récipient dans un autre, et qu'ils résistent à la pesanteur. Par conséquent pour lui la gravitation n'est pas universelle. Ne croira-t-il pas encore avec raison que tous les corps, quel que soit leur poids spécifique, refusent de s'enfoncer dans les liquides? Jugeant d'après la manière dont se comportera un corps qu'il aura placé en contact avec une goutte de rosée, il aura aussi des raisons très plausibles pour douter de l'inertie de la matière.

« Supposons que nous, les créateurs de l'homoncule, lui ayons enseigné qu'un animal ne peut quitter le sol, à moins d'être pourvu d'ailes. Que pensera-t-il de notre science, quand il verra un monstre cuirassé s'élever d'un bond à des hauteurs prodigieuses et franchir d'immenses espaces ? La puce, la vulgaire puce recevrait pour la première fois le tribut d'admiration qui lui est dû ».

Nous pourrions continuer longtemps ainsi. Mais cela suffit pour démontrer que le monde de notre homoncule ne ressemblerait guère au nôtre.

Si au lieu d'imaginer un homoncule, nous imaginions un géant, aussi grand que notre homoncule était petit, l'univers lui apparaîtrait d'une manière tout aussi différente de la nôtre. Et cependant nous donnons par hypothèse nos sens à l'homoncule comme au géant. Que serait-ce donc si nous leurs donnions d'autres sens ! En somme, l'univers de tous les êtres est en eux et non en dehors d'eux : c'est un fait bien établi. L'esprit traduit à sa manière certaines impressions que les sens recueillent dans l'ambiance et lui transmettent. Non seulement, chaque espèce animale, mais encore chaque individu, perçoit l'univers à sa façon. Mon univers n'est probablement pas celui de mon voisin ; il doit différer en quelque chose parce que nos sens et notre esprit diffèrent en quelque chose. Il y a des quantités d'animaux qui perçoivent des choses qui pour nous n'existent pas. Quel peut bien être l'univers d'une abeille ou d'une fourmi, dont les organes sont si différents des nôtres ? Le chien lui-même, pour qui l'univers est rempli d'odeurs aussi distinctes que les couleurs le sont pour nous, perçoit-il le même univers que nous ?

D'un autre côté, la vie est beaucoup plus répandue dans l'univers qu'on ne se l'imaginait hier encore. On peut dire qu'elle est partout et dans tout. Les esprits qui se dégagent lentement et péniblement des filets des religions n'admettent pas volontiers cette universalité de la vie. Si la vie est partout, il est difficile de soutenir plus longtemps que tous les animaux ont été créés pour l'homme et en vue de l'homme. Aussi beaucoup de nos contemporains, qui déjà reconnaissent volontiers certaines grosses absurdités du christianisme, se mettent-ils à ergoter et à distinguer, quand on leur dit que la vie est partout, et que la fin probable de tout est la vie. Ils prennent l'homme, toujours l'homme, et les animaux les plus rapprochés de l'homme comme point de départ, et ils démontrent, ce qui n'est pas difficile, qu'en dehors d'un certain milieu, ni l'homme ni ces animaux ne pourraient vivre. De là ils concluent très sottement : là où ce milieu n'existe pas, la vie ne saurait exister.

La science moderne a rendu déjà cette thèse impossible à soutenir.

Il n'y a pas longtemps encore qu'on admettait qu'il fallait à tous les animaux sans exception de l'air pour vivre. Aujourd'hui on distingue les êtres vivants en aérobies et en anaérobies, c'est-à-dire en êtres qui ont besoin d'air pour vivre et en êtres qui ont si peu besoin d'air pour vivre que l'air généralement les tue. On croyait jadis que dans les régions polaires tous les animaux étaient carnivores, à cause de la rareté de la vie végétale. On a pourtant découvert un animal exclusivement herbivore, blanc comme les neiges, et qui semble on ne peut plus satisfait de son sort. Sur les hautes Alpes, on voit souvent la neige prendre une belle teinte rouge ; quand on l'examine au microscope, on s'aperçoit que cette coloration rouge est due à la présence d'une algue, l'algue des neiges, qui est bien la plante la moins exigeante qui soit, puisque pour vivre la neige lui suffit. N'y a-t-il pas dans les amoncellements de sable du Sahara une sorte de poisson des sables, qui y vit comme le poisson vit dans l'eau et que les Bédouins pêchent avec une sorte de ligne ?

Nul n'ignore à quel point la vie pullule dans les mers. Les mers qui sont le berceau primitif de la vie sur notre planète en sont restées le séjour par excellence. Néanmoins il n'y a pas longtemps encore, on ne pouvait admettre que la vie dans les mers ne disparût pas au delà d'une certaine profondeur, et on en donnait des tas de raisons plus irréfutables les unes que les autres. La lumière du soleil ne pénètre pas au delà de quatre cents mètres ; or, la vie ne pouvant exister loin des rayons du soleil, toutes les étendues qui se trouvaient au-dessous de cette profondeur de quatre cents mètres étaient donc forcément vouées à la mort et à la solitude. On avait une autre raison meilleure encore pour soutenir cette thèse : Quels organismes vivants, au delà d'une certaine profondeur, pourraient supporter l'énorme pression des eaux ?

L'exploration des grands fonds est venue détruire toutes ces belles théories, qui ressemblaient beaucoup du reste à celles des savants d'autrefois, niant les antipodes parce qu'ils ne pouvaient concevoir des hommes vivant la tête en bas. A toutes les profondeurs de la mer, tout au moins jusqu'à 7.000 mètres, on trouve un grouillement de vie. A partir d'une profondeur de cinq ou six cents mètres, les animaux sont privés des organes de la vue, il est vrai ; mais ce n'est pas parce que ces fonds sont dépourvus de lumière. Les rayons du soleil n'y pénètrent pas, cela est exact ; mais, fait remarquable, les animaux y deviennent alors eux-mêmes lumineux. Il y en a qui sont immobiles et qui éclairent comme des phares une vaste étendue autour d'eux. Quant à ceux qui se meuvent, ils vont, écartant les ténèbres sur leur chemin. A quoi bon toute cette lumière pour des êtres qui n'ont pas d'organes pour la contempler ? Mystère de la vie ! Non seulement il y a de la lumière dans les grands fonds, mais les êtres qui les habitent ont presque tous des colorations merveilleuses, dont rien ne peut donner une idée. M. le marquis de Folin, un explorateur de ces grands fonds, a écrit : « Combien la surprise fut grande, quand on put retirer du filet un grand nombre d'Isis gorgonides ayant le port d'un arbuste, et que celles-ci jetèrent des éclats de lumière qui firent pâlir les vingt fanaux de combat qui devaient éclairer les recherches et qui avaient, pour ainsi dire, cessé de luire aussitôt que les polypiers se trouvèrent en leur présence. Cet effet inattendu produisit d'abord une sorte de stupéfaction qui fut générale, puis quelques spécimens furent portés dans le laboratoire, où les lumières furent éteintes. Dans l'obscurité profonde de cette pièce, ce fut pour un instant de la magie : nous eûmes sous les yeux le plus merveilleux spectacle qu'il soit donné à l'homme d'admirer... »

Si sur terre tous les milieux semblent être le séjour de la vie, comment pourrait-on logiquement prétendre que les autres planètes, de notre système ou de n'importe quel autre système, sont des déserts, des cadavres morts roulant sans but dans l'immensité ? Chaque planète présente non pas seulement un milieu, mais de nombreux milieux bien différents de ceux de la terre. Mais ne venons-nous pas de voir que la vie est un phénomène commun à tous les milieux du monde physique ?

Nous pouvons et nous devons aller plus loin. Non seulement la vie existe sur la surface des corps célestes, mais encore il peut très bien se faire qu'elle existe, plus abondante encore s'il est possible, dans les espaces interplanétaires et intersidéraux. On ne peut pas admettre que ces espaces soient vides et inutiles. Nous nous demandons comment les animaux des grands fonds, dans les mers, peuvent vivre sous une pression aussi énorme. Qui nous dit qu'il n'y a pas entre la terre et la lune, ou plus loin, des êtres qui se demandent comment nous pouvons vivre dans un milieu aussi dense, aussi lourd que notre atmosphère.

Ce sont des rêveries. Peut-être, mais en tout cas ce sont des rêveries logiques et vraisemblables. C'est ici le cas de se souvenir de la parole de Shakspeare : « Il y a plus de choses dans le ciel et sur la terre que n'en concevra jamais notre philosophie. »

En tout cas, objectera-t-on, s'il existe des êtres vivants dans les espaces interplanétaires, ils échappent totalement à notre vision. — Certes. Mais si tous les milieux que notre vision perçoit renferment la vie, comment oserait-on logiquement affirmer que les milieux qui échappent à notre vision ne la renferment pas ?

Il faudrait d'abord prouver qu'il existe de ces milieux imperceptibles pour nous. — Notre science n'est pas encore assez avancée pour faire cette preuve d'une manière irréfutable ; et cependant elle est forcée d'admettre par exemple l'hypothèse de l'éther, sans lequel elle ne peut expliquer une infinité de phénomènes. L'éther serait une sorte de gaz non seulement remplissant sans solution de continuité tous les espaces intersidéraux mais encore pénétrant tous les corps. La lumière et l'électricité ne seraient que les vibrations de cet éther hypothétique. La vibration lumineuse aurait son origine dans ces foyers d'énergie immenses que sont les soleils, et cette vibration se répandrait de proche en proche dans les espaces en sphères concentriques.

Que la lumière soit vraiment un corps, de l'éther agité d'un mouvement vibratoire particulier, il faut bien l'admettre, sinon nous ne pourrions pas comprendre les phénomèmes de la réflexion et de la réfraction. Que l'éther ne soit pas un corps simple, mais un corps composé de nombreux éléments, il faut bien l'admettre, puisque la lumière ou éther en vibration se décompose par le prisme. Dans le spectre, en deçà du rouge et au delà du violet, il y a de nombreux rayons imperceptibles pour nos sens, mais dont on peut constater l'indubitable présence par divers moyens. Où s'arrête le spectre, au delà du violet ? Nul ne peut le dire. A un certain degré, les rayons ultra-violets, invisibles pour nous, traversent la matière. Rœntgen en a déjà découverts qui permettent de photographier à travers les corps opaques. Au delà des rayons de Rœntgen, il y en a d'autres pour lesquels la matière devient de plus en plus facile à traverser, pour lesquels en réalité elle cesse d'exister. Or nous ne pouvons pas logiquement affirmer que ces rayons, ou mieux les corps que ces rayons nous font soupçonner, ne sont pas des milieux où la vie pullule.

Examinons comment se fait la vision dans notre monde physique. Nous vivons dans un monde borné pour nos organes d'une part par les rayons rouges, d'autre part par les rayons violets. La lumière frappe les objets matériels ; ces objets absorbent certains rayons, et renvoient, reflètent les autres ; ce sont les rayons reflétés qui nous permettent de percevoir l'objet. Nous voyons cet objet non pas sous la couleur qu'il a, mais justement sous la couleur qu'il n'a pas; nous voyons les arbres verts, non pas parce qu'ils sont verts, mais parce qu'ils absorbent les autres rayons du spectre et ne réflètent que les rayons verts. Mais il y a des corps qui absorbent tous les rayons du spectre : ce sont ceux qui sont noirs à nos yeux. Ceux-ci, nous ne devrions pas les voir, puisqu'ils ne renvoient à notre œil aucun rayon. Oui, mais si la surface des corps noirs ne reflète aucun rayon, cette même surface les absorbe sans les laisser passer : Nous ne voyons donc pas au delà de cette surface, et de là notre jugement conclut à la présence d'un corps. Les rayons Rœntgen, et surtout ceux qui sont au delà, traversent les corps de notre monde physique avec une telle facilité que ces corps n'existent pas pour eux : c'est pourquoi nous n'en avons aucune idée. Mais dans le monde constitué par ces rayons, il peut très bien exister des corps animés et inanimés, que les rayons de notre spectre traversent avec la même facilité : ces corps seront pour nous invisibles et inexistants.

On trouve des analogies dans notre monde physique pour appuyer cette hypothèse. Voici un verre vide. Est-il vraiment vide? Non il est plein d'air. Nous ne voyons pas cet air. Néanmoins l'air n'est pas transparent pour tous les rayons du spectre ; l'air reflète une certaine quantité de rayons bleus. C'est pourquoi le ciel est bleu pour nos yeux, et c'est pourquoi l'air liquide est bleu.

D'après les considérations qui précèdent, on voit combien il est facile de concevoir un monde autre que celui-ci, sans être embarrassé par les idées d'espace et de temps. L'au-delà, s'il existe, n'est pas dans un autre lieu : il est là où est notre monde physique, l'au-delà et le monde physique s'entrepénètrent. Si notre esprit ne meurt pas quand notre corps meurt, cet esprit n'est pas transporté dans un autre lieu ; il cesse simplement d'avoir conscience d'un certain milieu pour avoir conscience d'un autre milieu plus élevé et peut-être plus beau. Et ne peut-on concevoir que deux mondes, ainsi emboîtés, si je puis m'exprimer ainsi, l'un dans l'autre ? Non, on peut en concevoir une infinité. Ce n'est pas à nous, c'est à Dieu de dire où les possibilités commencent et où elles finissent. L'âme peut parcourir une gamme infinie de mondes sans changer de lieu.

Au reste, au point où nous en sommes, il est temps de cesser de parler de lieu, de nous débarrasser de ces idées d'espace et de temps, particulières à notre monde actuel. Il en est de l'espace et du temps comme de la matière : rien ne nous semble plus réel, et rien n'est plus insaisissable quand on cherche à l'analyser. Dans le monde qui suit immédiatement celui-ci, dans l'au-delà en un mot, si les êtres vivent dans des milieux éthérés, dans des milieux où les vibrations se transmettent avec une inconcevable rapidité, comme en témoignent la lumière et l'électricité ; si les corps de ces êtres sont eux-mêmes de nature éthérée et peuvent par conséquent se mouvoir avec la rapidité de la pensée, il est certain que ces êtres doivent concevoir l'espace et le temps d'une manière toute différente de la nôtre. Je crois que l'espace et le temps disparaissent quand on avance sur l'échelle des mondes pour se rapprocher de la cause des causes ; mais je crois cependant que dans le monde qui suit immédiatement celui-ci, il doit y avoir encore une certaine notion de l'espace et du temps. Les communications spirites les plus authentiques, comme celles qu'on a obtenues par l'intermédiaire de Mme Piper, semblent corroborer ces théories.

Mais, dira-t-on, d'après ces conceptions, il nous faut un autre corps pour vivre dans l'au-delà, un corps adapté au nouveau milieu. Où le prend-on? Mais nous l'avons déjà en nous! Tout est dans tout. La mort libère ce corps et ne le crée pas. On a donné à ce corps hypothétique le nom de corps astral : c'est un nom qui en vaut un autre. Pour ma part, toutefois, j'aimerais mieux le nom de corps éthéré. « Nous avons un fac-similé éthéré de notre corps physique. », affirme le désincarné George Pelham par l'intermédiaire de Mme Piper. Au-dessus ou au-dessous de ce corps éthéré, il y en a peut-être d'autres en grand nombre, qui apparaîtront quand leur tour sera venu. Dieu le sait.

En admettant l'existence du corps éthéré, on

comprend que les désincarnés puissent nous voir sans que la réciproque soit vraie. Les désincarnés ne perçoivent plus la matière; mais ils voient le corps éthéré de chacun de nous, quoique assombri. « C'est évidemment par le côté spirituel de votre être que je vous vois, dit George Pelham, et que je puis quelquefois vous raconter ce que vous faites. »

Bien des faits du spiritisme, — faits qu'il est de plus en plus difficile de nier tout à fait, — viennent à l'appui de ces théories, les matérialisations, par exemple. Les esprits qui se matérialisent semblent bien sortir du monde de l'éther, et non pas venir d'un autre lieu de l'espace; ils condensent de la matière de notre monde pour se rendre visibles, et en cessant de maintenir, à force de volonté, cette condensation anormale et éphémère, ils s'évanouissent à nos yeux.

Ces considérations font aussi comprendre quelques-unes des difficultés qu'il y a pour communiquer d'un monde à l'autre. En quittant notre corps physique, nous cessons d'avoir conscience du monde physique autrement que par le souvenir. Lorsqu'un désincarné veut communiquer avec nous, il est forcé de se plonger dans un organisme physique : sa conscience supranormale doit s'obnubiler, disparaître peut-être. Voilà pourquoi les esprits qui communiquent ont l'air de malades qui délirent; du moins c'est là ce que George Pelham ne cesse d'affirmer, et c'est très vraisemblable. L'être qui communique n'est plus dans son élément : juger de la vie de l'au-delà par ces communications, ce serait absolument imiter un poisson qui, ayant vu par hasard un plongeur dans le monde des eaux, voudrait concevoir la vie des hommes sur la terre d'après les actes de ce plongeur. Nous ne pouvons pas pénétrer de plain-pied dans le monde de l'au-delà avant notre mort, mais les désincarnés ne peuvent pas non plus complètement revenir dans notre monde physique : eux et nous nous ne pouvons communiquer que sur une zone-frontière très indécise. Ceux qui nient l'existence des esprits, parce que ces esprits ne peuvent pas se révéler à nous d'une façon entièrement satisfaisante pour notre conscience cérébrale, se plaignent simplement de ce que l'univers tout entier est soumis à des lois fixes, lois que nous sommes obligés de respecter dans tout ce que nous faisons.

Dans ce chapitre, j'ai cherché à montrer que la science actuelle nous permet parfaitement de concevoir un au-delà ; j'ai cherché à dégager l'au-delà que les faits semblent indiquer. A première vue, cet au-delà est autrement probable que tous les autres ; mais je ne considère pas encore son existence comme scientifiquement démontrée. J'ai essayé de formuler les meilleures théories qui se dégagent des faits ;

mais c'est à la science de demain à montrer si elles sont fausses ou vraies, si elles renferment une part de vérité ou si elles n'en renferment pas. En tout cas, en fixant les idées sur des données nouvelles, les théories détruisent entièrement les vieilles conceptions manifestement fausses. Ne vaudraient-elles que par là, qu'elles ne seraient encore pas inutiles.

CHAPITRE III

Etat de l'opinion vis-à-vis des études psychiques.

Les catholiques, les spirites et les savants. — Les catholiques et leur attitude : le livre du Dr Surbled, appel à la force, le diable; tous les médiums sont des imposteurs et tous les psychistes des spirites honteux. — Les spirites: impossibilité de fonder une religion sur les communications des esprits; médiums frauduleux. — Les savants: opinion de Carl du Prel. — L'Institut général psychologique.

Avant de poursuivre, je crois utile d'examiner quel est, au moment actuel, l'état de l'opinion vis-à-vis de nos études. La grande masse du public les ignore, et ceux qui les connaissent les voient plutôt d'un mauvais œil. Les catholiques fulminent : ils sont dans leur rôle : ennemis nés de tout progrès dans n'importe quelle direction, dès qu'un imprudent essaye d'ouvrir une voie nouvelle, ils agitent leurs foudres de carton et ils déversent sur lui leur bénédiction d'injures. Il ne faut pas trop s'en émouvoir : l'Eglise est une vieille bête malfaisante à qui les dents sont enfin tombées.

Les spirites ont péché par impatience. Ils se sont fondés sur quelques faits très réels pour édifier toute une religion nouvelle ; ils ont remplacé souvent l'expérimentation sévère et l'observation rigoureuse par la fantaisie et l'imagination. Ils se sont perdus aux yeux des hommes calmes et raisonnables.

Avec les savants, on se heurte à d'autres difficultés. Jusqu'ici, comme je le disais précédemment, la science s'est exclusivement occupée de l'homme cérébral ; elle a obtenu des résultats surprenants ; elle en est fière à juste titre : aussi ne voit-elle pas d'un bon œil les faits psychiques, qui ne se soumettent pas facilement à ses méthodes d'investigation, et qui néanmoins reviennent avec une persistance désespérante. Avec leur manie de vouloir édifier une religion nouvelle, les spirites sont cause que les savants ont cru à la renaissance des vieilles superstitions qui ont fait tant souffrir l'humanité. Donc jusqu'à nouvel ordre ces derniers sont plutôt hostiles.

Le nombre des psychistes est encore restreint, et ceux-ci n'ont pas encore de public qui les suive et qui les soutienne. Mais cela vient. Le psychisme, encore confondu à tort avec le spiritisme, commence à faire tressaillir le monde. On emprisonne en Allemagne, on se chamaille dans la presse en Italie ; en France on fonde un Institut. Attendez encore un peu, messieurs les psychistes, et vous ne manquerez pas d'auditeurs. Toute idée nouvelle doit lutter pour la vie avant de s'imposer, et quelquefois pendant un temps très long. Le premier sauvage qui, dans un campement où l'on mourait de froid, trouva le moyen d'allumer du feu en frottant deux cailloux l'un contre l'autre, dut être lapidé par ses compagnons. Il dut certainement se trouver quelque part quelque petit dieu ou quelque petit diable familier que cette découverte chagrinait, et les prêtres de ladite divinité ne manquèrent pas d'ameuter la foule imbécile contre le malheureux inventeur. Il s'écoula Dieu sait combien de siècles avant que les autres sauvages se missent à allumer du feu au moyen de deux cailloux. L'humanité n'a pas changé, depuis lors, au moins en ce qui concerne l'accueil fait aux idées nouvelles. L'homme de génie est toujours marqué pour le martyre, et l'idée nouvelle doit toujours lutter pour l'existence. En somme, si, comme je le crois, le psychisme commence à s'imposer à l'attention, il n'a pas trop à se plaindre : il n'a guère mis que soixante ans pour arriver à ce résultat. Ce n'est pas beaucoup.

Entrons dans quelques détails. Et d'abord, à tout seigneur tout honneur, commençons par les catholiques. Comme j'écris pour les pays latins, je n'ai à m'occuper que d'eux ; les religions autres que le catholicisme ont chez nous peu d'importance. Au reste, toutes les religions du monde sont plus ou moins animées du même esprit rétrograde.

Si le mouvement psychiste naissant a passé inaperçu des foules, il n'a pas échappé au clergé catholique. Dès le début, les évêques ont écrit des lettres pastorales pour mettre en garde leurs ouailles contre le spiritisme, cette nouvelle invention de Satan, l'éternel ennemi du genre humain. A mesure que la presse spirite prenait de l'importance, les catholiques lui opposaient des journaux bien pensants, qui reprenaient les phénomènes étudiés et s'efforçaient de démontrer qu'ils portaient sans conteste la griffe du diable. Il a paru récemment un livre d'un certain Dr Surbled, qui est un chef-d'œuvre en son genre. Cet ouvrage reflète comme une glace l'esprit de la sainte Église. En l'examinant, nous serons renseignés, et nous pourrons nous dispenser de lire les journaux ou les autres livres venus de la même source.

« Et d'abord, dit le Dr Surbled dans son premier chapitre, le matérialisme est condamné, il agonise, il n'ose plus se produire au grand jour. » Ce résultat n'est pas très apparent ; mais puisque le Dr Surbled l'affirme, et puisque le Dr Surbled doit être renseigné, croyons-le sur parole. « Mais devant un tel désastre, ajoute-t-il, l'esprit du mal ne s'est trouvé ni découragé, ni surpris, ni désarmé ; il a simplement retourné sa doctrine, nous allions dire sa veste, et *s'est fait ermite* ; il est devenu *spiritualiste*, ou plutôt spirite. Le spiritisme en effet se présente partout comme spiritualisme. C'est sous cette forme hypocrite et menteuse que le matérialisme renouvelle ses attaques contre Dieu et l'Église ; et, pour en avoir raison, il suffit de le démasquer. » Et M. le Dr Surbled se ceint les reins et part pour arracher ce nouveau masque à Satan.

Le premier chapitre se termine par ces mots suggestifs : « Nous avons dénoncé le péril : aux consuls d'aviser. »

Quels consuls ? Voilà bien la difficulté. La sainte Église a toujours un Saint-Office ; mais les bûchers de l'inquisition sont éteints. Les autres consuls se sont faits matérialistes, ou du moins, le matérialisme a tellement tempéré leur ardeur d'autrefois, qu'ils n'osent plus sévir. Récemment encore, un grand consul, presque un dictateur, qui a nom Guillaume II, a essayé d'obtempérer aux invites du Dr Surbled : il a fait violer un domicile particulier pour arrêter un médium (vrai ou faux, je n'en sais rien), mais un médium qui faisait du bruit en Allemagne. On s'attendait à un procès retentissant ; mais voilà qu'il n'y aura pas de procès : on redoute les débats, et, pour les éviter, on se contente d'enfermer Anna Rothe dans une maison d'aliénés. Cela, on peut toujours le faire quand on est empereur. Donc, docteur, si vous comptez sur les consuls pour arrêter la marche ascendante, je ne dis pas du spiritisme, mais du psychisme, je crains pour vous une amère déception. Quand le hideux matérialisme, comme vous dites, s'est affirmé, les consuls étaient plus puissants qu'aujourd'hui, et cependant, ils n'ont pas su aviser. Comment donc pouvez-vous, en dépit de l'expérience, espérer qu'ils seront plus heureux aujourd'hui en ce qui concerne le psychisme?

M. le Dr Surbled ne va pas manquer de dire que c'est bien là le cri de triomphe du diable, qui chante victoire en constatant l'impuissance des enfants de Dieu. Parlons-en donc un peu du diable. C'est un grand polichinelle que l'Église avait habillé de tous les effrois pour épouvanter les populations et les maintenir bien soumises. Elle aime encore à le sortir, son grand épouvantail, mais elle n'y croit plus elle-même. Il y a au moment où j'écris, à Grèzes, une nonne qui en est évidemment possédée, du diable, à moins que pendant tout le moyen âge l'Église ne se soit moquée du monde avec ses possessions et ses exorcismes. Pourquoi n'exorcise-t-on pas la possédée de Grèzes? Pourquoi n'expulse-t-on pas la légion de diablotins qui ont élu domicile en son malheureux corps? Autrefois ces cérémonies se faisaient en public. Invariablement, les diables, après avoir bien torturé leur victime, trouvaient moyen, avant de s'en aller, de confesser la sainteté de l'Église et sa puissance. C'était édifiant et beau. Les spectateurs se retiraient avec un frisson dans le dos, qui les gardait longtemps. Je ne sais pas, en ce qui concerne la possédée de Grèzes, si on a essayé d'un exorcisme dans le silence du cloître, en présence de quelques pauvres nonnes. Mais ce que je sais bien, c'est qu'on n'a pas exorcisé en public et qu'on n'a pas chassé le diable. Quelques-uns des princes de l'Église parlent même de maladie et d'hystérie, tout comme à la Salpêtrière. Mais si la nonne de Grèzes, au lieu d'être possédée, est malade et hystérique, les milliers et les milliers de malheureuses qu'on a brûlées au moyen âge et même plus tard, sous prétexte de possession, pourraient bien avoir été aussi des malades et des hystériques : le diable pourrait bien n'avoir été pour rien dans leur cas.

Mais, malheureux que je suis ! voilà que j'oublie une phrase profonde, écrite récemment par H. Huysmans : « Le fait seul de nier le diable prouve qu'on en est possédé. » Ce qui fait que moi en ce moment, sans m'en douter le moins du monde, j'ai le diable dans le corps. Brrr... rien que d'y penser, cela vous donne froid. Le même M. Huysmans nous apprend d'ailleurs que le diable a triomphé de Dieu à peu près partout : il a définitivement conquis l'Italie, la France, voire l'Espagne ; il ne reste plus à conquérir qu'un tout petit coin de la Belgique, celui où M. Huysmans est né ; mais cela ne tardera guère quand M. Huysmans aura été recueilli dans le sein d'Abraham.

Les ennemis de l'Église ont dit : « Le diable, c'est l'ignorance. » M. le Dr Surbled trouve cela « une malheureuse proposition ». Je le crois sans peine. C'est une vérité évidente ; il est malheureux pour l'Église qu'elle ait été aussi bien formulée. Un bel aphorisme, cela va loin.

Cependant M. le Dr Surbled veut bien se servir du diable, mais il ne voudrait pas en abuser. Pour lui, tous les médiums sont des farceurs, et tous les savants qui les ont étudiés sont des naïfs. Au reste, tous ces savants-là, avant d'aborder ces études scabreuses, appartenaient à la religion spirite, comme M. le Dr Surbled appartient à la religion catholique. Ils s'en défendent, c'est vrai, mais cela prouve simplement que le spiritisme est encore très mal porté, et que les temps héroïques ne sont plus. Ces savants se sont donc laissé duper sottement, parce qu'ils étaient convaincus d'avance. De là il faudrait logiquement conclure qu'il n'y a rien dans les phénomènes spirites que de la charlatanerie. Mais pas du tout. M. le Dr Surbled écrit quelque part que les faits dans leur ensemble ne sont pas niables, et comme ces faits n'étayent pas les doctrines de l'Église, il faut bien que le diable y soit pour quelque chose. Mais avant de le faire intervenir, il faut épuiser toutes les autres hypothèses.

Notre auteur consacre des chapitres spéciaux aux grands noms du spiritisme, médiums et savants, et il a des aménités de langage délicieuses pour tous ceux qu'il n'aime pas. D. D. Home! le malheureux s'est roulé à terre et s'est tordu comme un ver, aux pieds du Père de Ravignan saintement courroucé. Ce même D. D. Home songeait surtout à arrondir sa bourse. Ceux qui ont étudié sans parti-pris la vie du malheureux Écossais le reconnaîtront certainement à ce trait, lui qui fut toute sa vie incapable d'avoir un sou à lui, au point que ses amis durent en venir à lui remettre une somme hebdomadaire de peur qu'il ne dépensât tout en une fois. — Et puis Home s'est rétracté avant de mourir ! — Un médium n'étant qu'un instrument inconscient qui, au moment où les phénomènes vraiment intéressants se produisent dans ou par son organisme est totalement absent, que diable peut-il avoir à dire avant de mourir sur des choses qu'il n'a pas vues ?

Eusapia Palladino est une fine mouche, qui a mystifié un tas de savants qui n'y ont vu que du feu. En France, elle a trouvé un « barnum », l'heureuse femme, c'est « l'aventureux » colonel de Rochas.

Un chapitre spécial aussi pour Camille Flammarion ! Voilà un homme dont M. le Dr Surbled attend beaucoup. Camille Flammarion a jeté le spiritisme par-dessus bord, et certains théologiens ont tort de ne pas se réjouir comme il convient de « ce revirement tardif, ou, pour bien dire, de cette conversion ». M. le Dr Surbled s'attend bien à ce que Camille Flammarion imite un de ces matins le doux poète François Coppée. Je ne crois pas que Camille Flammarion connaisse les bienveillantes dispositions du Dr Surbled à son égard ; mais s'il les connaissait, il n'en serait pas du tout flatté. En tout cas, il a assez d'esprit et de valeur pour les dédaigner.

Le Dr Surbled dit aussi leur fait à tous les autres savants. Lombroso, par exemple, qui pendant longtemps avait été un adversaire plutôt insolent des spirites, a fini par reconnaître de très bonne grâce que les phénomènes dont ceux-ci se prévalent sont réels. Mais quoi d'étonnant ? Lombroso est juif et franc-maçon ! Je n'aurais jamais cru avant que le Dr Surbled me l'apprenne que la religion de Moïse ou la franc-maçonnerie dussent prédisposer un homme au spiritisme. Le judaïsme est une religion bizarre, plutôt grossière, la seule qui n'affirme pas l'existence d'une âme immortelle ; la franc-maçonnerie fait profession d'athéisme ; le spiritisme non seulement affirme que l'âme est immortelle, mais il espère le démontrer, en outre il n'est pas athée. N'importe, quand on est juif et franc-maçon, on deviendra spirite tôt ou tard.

Et, un peu partout dans l'ouvrage, on trouve des perles d'un prix infini, qu'on voudrait enfiler pour ne pas les perdre. En voici une entre autres : « La science exige impérieusement plus de lumière, elle ne s'entendra jamais avec les amis de l'obscurantisme. » Ah ! Docteur ! que c'est donc vrai ! Et que c'est bien dit ! C'est justement là pourquoi nous avons tant de peine à nous entendre avec vous.

Pour conclure, M. le Dr Surbled nous dit : « Le spiritisme n'est qu'une vaste conspiration, haineuse et sournoise, contre toutes les idées chères aux cœurs spiritualistes et chrétiens. Ses mensonges et ses faux-fuyants ne nous empêcheront pas de faire la lumière. Il s'agit de l'honneur et de l'avenir de la société. »

« Il est bon, il est nécessaire de se rendre compte de la savante machination qu'ont ourdie dans l'ombre les ennemis de Dieu et de l'Église. Ils n'ignorent pas les grosses difficultés de leur misérable tâche, ils savent la puissance de la foi, la force des vieilles habitudes, ils ont senti que tous n'étaient pas également prêts à rompre avec le passé et à les suivre, et, pour arriver à leurs fins, ils ont établi plusieurs degrés dans l'initiation, proportionnés à la culture et au zèle. »

Donc, ces ennemis de Dieu et de l'Église, sous l'inspiration de Satan, leur chef, ont formé un vaste « syndicat » : à sa tête, les occultistes, sorte d'état-major ; quant à la plèbe, elle est répartie en deux camps, les amis du magnétisme et les spirites.

Mais c'est trop nous attarder à ces inepties. Le Dr Surbled ne manquera pas de dire et de penser que son livre est tombé comme un gros pavé dans la mare à grenouilles des spirites, dont je suis ; nous sommes tout effrayés, mes amis et moi. Or, j'ai été chargé d'y répondre, sur le conseil du diable, mon patron. Mais comme je n'avais rien à opposer aux fortes raisons de mon adversaire, j'ai essayé de ricaner, de ce ricanement de Satan que connaissent bien les vrais chrétiens. Enfin ! tant pis !

Je ne suis pas spirite. M. le Dr Surbled n'en croira rien, mais je le dis tout de même. J'aime à me figurer qu'il existe un Dieu de bonté, qui veut que je ne fasse de mal à personne, qui veut que j'essaye de comprendre quelques-unes de ses œuvres, autant que la débilité actuelle de mon esprit me le permet. Mais mon Dieu n'est pas le potentat capricieux, méchant, grotesque, anthropomorphe du Dr Surbled et de ses amis ; mon Dieu ne condamne pas à des tourments éternels un insecte de mon espèce parce qu'il a failli dans le temps et le plus souvent sans se rendre compte de ce qu'il faisait. La science de demain ne sera pas athée ; mais le Dieu que la science commence à nous dévoiler n'est pas celui des chrétiens.

Je suis forcé de parler aussi des spirites autrement que pour les louer. Ils ont commencé par être avant tout des croyants, et des croyants enthousiastes. La froide raison et le calme n'ont pas toujours présidé à leurs recherches. Ils ont eu le tort de vouloir faire du spiritisme une religion nouvelle ; ils n'ont pas assez médité cette parole d'Allan Kardec, leur grand prophète : « Le spiritisme sera scientifique ou il ne sera pas. » Mais on doit être indulgent pour leurs erreurs : ils ont rendu des services. Si les faits psychiques commencent à s'imposer à l'attention, c'est à eux qu'on le doit ; car ils les ont défendus avec acharnement depuis soixante ans.

Il est absolument impossible de constituer un corps de doctrines avec les communications obtenues par l'intermédiaire des médiums. Je parle bien entendu des médiums sérieux et sincères, et non des imposteurs, qui sont malheureusement beaucoup plus nombreux que certains spirites ne le supposent. En premier lieu, la source de la communication demeure toujours incertaine ; en second lieu, même s'il était bien démontré que ces communications viennent toujours d'hommes désincarnés, on ne pourrait en faire état qu'avec prudence. La saine raison nous empêche de supposer qu'un homme, le lendemain de sa mort, puisse être très différent de ce qu'il était la veille : il a changé de milieu, mais sa mentalité est restée la même ; il doit emporter avec lui la plupart des préjugés qui, comme des plantes vénéneuses, ont étouffé, dans ce monde-ci, sa pensée. Or le préjugé est chose tenace ; on le déracine à la longue, mais il faut du temps et souvent des efforts inouïs. Puis l'esprit des humains est débile, même celui des humains les plus évolués. Beaucoup d'hommes, transportés dans l'au-delà, ne doivent perdre leurs préjugés terrestres que pour en épouser d'autres : cet au-delà est trop voisin de notre monde pour être dépourvu de préjugés ; peut-être la pensée personnelle y est-elle un peu plus fréquente qu'ici-bas, mais très peu. Bref, un homme désincarné demeure un homme, un être évoluant lentement, et il ne devient pas tout aussitôt un ange omniscient. S'il est permis à un homme désincarné de communiquer avec ceux qui sont restés sur la terre, il doit leur faire part de ce qu'il sait et de ce qu'il croit, de ses propres idées et de ses propres opinions et non pas de la vérité absolue. Aussi ces communications d'outre-tombe sont-elles très souvent contradictoires. Ces contradictions n'apparaissent pas dans les meilleurs livres du spiritisme, livres dont quelques-uns sont fort beaux, livres où l'on admire une élévation et une ampleur de pensée auxquelles même les Bossuet et les Lacordaire ne nous avaient pas habitués — n'en déplaise à messieurs les catholiques ; mais c'est parce que les auteurs de ces livres ont soigneusement expurgé les communications. En agissant ainsi, ils ont obéi aux meilleures intentions ; mais la science ne peut pas s'accommoder de ce procédé. Les communications spirites ne s'accordent que sur deux points : toutes affirment l'immortalité et toutes prêchent la morale. Mais les esprits qui communiquent — si ce sont des esprits — manquent leur but. Prêcher la morale est fort bien, mais tous les sermons du monde ne sauraient remplacer la certitude de l'immortalité. La morale de l'Évangile serait suffisante pour notre monde, je parle de la morale de l'Évangile, et non pas de celle des prêtres Si cet enseignement moral cesse d'être efficace, cela vient de ce que la croyance en l'immortalité s'en est allée, hélas ! Les prêtres n'ont fait que l'affirmer, cette immortalité : ils n'ont jamais pu la prouver, ils n'ont même jamais essayé. Les esprits qui communiquent devraient donc être moins prodigues de sermons et plus prodigues en phénomènes probants. Ils devraient s'entendre avec nous pour jeter un pont définitif sur l'abîme qui sépare les deux mondes. Mais toutes les communications viennent-elles des esprits : c'est là la question. Carl du Prel a écrit ces paroles pleines de bon sens : « La question de savoir quelle valeur on doit accorder aux communications spirites ne peut être élucidée, cela se comprend, avant de savoir si la cause des phénomènes est dans le médium ou en dehors de lui. Les observations faites jusqu'à ce jour témoignent en faveur d'une source mélangée. Certains phénomènes sont exclusivement dus au médium, d'autres semblent bien avoir leur origine en dehors de lui. Mais la science est encore incapable d'établir une ligne de démarcation entre ces deux classes de phénomènes. Pour arriver à tracer cette ligne de démarcation, il ne faut pas s'en tenir à l'étude du spiritisme. Celui-là seul qui est très versé dans la connaissance du somnambulisme, celui-là seul qui connaît les forces latentes de l'homme, pourra essayer de déterminer ce qui vient du médium et ce qui n'est pas de lui. Celui qui n'étudie que le spiritisme s'expose à de graves méprises. Mais celui qui n'étudierait que le somnambulisme s'exposerait à son tour à des méprises non moins graves. C'est ce qui est arrivé à Hartmann. »

Les spirites ont versé de plus en plus dans la religiosité et dans la foi, de plus en plus ils se sont éloignés de l'investigation scientifique : ils sont déjà une petite Église, qui ne manque même pas de sectes et de querelles intestines.

Il m'a été donné de causer pendant de trop courts instants avec un grand spirite, qui a écrit l'un des beaux livres de notre temps, Léon Denis, l'auteur d'*Après la Mort*. Comme je lui soumettais humblement quelques-uns de mes doutes, il me répondit : « Je suis convaincu de la vérité de mes enseignements, tellement convaincu que je serais tout prêt, s'il le fallait, à donner ma vie pour ma foi. » Ah ! M. Léon Denis ! c'est là une mauvaise preuve. Il y a des millions d'hommes qui ont donné leur vie pour leur foi depuis le commencement des temps, et leur foi s'est trouvée être une erreur en fin de compte. En revanche, je ne crois pas qu'il y ait un seul homme qui soit disposé à donner sa vie pour témoigner de la vérité d'un théorème de géométrie ; néanmoins ce théorème est vrai : on le démontre. Tout homme, qui a assez d'intelligence et de raison pour cela, peut aisément se convaincre de cette vérité. Il faut que nous arrivions à ce qu'il en soit de même pour la survie. Évidemment, nous ne la démontrerons pas par des raisonnements analogues à ceux de la géométrie. Mais il faut que nous arrivions à la démontrer scientifiquement tout de même ; il faut que les hommes raisonnables, intelligents et sans parti pris puissent se convaincre par eux-mêmes que la survie est un fait. Être prêt à mourir pour sa conviction ne prouve rien. Ce qu'il faut, c'est avoir à sa disposition des preuves capables d'entraîner la conviction de tout homme de bonne foi, sans se préoccuper des autres.

Il existe de nombreux groupes spirites où l'on travaille sérieusement, où l'on se prémunit de toutes les manières possibles contre les fraudes des médiums. Mais, hélas! il faut bien le dire, il y a d'autres groupes, en plus grand nombre encore, composés d'âmes douloureuses, simples et naïves, qui sont la proie des médiums frauduleux. A quel degré la crédulité est capable d'aller chez certaines personnes, c'est chose inimaginable! J'ai été invité un jour, avec deux de mes amis, à venir voir un jeune médium, qui, assurait-on, avait de l'avenir. Nous arrivons, une gentille servante de dix-huit ans environ, accorte, avec un air d'ingénuité adorable, vient nous ouvrir. « — Vous l'avez vue? nous dit la maîtresse du lieu, c'est mon médium. » — Ah! vraiment! pensai-je, elle doit être sincère, car il n'y a pas de malice dans sa figure. » On appelle la servante, on nous présente comme des spirites. La jeune fille nous examine d'un petit air indéfinissable. Puis, comme sans doute nous ne lui inspirons pas trop de méfiance, elle consent à nous donner une séance. Elle s'assoit près d'un lit, avec un tapis en dessous de sa chaise, pour atténuer les heurts : certains esprits mal élevés malmènent les pauvres médiums. Elle ferme les yeux, tend les bras, dans lesquels elle a deux ou trois petites secousses. La maîtresse nous dit alors qu'à partir de ce moment, ce n'est plus là sa bonne, mais un quidam de l'autre monde que nous devons interroger. L'un de mes deux amis, habitué des réunions spirites, pose des questions comme celles qu'il avait souvent entendu poser. Il demande à l'esprit qui il est, et ce qu'il veut. Alors la petite farceuse nous débite une histoire d'un homme qui est mort, et qui ne s'en rend pas compte ; ledit trépassé sans le savoir jure, se fâche, se moque de nous, de Dieu et du diable avec un accent faubourien. Il dit par moment des choses si drôles que son prétendu médium est forcé de se mordre les lèvres jusqu'au sang pour ne pas éclater de rire. C'était si faux, si grotesque que, ne voulant pas désobliger la maîtresse du lieu, je me faisais tout petit dans un coin pour cacher ma gêne. Et la brave dame d'admirer et de s'écrier : « Ah ! surtout, messieurs, ne m'enlevez pas mon médium ! N'allez pas le livrer à ces maudits savants qui le traiteraient comme une bête à expériences ! » J'eus ce jour-là deux jolis échantillons l'un de la crédulité, l'autre de la fourberie féminines. Cette jeune fille promet pour l'avenir, et je n'envierai pas celui qu'elle épousera. Combien y a-t-il de médiums de cette sorte dans les groupes spirites ! Il y en a même, de ces médiums frauduleux, qui ont exercé pendant toute une vie, et qui en sont arrivés à se donner le change à eux-mêmes. C'est déplorable, parce que les adversaires du psychisme ne manquent pas de publier partout que tous les médiums sont des farceurs. Les vrais médiums sont très rares, au contraire les autres abondent. Mais l'existence de ces derniers est déjà une preuve en faveur de celle des premiers : on n'imite que ce qui est.

Passons maintenant aux savants. La plupart d'entre eux jusqu'à ce jour n'ont pas daigné s'abaisser à vouloir connaître de nos pauvres études. Si on leur parle des faits spirites, ils ont un imperceptible haussement d'épaules et un sourire de pitié. Dans un précédent chapitre, j'ai déjà eu l'occasion de rapporter de quelle façon nous traite un des grands pontifes de la science moderne, Hœckel. Or, depuis une centaine d'années, le public, n'ayant plus qu'une confiance limitée au pape, a pris l'habitude d'avoir confiance aux savants: « Que disent les savants de toutes ces histoires ? Ils en rient. S'il y avait là quelque chose de sérieux, est-ce que leur conduite ne serait pas tout autre ? » Voilà ce que dit la masse des individus incapables d'avoir une idée par eux-mêmes, de ces individus qui, toutes les fois qu'un événement survient, ou qu'une idée nouvelle se fait jour, disent : Qu'en pense M. Un tel ? Ils n'ont et ne sont capables d'avoir d'opinion personnelle sur rien ; leur opinion sera celle de ce M. Un tel quand elle aura été formulée. C'est ainsi que tant de personnes aujourd'hui attendent l'opinion des savants.

Elles confondent la science et les savants. Un savant est presque toujours un spécialiste, qui connaît admirablement une branche de la science, et qui quelquefois ignore à peu près les autres. Beaucoup de ces savants spécialistes, à qui la science doit des progrès considérables, sont totalement dépourvus d'esprit philosophique : très forts dans leur partie, ils ne voient rien au delà ; ils ne conçoivent même pas que des hommes sérieux puissent s'occuper d'autre chose. Dans les académies, quand il se fait une communication, cette communication n'est jugée importante et n'est écoutée que par un très petit nombre des assistants : les autres, pendant la lecture, causent entre eux avec de petits rires. Chaque savant essaye de ramener tous les phénomènes de l'univers aux phénomènes qui l'intéressent particulièrement. Un électricien fait volontiers de l'univers tout entier un phénomène électrique. Turpin, l'inventeur de la mélinite, pendant qu'il était en prison à Étampes, n'a-t-il pas passé ses loisirs à écrire un livre demeuré obscur, dans lequel il prétend démontrer que la création du monde est un phénomène explosif !

Avec cela, dans le monde de la science, on est homme plus qu'ailleurs peut-être, on est presque femme : On est facilement envieux, rancunier, susceptible et vindicatif. Évidemment le public ne se représente pas les savants sous ce jour-là.

Enfin, beaucoup ont réputation de savants qui, en fait de science, n'ont que celle des autres. La science, cela se trouve dans les livres : ils les ont bien lus, ils ont refait toutes les expériences. Il n'y a qu'un seul livre dans lequel ils n'ont jamais lu, parce que leur esprit demeurera à tout jamais incapable d'en déchiffrer le premier signe : c'est le livre de la nature.

Cela ne les empêche pas d'être pleins de leur importance ; ils tranchent volontiers au nom de la science, parce que tout comme le public, ils croient volontiers que la science c'est eux. Un orgueil de savant ! Mais c'est souvent quelque chose de prodigieux !

Toutefois, il y a de grandes exceptions : il y a de grands caractères, il y a de grands esprits, éternellement curieux, que toutes les questions intéressent. Ceux-là sont modestes ; ils répètent volontiers le mot de Socrate : Je ne sais qu'une chose, c'est que je ne sais rien. Ce ne sont pas ces hommes-là qui ricanent quand on leur parle des faits psychiques. Quelque improbables que ces choses leur paraissent *a priori*, ils ne demandent qu'à les étudier. Ce seront ces hommes-là qui élucideront la matière en évitant de faire un seul pas trop vite.

A propos de l'attitude des savants vis-à-vis des études psychiques, Carl du Prel a écrit :

« Il existe un forum où l'on se vante de ne se laisser influencer dans l'expression d'une opinion ni par l'enthousiasme ni par l'aigreur, mais uniquement par les données de la raison. Ce forum, c'est celui de la science. A tout prendre, on ne peut pas refuser cet éloge à la science. Dans les choses du spiritisme, toutefois, on ne peut pas lui faire d'éloges, parce qu'elle refuse obstinément de s'en occuper. La science se prétend impartiale : la plus grande partialité ne consiste-t-elle pas à se refuser à tout examen ? Les spirites ont pleinement raison quand ils font à la science moderne les reproches que celle-ci faisait autrefois à l'Église, quand ils l'accusent d'orthodoxie, de prétention à l'infaillibilité et d'intolérance.

« Les représentants officiels de la science, sauf de très honorables exceptions, ont fait la conspiration du silence ; ils s'arrogent le droit d'agir ainsi, parce qu'ils ont conscience de leur importance. Si on parle de spiritisme à un académicien ou à un professeur de l'Université, on peut être sûr que sa réponse sera à peu près celle-ci : « La science ne doit s'occuper que de choses scientifiques. » Cela semble plausible, mais ce n'est qu'une phrase. Pour faire de cette phrase un principe légitime, il faudrait lui faire subir une petite correction que je me permets de proposer : « La science ne doit s'occuper des choses que scientifiquement. » Quant à savoir quelles sont ces choses, la question n'a pas de sens. Toutes les choses, sans exception, relèvent du tribunal de la science. « Ce qui est digne d'être est digne d'examen », a dit Bacon. En d'autres termes, on peut contester les méthodes, mais non les objets d'investigation. « Ce qui d'une connaissance fait une science, dit le Sphinx, ce n'est pas l'objet, c'est la manière, la méthode d'après laquelle l'objet est examiné ; c'est l'ordre, c'est le groupement systématique des vues auxquelles l'examen nous a conduits. L'investigation scientifique est toujours méthodique, et toute investigation méthodique est scientifique. Il est également antiscientifique d'objecter que le spiritisme ne saurait être un sujet d'études pour la science parce que ses prétendus faits n'ont aucune réalité. C'est justement là la question, la première de toutes celles qu'il faudra élucider : ne pas vouloir même se livrer à cet examen préliminaire, c'est le comble de la partialité. »

Mais il semble que la conspiration du silence dont Carl du Prel parle plus haut touche à sa fin. Malgré leur parti pris de ne rien entendre, les savants ont eu les oreilles tellement rebattues des phénomènes psychiques qu'à la fin, agacés, beaucoup veulent savoir ce qu'il en est. Un jeune attaché à l'ambassade de Russie à

Paris, M. Youriévitch, a pu réaliser, avec le concours de M. Oswald Murray de Londres, un tour de force que malgré toute son énergie et tout son dévouement il n'aurait pas réalisé il y a quelques années seulement. Il a pu réunir en un Institut la plupart des savants français pour les amener à étudier, non seulement les questions psychologiques, mais encore les questions psychiques. La chose n'a pas marché toute seule. Dans l'idée de M. Youriévitch, les questions psychiques devaient avoir la prépondérance ; mais la plupart des savants, venus là surtout dans l'espoir de trouver des ressources pour leurs travaux particuliers, auraient voulu, eux, reléguer les questions psychiques au dernier plan, sinon dans le cabinet aux oublis. « Mais si nous faisons appel aux médiums, disait l'un des plus connus, on se moquera de nous. » M. Youriévitch a tenu bon, et il faut lui en être reconnaissant. On a débarqué, il est vrai, les vieux psychistes, les de Rochas et d'autres, mais M. Youriévitch n'y est pour rien : il a laissé faire, pour en empêcher certains, auxquels il tenait, de se retirer, nouveaux Achilles en courroux, sous leur tente. On veut bien consentir à la fin à examiner ces sottises du psychisme et à démasquer les médiums, mais on ne veut pas être exposé à coudoyer ceux qui de longue date leur ont accordé de l'importance en dépit des Académies.

Enfin l'Institut psychologique existe, et il

existe uniquement grâce à M. Youriévitch, qui se dévoue tout entier à une grande idée, à un âge où les hommes de sa caste ne songent guère qu'à dindonner dans les salons. Mais que donnera-t-il, cet Institut ? Ce ne sont pas les Instituts qui font les grandes découvertes ; le génie échoit à un homme, jamais à un groupe ; quoiqu'un groupe puisse favoriser l'éclosion d'un génie. Mais les Instituts ont du poids sur l'opinion, ils peuvent créer rapidement un public, or aucune étude n'avance sans un public. Si l'Institut psychologique rend ce service, il aura déjà été très utile.

Mais durera-t-il? Si M. Youriévitch venait à disparaître ou à l'abandonner, il tomberait aussitôt. Il est composé d'éléments trop hétérogènes, et M. Youriévitch a peut-être vu trop grand ; il a trop oublié le proverbe : Qui trop embrasse mal étreint.

CHAPITRE IV

Magnétisme et médiumnisme.

Toute idée nouvelle doit traverser trois périodes. — Le magnétisme animal et Mesmer. — Braid et l'hypnotisme. — Le colonel de Rochas. — Respect et bienveillance dus aux sujets. — L'od. — Preuves de son existence: les sensitifs le voient; le médiumnisme est un phénomène odique; les effluves odiques sont enregistrés par la photographie; l'od seul fournit une explication satisfaisante du rapport. — Propriétés psychiques et physiques de l'od. — Extériorisation de l'od. — Extériorisation, avec l'od pour véhicule, de la motricité et de la sensibilité. — Expériences de de Rochas; extase provoquée. — Emission spontanée de fantômes. — Le corps astral ne peut pas être odique. — Nature de l'od. — Utilisation possible de l'hypnotisme pour l'étude du spiritisme.

Quand une idée nouvelle apparaît, elle n'est pas adoptée tout de suite, quelque juste et quelque belle qu'elle soit. Les hommes aiment mieux généralement que la vérité demeure au fond de son puits, et quand par hasard elle fait une apparition sur la margelle, ils accourent furieux pour la lapider. Toute idée nouvelle doit traverser trois périodes. Pendant la première, on la nie violemment; cette période dure plus ou moins longtemps selon les époques, mais elle est toujours longue. Pendant la seconde période, certains hommes, irrités de voir cette idée devenir obsédante et croître par la résistance même qu'on lui oppose, la prennent et, de gré ou de force, l'introduisent dans les systèmes déjà existants. Là elle agit comme un ferment de destruction; elle désagrège les systèmes dans lesquels on a voulu l'introduire quand même et il faut en édifier de nouveaux, dont l'idée jadis honnie forme la base principale. C'est la troisième période.

C'est justement ce qui est arrivé pour le magnétisme animal.

Les phénomènes du magnétisme ont été connus dès la plus haute antiquité. Je crois même que dans les vieux temples égyptiens ou hindous on est allé dans cette voie beaucoup plus loin que nous. Le moyen âge ne les ignora pas complètement; mais peut-être le moyen âge et les anciens ne parvinrent-ils pas à les dégager du mysticisme : encore nous n'en savons rien. Quoi qu'il en soit, le magnétisme pour nous commence avec Mesmer, qui en fut peut-être le vulgarisateur plus que l'inventeur. C'était un véritable savant. Sans doute il se refusa à sacrifier aux préjugés de son temps ; mais il avait quand même du sens et de la logique. Il observa les faits soigneusement, et il les nota de même. Il eut une vogue immense en son temps dans le monde toujours nombreux des névrosés des deux sexes. J'imagine que Mesmer aurait ambitionné autre chose : il aurait mieux aimé voir les hommes de science examiner sans parti pris les faits qu'il produisait que de voir la foule ignorante et crédule accourir autour de son baquet. Mais l'approbation des savants, il ne l'eut pas ; il ne pouvait pas l'avoir. Nul homme n'a été plus méconnu et plus injurié que lui et pendant plus longtemps. On ne lui rend pas encore aujourd'hui complètement justice ; mais toutefois le jour de la réparation commence à poindre.

Mesmer eut de nombreux disciples, qui étudièrent l'idée nouvelle et bataillèrent pour elle sans réussir à l'imposer. Les principaux furent : le général de Puységur, le capitaine Tardy de Montravel, Deleuze, les docteurs Charpignon et Despine. Ces derniers écrivirent entre 1840 et 1848 : les corps savants étaient toujours aussi opposés au magnétisme.

Enfin un chirurgien de Manchester, James Braid, réussit inconsciemment à trouver un moyen terme qui entama l'opinion. Les magnétiseurs soutenaient qu'un fluide se dégageait de l'opérateur et allait influencer le sujet ; ils attribuaient tous les phénomènes observés à l'action de ce fluide. Ils n'avaient pas tort : ce fluide existe réellement. Ils se trompaient toutefois sur un point. Les phénomènes sont dus bien plus à l'extériorisation du fluide du sujet qu'à la transmission au sujet du fluide du magnétiseur. Mais cette idée féconde est toute nouvelle ; c'est de Rochas qui a commencé à la dégager de l'enchevêtrement des faits. Le présent chapitre roulera tout entier là-dessus.

Or, depuis Mesmer jusqu'à ces derniers temps, les savants ne voulaient sous aucun prétexte entendre parler du fluide des magnétiseurs. Ils avaient conçu l'homme comme un automate conscient, comme une machine protoplasmique infiniment compliquée, mais dont les ressorts s'arrêtaient à la périphérie du corps. A partir d'une certaine date, ils voulurent bien admettre que la plupart des phénomènes du magnétisme étaient réels, mais à la condition qu'ils n'entendraient plus parler du fluide. Ce fut James Braid qui donna satisfaction à ses collègues. Il observa que le sommeil magnétique était produit non seulement par les passes, mais encore en faisant fixer au sujet un objet brillant. Du moment qu'un agent physique pouvait produire ce sommeil, il ne pouvait plus être question de la transmission d'un fluide du magnétiseur au magnétisé. Aussi les savants accueillirent-ils la découverte de Braid comme une planche de salut. Ils changèrent les noms anciens : le magnétisme devint l'hypnotisme, le sommeil magnétique devint l'hypnose, et l'on eut une science nouvelle, qu'on put étudier dorénavant sans se discréditer à jamais scientifiquement : les savants ne pensaient pas que le terrible fluide des magnétiseurs était toujours là présent ; la plupart sont encore loin de le penser. Chez les sujets endormis par les agents physiques, c'est le fluide des sujets qui entre en jeu en s'extériorisant et produit les phénomènes.

L'hypnotisme eut tout de suite une frondaison magnifique. Charcot, un disciple de Braid, fonda l'école de la Salpêtrière ; Liébault fonda celle de Nancy ; Luys fonda celle de la Charité. Aujourd'hui l'hypnotisme est un moyen thérapeutique universellement reconnu et employé.

Mais puisque le fluide des magnétiseurs existe, il fallait bien qu'on le retrouvât de temps en temps. Aussi la discussion continua-t-elle à son sujet, les uns niant avec rage, les autres affirmant avec non moins de véhémence.

Le jour est enfin venu où on étudiera sérieusement le fluide des magnétiseurs. Deux hommes éminents ont préparé la voie : Charles Richet, un esprit d'une vigueur et d'une netteté extraordinaires, et le colonel de Rochas. Ce dernier, surtout, est un précurseur dans cette étude et il a eu le sort de tous les précurseurs. Ses expériences ont été violemment contestées, surtout en France, en vertu de ce principe, que nul n'est prophète en son pays. A l'étranger, son nom a une autorité qu'on ne lui reconnaîtra pas de sitôt chez nous. Les hypnotiseurs français se demandent ce que cet intrus est venu faire dans leur domaine ; il était soldat, il n'était pas médecin : que n'étudiait-il la balistique, voire la poliorcétique, c'est-à-dire l'art de prendre les villes et même de les piller ? On entend sur de Rochas toutes sortes d'insinuations malveillantes, mais pas d'accusations précises : c'est un naïf, ses sujets se sont moqués de lui indignement pendant des mois et des années sans qu'il s'en soit douté tant seulement. Ce qui n'empêche pas qu'il a compromis gravement la santé de ces mêmes sujets qui ont dû aller ensuite se faire soigner à la Salpêtrière. Je n'ai pas vu de sujets de de Rochas aller à la Salpêtrière, mais j'en ai vu en revenir, et dire, avec l'exagération particulière aux névropathes : « Mais, mon colonel, ce sont des bourreaux ! j'aimerais mieux mourir que d'y retourner ». Non, les grands médecins de la Salpêtrière ne sont pas des bourreaux ; ils ont si souvent contemplé la douleur humaine que leur âme a fini par déborder de pitié. On ne peut les entendre parler à ces pauvres névrosés avec une patience et une bonté infinies sans en être profondément ému. Mais malheureusement ils sont entourés d'un essaim de jeunes hommes qui n'ont pas assez vécu et par conséquent pas assez souffert ; qui ne savent pas que la créature souffrante est sacrée et qu'il est criminel de la traiter avec malveillance ou même avec légèreté. J'ai accompagné un jour une femme à une consultation de la Salpêtrière. Il y avait là un jeune moricaud qui se tenait les côtes de rire pendant qu'on examinait la malade. J'ai dû me retenir pour ne pas m'approcher et le souffleter comme il le méritait. Pourquoi le médecin ne montrait-il pas la porte à ce jeune imbécile, et ne lui signifiait-il pas l'ordre de ne plus revenir ? Les névropathes sont des malades qui perçoivent la pensée sans qu'on l'exprime ; jugez comme ils doivent se sentir à leur aise au milieu de cet essaim d'écervelés.

Jamais on n'a ri d'un névropathe chez de Rochas et je crois bien que si on l'eût fait, la brusquerie du soldat eût vite reparu pour remettre les rieurs à leur place.

Aujourd'hui de Rochas est rentré dans la vie privée: il n'a pas quitté l'administration de l'École polytechnique de son plein gré quoiqu'on essaye d'accréditer ce bruit. Du moins, c'est ce qu'affirmait récemment dans un journal du matin un de ces publicistes qui savent tout sans avoir jamais rien appris, et qui tranchent toutes les questions avec une assurance que l'ignorance seule peut donner. De Rochas a été mis à la retraite brutalement, sans avis préalable, dès qu'il s'est trouvé un ministre de la Guerre capable de frapper à tort et à travers sur ceux qui lui déplaisaient. Non seulement on reprochait à l'administrateur de l'École polytechnique l'audace de ses études compromettantes pour une institution vieillotte, mais encore on redoutait l'esprit de justice et d'indépendance qu'il apportait dans son service comme dans ses recherches scientifiques en dédaignant les compromissions. Dans ces dernières années, les vexations ne lui avaient pas été épargnées, aussi est-il parti sans trop d'amertume : il est philosophe et il sait que tous les précurseurs avant lui ont eu le même sort ou un sort pire. — « Bah ! me disait-il un jour, on ne nous brûle plus, c'est déjà quelque chose ».

De Rochas est allé plus loin que d'autres dans l'étude du magnétisme, d'abord parce qu'il a su « rejeter l'opinion » d'après le principe de Marc-Aurèle qu'il a mis en tête d'un de ses livres, ensuite parce qu'il a été bon envers les sujets, bon d'une bonté réelle et non d'une bonté feinte. Le malheureux sensitif avec lequel on expérimente ne s'en laisse nullement imposer par une bienveillance purement extérieure ; le sensitif lit dans notre âme comme dans un livre, et s'il y trouve autre chose que de la bonté, il se recroqueville tout frissonnant :

c'est le mimosa qui replie ses feuilles; vous n'observerez alors chez lui que des phénomènes incomplets ou suspects. — Mais dira-t-on, vous recommandez justement l'attitude qui doit favoriser toutes les fraudes ! — Croyez-vous? croyez-vous vraiment que bonté et sottise soient une seule et même chose? Qui vous défend de vous servir de votre jugement, si vous en avez?

En outre, si l'on veut obtenir d'un sujet tout ce qu'il peut donner, il faut se garder de changer l'hypnotiseur. La santé d'un sujet qui change trop souvent d'hypnotiseur court de grands risques, et bientôt les phénomènes sont si peu nets qu'ils n'ont plus aucune valeur pour la science. De là tant de déceptions !

Mais je crois venu le moment où l'on étudiera les phénomènes de l'hypnotisme avec plus de méthode. Ou plutôt non, ce n'est pas l'hypnotisme qu'on va étudier, c'est le magnétisme. L'hypnotisme n'est qu'une science de transition : on sera forcément ramené au vieux magnétisme et au fluide des magnétiseurs.

L'existence de ce fluide n'est pas, comme celle de l'éther, un simple postulatum. On peut la démontrer expérimentalement; et, du jour où on le voudra, on imaginera une infinité d'expériences plus décisives les unes que les autres. Le fluide des magnétiseurs est connu depuis bien longtemps, et il a reçu différents noms suivant les époques. Les Hindous et les Egyptiens l'ont étudié. Pythagore, qui avait puisé beaucoup de lumières chez les Egyptiens, l'appelait le *char de l'âme*. Cette dénomination est très juste ; elle n'a qu'un défaut, c'est d'être un peu trop métaphorique pour notre temps. Le fluide qui nous occupe est selon toute vraisemblance un corps intermédiaire entre les deux mondes, celui où nous irons après notre mort, et celui où nous sommes maintenant. C'est un outil dont l'âme se sert pour agir sur le monde physique, monde trop grossièrement matériel pour qu'elle puisse agir sur lui directement. L'encéphale, en dépit des monistes, ne secrète pas la pensée comme le foie secrète la bile, l'encéphale n'a probablement pas d'autre fonction que de secréter ledit fluide, que d'entretenir le char de l'âme.

Au moyen âge, on appelait ce fluide l'esprit vital. La voyante de Prévorst l'appelait l'esprit des nerfs. Les magnétiseurs l'ont appelé magnétisme ou électricité animale. Enfin Reichenbach, qui l'a étudié longtemps avec un grand soin, l'a appelé *od*. Cette dénomination mérite de rester, d'abord en souvenir du grand savant viennois trop longtemps méconnu, ensuite parce qu'elle est très commode. Dorénavant nous ne donnerons pas d'autre nom au corps qui nous occupe.

Une première preuve de l'existence de l'od se

trouve dans le fait qu'il est perçu par tous les sensitifs. Ils le perçoivent malgré la lumière à l'état hypnotique ; mais ils le perçoivent aussi à l'état normal ; seulement, il faut alors qu'ils aient séjourné plusieurs heures dans l'obscurité la plus complète. Tous les corps de la nature sans exception dégagent de l'od ; mais ceux dont les molécules sont disposées symétriquement sont ceux qui en dégagent le plus. Le corps des animaux est enveloppé d'un nuage odique ; chez l'homme les extrémités des doigts et les organes des sens émettent une vive flamme odique. L'od qui s'échappe des corps vivants, des cristaux, des aimants et d'autres corps, ne donne pas aux sensitifs une expression colorée uniforme. La couleur de l'od qui s'échappe de la partie droite du corps diffère de la couleur de celui qui s'échappe de la partie gauche : c'est là un fait constant. Le côté droit luit ordinairement d'un feu bleuâtre, tandis que le côté gauche luit d'un feu jaune rougeâtre. Mais c'est souvent aussi l'inverse. En outre les nuances de la lumière odique varient beaucoup : chaque personne a pour ainsi dire les siennes, selon l'état de sa santé, voire de sa pensée.

A propos de ce que voient les somnambules, le grand magnétiseur Deleuze s'exprime ainsi :

« La plupart des somnambules voient un

fluide lumineux et brillant environner leur magnétiseur et sortir avec plus de force de sa tête et de ses mains ; ils reconnaissent que l'homme peut le produire à volonté, le diriger, et en imprégner diverses substances. Plusieurs le voient non seulement pendant qu'ils sont en somnambulisme, mais encore après qu'on les a réveillés.... »

Non seulement l'od affecte le sens de la vue chez les somnambules, mais il affecte encore le sens du goût. Deleuze dit à ce sujet : « Le fluide a pour eux un goût qui est très agréable, et il communique un goût particulier à l'eau et aux aliments. »

A propos de la perception de l'od dans la chambre obscure, par les sensitifs à l'état normal, voici un passage de Reichenbach : « Conduisez un sensitif dans l'obscurité, prenez avec vous un chat, un oiseau, un papillon, si vous pouvez vous en procurer un, et plusieurs pots de fleurs. Après quelques heures d'obscurité vous l'entendrez dire des choses curieuses : les fleurs sortiront de l'obscurité et deviendront perceptibles ; d'abord elles sortiront du noir de l'obscurité générale sous la forme d'un nuage gris isolé ; plus tard il se formera des points plus clairs ; à la fin chaque fleur deviendra distincte, et les formes apparaîtront de plus en plus nettement. Un jour je posai un de ces vases devant M. Endlicher, professeur distingué de botanique, qui était un sensitif moyen ; il s'écria avec un étonnement mêlé de frayeur : C'est une fleur bleue, c'est une gloxinie. C'était effectivement une *Gloxinia speciosa*, variété *cœrulea* qu'il avait vue dans l'obscurité absolue, et qu'il avait reconnue par la forme et la couleur. »

Mais je dois, dès maintenant, faire une distinction importante. Si tous les corps émettent un fluide qui peut les rendre visibles, même en l'absence de toute lumière, l'od n'est pas cependant identique pour tous les corps : ce sont surtout les faits du spiritisme qui le prouvent. C'est au moyen de l'od que les désincarnés communiquent avec nous et produisent les phénomènes nombreux observés depuis cinquante ans : du moins cela ressort de leurs déclarations et de l'examen des faits. Or, pour agir sur un organisme humain, ils ont besoin de l'od qui s'échappe de cet organisme, ils ont besoin d'un médium. Un médium n'est probablement qu'un être humain, fournissant de l'od aux désincarnés plus facilement et en plus grande quantité que les autres. Ils ne peuvent pas utiliser l'od qui s'échappe en quantité énorme de tous les objets ou des animaux. Pour que les désincarnés communiquent avec les hommes, il faut de l'od humain, ce qui ne se comprendrait pas, si l'od était partout dans la nature chimiquement identique.

Carl du Prel, après avoir constaté que la médiumnité ne pouvait être qu'un phénomène odique, a émis une idée qui doit être juste. Si c'est d'od qu'ont besoin les désincarnés, pour communiquer avec nous, il est relativement facile de leur en fournir. L'od, comme l'électricité, s'accumule dans certains corps; l'od s'accumule dans l'eau, par exemple : on pourrait saturer d'od un volume donné d'eau, qu'on mettrait à la disposition des communiquants. Maintenant, l'od ainsi accumulé est-il aussi maniable que celui qui sort directement de l'organisme ? Probablement non, puisque l'eau détient fortement l'od qu'elle a absorbé. En tout cas, il vaudrait la peine de s'en rendre compte.

Mais on a dit longtemps et on dira sans doute encore : « Les somnambules et les sensitifs ont une sensation purement subjective. Appelez cette sensation *od*, si vous voulez ; cela ne prouvera pas que cette sensation provient d'une réalité objective. » Je voudrais bien que les négateurs de l'od m'expliquent comment une sensation subjective peut rendre visibles les objets dans la chambre obscure de Reichenbach. Une sensation subjective peut produire des hallucinations; elle ne peut pas nous renseigner sur ce qui est réellement. Mais il y a mieux : les effluves odiques sont enregistrés par la plaque photographique. Je sais bien que les expériences faites jusqu'à ce jour dans cette voie n'ont pas toute la rigueur scientifique désirable ; mais à qui la faute? N'est-elle pas aux savants qui, au lieu de suivre des indications précieuses, s'attardent à de sottes négations *a priori*. On a souvent obtenu l'image des effluves qui s'échappent des mains des magnétiseurs. Le Dr Baraduc affirme, avec de nombreux clichés à l'appui, que tout homme est entouré d'un nuage odique qui se modifie avec chacun de ses sentiments et chacune de ses pensées. Voilà longtemps que les spirites prétendent pouvoir photographier des fantômes odiques. Ces photographies ont suscité toute une nuée d'indélicats imitateurs, je ne l'ignore pas. Mais les clichés de M. Beattie et du Dr Wagner, de Saint-Pétersbourg, évidemment exempts de toute supercherie, donnent à réfléchir. Que peut-il y avoir d'étonnant à ce que les effluves odiques impressionnent la plaque photographique, si vraiment elles donnent une sensation lumineuse à l'organe de la vue chez les sensitifs?

Enfin, une autre preuve excellente de l'existence de l'od est le phénomène du *rapport* chez les sujets à l'état hypnotique. Le rapport consiste en ce que les états psychologiques et physiologiques du magnétiseur sont transmis au sujet et éveillent un écho chez ce dernier. Il se fait comme un mélange de l'âme du magnétiseur et de celle du sujet, de manière que le sujet sent, pense et agit exactement comme le magnétiseur. L'état de rapport est d'autant plus parfait que le sujet est plongé dans un sommeil plus profond, c'est-à-dire que son isolement du monde extérieur est plus complet.

C'est le rapport qui a suscité le plus de discussions entre magnétiseurs et hypnotiseurs. Ces derniers expliquent tout par la suggestion ; mais ils oublient de nous expliquer par quel intermédiaire, par quel véhicule la suggestion peut atteindre le cerveau du sujet, quand cette suggestion n'a pas été exprimée. Nous parlerons au long de la suggestion dans le chapitre qui suit : elle existe, mais c'est un phénomène tout différent du rapport.

La suggestion est un monoïdéisme, implanté volontairement dans l'esprit du sujet, monoïdéisme qui, en vertu de sa force initiale, continue à agir subconsciemment, jusqu'à ce qu'il soit arrivé à sa réalisation. Le rapport est un état particulier dans lequel l'od extériorisé du sujet, s'étant mélangé intimement à l'od du magnétiseur, le sujet vibre à l'unisson du magnétiseur, sans que la volonté de celui-ci y soit pour rien. Le corps physique du sujet à l'état somnambulique est frappé d'anesthésie : souvent néanmoins le sujet continue à entendre, à voir, à sentir ; mais il entend, il voit, il sent, non par ses propres organes, mais par les organes du magnétiseur. Et cependant, le phénomène peut aller si loin que si, par exemple, le magnétiseur boit du rhum, l'haleine du sujet peut prendre l'odeur de cette liqueur, ce qu'un tiers, absent au moment de l'expérience, peut facilement constater après coup. La suggestion n'expliquera pas cela, mais au contraire le rapport odique l'explique très bien. Le magnétiseur a momentanément à sa disposition deux organismes, qui vibrent à l'unisson et l'od peut véhiculer une odeur. — Sans doute il y a encore des points obscurs, sur lesquels les discussions pourront se prolonger longtemps encore. Mais la science de demain fera la lumière sur ces points-là comme sur les autres, sans que l'existence de l'od puisse être mise en doute. Ce mélange de deux âmes est connu depuis longtemps. Hippocrate, par exemple, a dit : « Si quelqu'un prétend qu'une âme ne peut pas se mélanger avec une autre âme, celui-là est un ignorant. »

Bien d'autres phénomènes encore démontrent l'existence de l'od.

Je dois parler de ce que j'appellerai, si on m'y autorise, les propriétés psychiques et physiques de l'od. L'od est bien réellement le char de l'âme, suivant l'expression de Pythagore ; c'est par l'od que celle-ci agit partout dans le monde physique ; et l'od est d'une sensibilité exquise aux vibrations de l'âme. La moindre variation dans notre pensée, dans nos sentiments, dans nos sensations amène un changement correspondant dans la masse odique de l'homme et même dans le nuage d'od qui flotte constamment autour de chaque individu. L'od vibre non seulement sous l'influence de la pensée consciente, mais encore sous l'influence de la subconscience. La forme humaine est une pensée de l'homme magique, pensée qui persiste : or le nuage odique que tout individu laisse à chaque instant derrière lui a une tendance à reproduire la forme du corps physique ; c'est ainsi que certains sujets à l'état hypnotique peuvent voir dans un fauteuil un homme qui s'y est assis mais qui n'y est plus depuis un certain temps. — L'od, je l'ai déjà dit, peut être emmagasiné par certains corps, comme la soie ou l'eau. — L'électricité peut servir de véhicule à l'od. En 1832, Hodgkin a montré dans un rapport que la maladie d'un individu peut être transportée à un autre par l'électricité. Un malade qui souffrait de fièvre intermittente fut placé dans le bain statique, alors qu'il était sous le coup d'un accès de la maladie. M. P. Smith lui tira des étincelles en négligeant de tenir l'excitateur par la partie en verre du manche, laissant ainsi les étincelles traverser son corps. Le malade guérit, mais M. Smith eut la fièvre dès le soir même. L'électricité ne fut pas évidemment le véhicule de la maladie, mais bien le véhicule de l'od malade. Les faits du même genre abondent dans la littérature spéciale.

Enfin la propriété la plus remarquable et la plus importante de l'od, c'est d'être extériorisable. L'âme peut le projeter au loin, et, par son intermédiaire, agir sur la nature à n'importe quelle distance, du moins sur notre planète.

A l'état normal, à l'état de santé, et au moment où l'âme est calme, l'od, quelle que soit son origine, qu'il soit sécrété par l'encéphale seul ou par l'organisme tout entier, l'od, dis-je, s'accumule dans le corps physique et n'en déborde guère la périphérie, sauf le nuage odique de petite densité qui nous entoure et dont j'ai parlé plus haut. Toutefois, l'od ne se trouve pas réparti dans le corps d'une manière uniforme : le cerveau, la main droite, les organes des sens, les extrémités des doigts en rayonnent davantage. La « lumière » dont se servent, d'après leurs dires, les esprits qui communiquent par l'intermédiaire de Mme Piper, est probablement de l'od.

C'est l'od qui est le véhicule de la sensibilité et même de la motricité. Les filaments nerveux qui aboutissent en nombre presque infini à l'encéphale et à la moelle épinière, ne sont probablement que des chemins de moindre résistance pour l'od. Entendons-nous bien. L'od est le véhicule de la sensibilité et de la motricité, il n'est pas la sensibilité et la motricité. L'âme seule peut sentir et peut mouvoir. La sensibilité est de la pensée et la motricité aussi. Il y a peut-être identité de principe entre la pensée et la force. En tout cas, toute pensée est une force qui tend à agir sur la matière jusqu'à réalisation, à moins que la volonté ne s'y oppose, à moins qu'il n'y ait inhibition.

Dans les états anormaux, dans la maladie, dans les grandes émotions, dans l'hypnose, l'âme peut projeter l'od en dehors de l'organisme et agir par son intermédiaire en dehors des limites de ce même organisme. C'est ainsi que la motricité, et surtout la sensibilité peuvent s'extérioriser, comme l'a si bien montré, dans ses remarquables ouvrages, le colonel de Rochas. Les exemples d'extériorisation spontanée de la motricité sont assez rares, ou du moins j'en connais très peu. Mais cela doit tenir à ce que le phénomène étant considéré *a priori* comme impossible, il passe inaperçu quand il se présente. Toutefois j'ai lu récemment dans une étude sur Alfred de Musset, parue dans les *Annales des Sciences psychiques*, le fait que voici : Pendant les derniers jours de sa vie, le poète très abattu ne pouvait quitter son fauteuil. Un jour, voulant appeler sa gouvernante, il tendit la main vers sa sonnette pour l'agiter ; mais celle-ci était trop éloignée, il ne put l'atteindre. Néanmoins, cette sonnette se leva de la table et se mit à s'agiter violemment. Ici, évidemment, la volonté du malade a extériorisé de l'od, et sur cet od a été transportée la motricité. C'est le phénomène de la télékinésie. Ce phénomène n'est plus niable aujourd'hui. Seulement il ne se produit qu'en présence d'un sensitif particulier, d'un médium, qui est un réservoir d'od. Mais si le médium fournit l'od, véhicule de la motricité, fournit-il toujours aussi la volonté ou force qui constitue cette motricité ? Ou bien l'od est-il utilisé par une volonté autre que celle du médium et que celle des assistants, par la volonté d'un esprit ? Voilà le nœud de la question. Et il n'est pas facile de le trancher, ce nœud, d'un coup de sabre, comme Alexandre trancha le nœud gordien. A examiner les faits de près, il semble bien que dans beaucoup de cas la volonté motrice n'est autre que celle du médium. Mais dans d'autres cas aussi, on ne peut se refuser à admettre l'intervention d'une volonté étrangère à toute l'assistance.

La sensibilité s'extériorise aussi comme la motricité, voire même plus facilement et plus souvent encore. Dans certains cas elle s'extériorise spontanément. De Rochas m'a parlé d'une malade qu'il a vue autrefois dans le service du D⁰ Luys. La malheureuse était frappée d'anesthésie complète à la périphérie du corps : on pouvait déchirer les chairs sans qu'elle le sentît. Mais si l'on approchait les doigts ou un instrument à quelque distance de la peau, elle poussait des cris de douleur. Elle ne pouvait supporter pour vêtement que de la mousseline extrêmement fine, parce que les froissements des étoffes plus grossières la faisaient cruellement souffrir. C'était un beau cas d'extériorisation spontanée de la sensibilité. Mais à ce moment-là de Rochas n'avait pas encore montré l'existence du phénomène : on ne sut pas étudier cette malade. Les hystériques ont tous ce qu'on appelait autrefois les marques du diable, et ce qu'on appelle aujourd'hui les points hystérogènes ou hypnogènes. Ce sont des surfaces plus ou moins étendues de la peau, entièrement anesthésiées. On peut y blesser le malade sans qu'il en éprouve la moindre douleur. Mais en revanche, certains hystériques ne peuvent pas supporter qu'on approche les doigts ou un instrument à une certaine distance du point hypnogène ; les vêtements eux-mêmes les font affreusement souffrir à ces endroits, non quand ces vêtements sont en contact avec la peau, mais quand ils sont à une certaine distance. Le moins que ces sujets puissent éprouver est une sensation fort pénible d'étouffement. Mais en général il y a non seulement exasthésie, mais encore hyperesthésie.

L'observation de ce phénomène, chez les hystériques, vous fait tout de suite souvenir de l'irritabilité excessive des nerveux, même non hystériques. Ces malheureux recherchent l'obscurité, la solitude et le silence ; ils ne peuvent pas supporter qu'on remue autour d'eux, le moindre bruit les affole. Et ils souffrent physiquement d'une douleur intense. Du moins, c'est le cas pour moi. Lorsque je suis très fatigué nerveusement, lorsque j'ai de l'hypéridéation, j'éprouve une sensation très pénible, voisine de la douleur, quand, dans la rue, les passants les plus inoffensifs passent à une distance de moi de quelques dizaines de centimètres, alors qu'il ne saurait être question d'un frôlement, même léger. Ce phénomène ne serait-il pas dû à une diffusion anormale de l'od autour du corps, diffusion anormale par la quantité d'od extériorisée et par la distance à laquelle atteint le nuage odique ? N'a-t-on pas remarqué aussi que chez les névropathes les plus irritables, les sens sont très souvent émoussés ? Si une extériorisation odique anormale était démontrée dans le nervosisme, on comprendrait mieux les effets sédatifs de l'hydrothérapie : l'eau absorbe le fluide humain partout où elle le trouve, elle décharge les sujets et par conséquent les calme pour commencer et les affaiblit ensuite. Le bain affaiblit beaucoup les sujets, de même que les temps humides, parce qu'il absorbe leur od extériorisé ; c'est une saignée fluidique qu'ils éprouvent. Mme Lambert, un sujet de de Rochas, ne peut supporter le voisinage de la mer parce que l'air y est saturé d'eau salée qui conduit et soutire l'od comme l'électricité. Bien plus, elle est tentée de suivre le mouvement de son od et l'eau l'attire violemment ; on est obligé de marcher entre elle et la mer pour l'empêcher de s'y jeter.

Dans le numéro d'avril 1902 des *Psychische Studien*, je trouve un article intitulé *Trois bras pour un seul corps*, où il est question d'un cas spontané d'extériorisation de la sensibilité, observé par le patient lui-même. Celui-ci, ayant dormi la tête sur le bras droit, se réveille pendant la nuit avec ce bras complètement inerte et insensible. Comme il était sujet aux crampes de cette nature, et comme il connaissait par expérience la douleur qu'on éprouve aux extrémités des doigts, quand le sang afflue trop rapidement dans le membre engourdi, il voulut prendre des précautions. Dans ce but, il saisit la main droite avec la main gauche et déposa le bras inerte en travers de la poitrine. Quand il sentit le flot sanguin envahir à nouveau le bras malade, pour empêcher que ce flot sanguin ne parvînt trop vite aux extrémités des doigts, il souleva la main droite à une dizaine de centimètres au-dessus de la poitrine. En pressant avec la main gauche le bout des doigts de la main droite, il sentit cette pression, non à la place où se trouvait alors la main, mais à la place où elle venait de se trouver, en travers de la poitrine.

Ne trouverait-on pas dans ces observations la

véritable explication de ce fait si connu — que les amputés continuent à souffrir du membre qu'ils n'ont plus. Vous pouvez couper à un homme sa jambe de chair, mais vous ne pouvez pas lui couper sa jambe odique, qui conserve fidèlement la forme, voire les maladies du membre disparu ; et l'od continue à véhiculer jusqu'à l'âme les douleurs de ces maladies. Toutefois la cause physique de ces maladies ayant disparu, ce qu'il en reste dans le membre odique ne peut être qu'une sorte de suggestion laissée par le membre disparu ; et on devrait pouvoir guérir cette suggestion par une autre suggestion.

Ce sont les expériences de de Rochas qui nous ont révélé ce phénomène de l'extériorisation de l'od. Ces expériences ont été consignées par l'auteur dans des ouvrages dont le plus important a pour titre : *l'Extériorisation de la sensibilité*. Elles ont été contestées. De Rochas et Baraduc, dit-on, sont des expérimentateurs d'un genre particulier : eux seuls peuvent réussir leurs expériences. Ce sont là des méchancetés. Je n'ai rien à dire à propos du Dr Baraduc, dont je ne connais pas assez les travaux : mon impression est que ces travaux renferment un fond de vérité dissimulé sous un excès d'imagination. Mais quant aux expériences de de Rochas, elles ont été répétées souvent surtout à l'étranger et reconnues parfaitement exactes.

« Je me sers, dit de Rochas, d'un sujet A dont les yeux ont été préalablement amenés dans l'état où ils perçoivent les effluves extérieurs et qui examine ce qui se passe lorsque je magnétise un sujet B, présentant à l'état de veille une sensibilité cutanée normale.

« Dès que, chez lui, la sensibilité commence à disparaître, le duvet lumineux recouvrant sa peau à l'état de veille semble se dissoudre dans l'atmosphère, puis reparaît au bout de quelque temps sous la forme d'un brouillard léger qui, peu à peu, se condense en devenant de plus en plus brillant de manière à prendre en définitive l'apparence d'une couche très mince, suivant, à trois ou quatre centimètres en dehors de la peau, tous les contours du corps.

« Si moi, magnétiseur, j'agis sur cette couche d'une façon quelconque, B éprouve les mêmes sensations que si j'avais agi sur sa peau, et il ne sent rien ou presque rien si j'agis ailleurs que sur cette couche ; il ne sent rien non plus si c'est une personne non en rapport avec le magnétiseur qui agit.

« Si je continue la magnétisation, A voit se former autour de B une série de couches équidistantes séparées par un intervalle de six à sept centimètres (le double de la distance de la première couche à la peau) et B ne sent les attouchements, les piqûres et les brûlures que sur ces couches qui se succèdent parfois jusqu'à deux ou trois mètres, en se pénétrant et en s'entrecroisant sans se modifier, au moins d'une façon appréciable, leur sensibilité diminuant proportionnellement à l'éloignement du corps.

« Au bout d'un temps variable, généralement après la troisième ou quatrième phase de léthargie, les couches concentriques présentent deux maxima d'intensité, l'un sur le côté droit du sujet, l'autre sur son côté gauche, et il s'y forme comme deux pôles de sensibilité. C'est là le début d'un autre ordre de manifestations que je laisse aujourd'hui de côté pour m'en occuper spécialement dans un prochain livre. »

Que la sensibilité des couches odiques extériorisées par la magnétisation soit spécialisée pour le magnétiseur et les autres personnes avec lesquelles le sujet est mis en rapport, cela ne doit pas nous surprendre. La sensibilité est surtout un phénomène d'attention ; quand notre attention est fortement retenue ailleurs, nos sensations sont très émoussées ; sur le champ de bataille, dans l'ardeur de la lutte, un soldat sent à peine un coup qui le frappe à mort ; pendant quelques instants il continue à combattre sans éprouver de douleur, jusqu'à ce qu'il tombe mort. Il est probable qu'un oiseau fasciné par un serpent pourrait être blessé sans qu'il le sente. Or le somnambule est un sujet, sous l'influence d'une sorte de fascination ; il n'existe plus que pour le magnétiseur et les autres personnes qui se mettent en rapport avec lui. Le sujet ne sent que les personnes avec lesquelles il est en rapport de la même manière et pour la même raison qu'il n'entend que la voix de celles-ci.

Ce qu'il y a de plus surprenant, c'est qu'on n'ait pas pu retrouver chez tous les somnambules la sensibilité extériorisée. Du moment que tous présentent de l'anesthésie cutanée, il ne peut pas y avoir simple extériorisation de la sensibilité chez les uns, anéantissement chez les autres. Du moins jusqu'à preuve du contraire on ne peut pas logiquement le supposer. Cette différence doit provenir de ce que l'od ne s'extériorise pas de la même manière chez tous les sujets. Chez beaucoup, au lieu de s'extérioriser en formant des couches concentriques autour du corps, où on le retrouve facilement, il fuse le long des membres, s'élève verticalement et va former un fantôme au-dessus de la tête ; du moins c'est ce qui arrive souvent, s'il faut en croire le sujet A placé comme observateur. Le fantôme ainsi formé doit être sensible, mais je ne crois pas que jusqu'à présent de Rochas lui-même ait eu l'idée de s'en assurer, ce qui est difficile du reste parce que souvent le fantôme s'éloigne aussitôt bien loin de la portée du magnétiseur. Il est vrai que le fantôme ne se soustrayant jamais à la volonté du sujet, on peut commander à celui-ci de le ramener à portée.

Ce qui ressort de plus net de ces expériences et ce qu'il faut surtout retenir, c'est que le phénomène de l'hypnose est dû à une extériorisation odique. Le sommeil naturel lui-même, dont l'hypnose en somme n'est qu'une forme exagérée, doit être dû à la même cause. L'âme, voulant permettre de se refaire aux membres fatigués, laisse s'écouler au dehors de l'od au moyen duquel à l'état de veille elle exerce son action sur ces membres. Ce qui prouverait l'identité fondamentale de l'hypnose et du sommeil naturel, c'est que l'hypnose est généralement difficile à produire chez les névropathes qui souffrent d'insomnie.

Maintenant on pourra demander pourquoi les passes, les émotions soudaines, ou la fixation d'un objet brillant déterminent l'hypnose, c'est-à-dire amènent tout à coup en dehors du corps une quantité d'od considérable. Il n'est pas facile de répondre à cette question. Il en est ainsi ou il semble bien en être ainsi, voilà tout ce qu'on peut dire de mieux. Dans certains cas cela peut provenir de ce que l'âme surprise perd momentanément son contrôle sur l'od ; dans d'autres cas au contraire l'extériorisation est voulue par l'âme.

Le passage de de Rochas que j'ai cité plus haut se termine par cette phrase :

« C'est là le début d'un autre ordre de manifestations que je laisse aujourd'hui de côté pour m'en occuper spécialement dans un prochain livre. »

De Rochas n'a pas encore publié le livre promis. Il craint de ne pas être cru ; les découvertes doivent venir en leur temps. Il aura beau dire : expérimentez vous-même et vous verrez que je ne rapporte rien que d'exact ; on n'expérimentera pas, mais on n'en niera pas moins avec fureur.

J'ai eu l'heureuse chance d'assister à quelques-unes des expériences de de Rochas. Je n'ai pas pour me taire les mêmes raisons que lui, je n'ai pas dans la science de nom qu'on puisse salir, je donnerai donc une esquisse de la suite du phénomène.

Quand le magnétiseur continue les passes, l'extériorisation latérale ne continue pas indéfiniment. Un moment arrive où les deux moitiés de fantôme odique quittent le corps physique des deux côtés à la fois et viennent se réunir en avant de ce même corps physique pour former un fantôme complet, visible pour les somnambules et les sensitifs. Le magnétiseur en trouve la situation en pinçant dans ce qui est pour lui le vide : le fantôme a entraîné la sensibilité avec lui et dès qu'on touche ce fantôme, le corps physique tressaille. Le corps odique tend à reproduire les moindres particularités du corps physique ; mais quand il n'est point encore assez dense, assez formé, il se présente comme une sorte de nuée lumineuse qui rappelle le Balzac aux formes imprécises de Rodin. Abandonné à lui-même, il a des tendances à s'éloigner dans le sens de la verticale, en demeurant toujours rattaché au corps physique par un mince cordon odique. Mais la volonté du sujet et celle du magnétiseur qui s'impose au sujet peuvent le ramener et le diriger comme elles veulent. L'âme, vie et pensée, continue à fonctionner dans le corps physique, évidemment, mais elle est surtout active dans le fantôme.

Le sujet qui est dans cet état témoigne, quand on l'interroge, d'une béatitude infinie ; il voudrait qu'on l'y laisse toujours, il ne voudrait plus qu'on le réveille. Il rêve et il perçoit ses pensées comme des réalités objectives. Une perception analogue a lieu aussi dans le sommeil ordinaire ; mais, dans l'état qui nous occupe, elle est beaucoup plus parfaite. Le sujet ne doute pas de la réalité objective de ce qu'il voit. De Rochas croit que quelques-unes de ces perceptions sont bien objectives, mais pour ma part, je ne trouve pas de raisons suffisantes pour l'admettre.

Ce que de Rochas est arrivé à provoquer ainsi n'est autre chose qu'une extase artificielle. Dans l'extase spontanée il y a peut-être aussi production d'un fantôme qui va planer on ne sait où.

Dans les deux extases on rencontre le même

état de béatitude infinie et la même création d'un monde onirique proclamé par le sujet infiniment beau. Toutefois la source première des rêves n'est pas la même : dans l'extase artificielle cette source se trouve dans les suggestions conscientes ou inconscientes du magnétiseur ; dans l'extase spontanée cette source est dans les idées dominantes du sujet à l'état de veille. C'est ainsi qu'une monomane du piétisme a de prétendues visions du paradis et une érotomane des contemplations moins décentes quoique ne la rendant pas moins heureuse.

Dans les expériences de de Rochas la production d'un fantôme semble être indépendante de la volonté de l'homme cérébral ; il en est de même dans de nombreux états maladifs encore mal étudiés. Il se produit alors un « double » qui peut rester dans le voisinage du patient ou aller vagabonder au loin ; celui-ci peut voir ce double ou simplement le sentir ou même être totalement inconscient de son existence. Ceux des savants actuels qui nient toujours l'od appellent ces phénomènes des hallucinations autoscopiques : cette dénomination suffit à expliquer ce qu'ils en pensent.

L'émission d'un fantôme, occasionnant une déperdition d'od considérable est toujours accompagnée d'une lassitude intense. Quand le fantôme est émis — ce qui arrive souvent — sous l'influence d'un monoïdéisme, quand ce fantôme agit fortement pour réaliser ce monoïdéisme, le corps physique tombe dans une léthargie profonde.

Ai-je besoin de citer des exemples ? On en trouve partout. Le cas de Mlle Sagée rapporté tout au long par Aksakoff est classique. Dès que sa pensée se portait avec une certaine intensité en un lieu, la malheureuse jeune fille y envoyait aussi un double très dense, ce qui faisait qu'on la voyait avec effroi à deux endroits à la fois. Elle était institutrice dans un établissement. Un jour elle était occupée à cueillir des fleurs dans le jardin, pendant qu'une autre maîtresse surveillait les élèves dans une salle voisine. A un moment donné cette dame s'absenta et le fauteuil resta vide. Mais pas pour longtemps, car les jeunes filles y aperçurent tout à coup la forme de Mlle Sagée. Aussitôt elles portèrent leurs regards dans le jardin et là virent toujours occupée à cueillir des fleurs ; *mais ses mouvements étaient plus lents et plus lourds, pareils à ceux d'une personne accablée de sommeil ou épuisée de fatigue.* Quand on demanda à Mlle Sagée si à cette occasion elle avait éprouvé quelque chose de particulier, elle répondit qu'elle se souvenait seulement d'avoir pensé, à la vue du fauteuil vide : « J'aimerais mieux que l'institutrice ne s'en fût pas allée ; sûrement ces demoiselles vont perdre leur temps et commettre quelque espièglerie ».

Aksakoff rapporte aussi le cas d'un homme qui se trouvait à bord d'un vaisseau désemparé par la tempête, ne gouvernant plus et errant à l'aventure. Ce passager tomba un jour dans une léthargie profonde; pendant ce temps son double alla écrire sur une ardoise dans la cabine du capitaine d'un vaisseau qui passait au loin : « Gouvernez au nord-ouest ». On gouverna au nord-ouest et on sauva les naufragés. Il serait facile de multiplier ces exemples.

De Rochas croit que le fantôme extériorisé pendant ses expériences doit être le corps astral ou éthéré et il en parle volontiers sous ce nom. Je ne puis partager son avis. Ce corps astral est un simple postulat et aucun homme vivant ne l'a jamais vu, pas plus à l'état hypnotique qu'à l'état de veille. Son existence se déduit de la survie de l'âme à la mort du corps, survie qui semble certaine ; si l'âme va vivre dans un autre monde, il lui faut dans cet autre monde un corps, un véhicule, puisque la conception cartésienne de purs esprits est absurde. Mais ce corps astral ne peut pas être odique pour bien des raisons. Si le corps des désincarnés était odique, ils n'auraient pas besoin d'un médium, c'est-à-dire d'un réservoir d'od pour communiquer avec nous. Non seulement ils n'ont pas de corps odique, mais encore nous savons par les contrôles de Mme Piper qu'ils ne se plongent pas sans désagrément dans l'od du médium. Si l'od est une sorte de sécrétion de l'organisme physique, le corps astral ne peut pas être odique, sinon où ce corps astral réparerait-il ses pertes une fois le corps physique anéanti ? Or on a de nombreuses indications tendant à prouver que l'od est sécrété par l'organisme. Après la mort, la sécrétion odique ne cesse complètement qu'avec la destruction des dernières parcelles de matière protoplasmique. Au-dessus des tombes, dans les cimetières et partout où un cadavre est enfoui, il se forme pendant longtemps à la surface du sol un fantôme odique d'un bleu pâle que les sensitifs perçoivent parfaitement. Ce sont aussi probablement des effluves odiques qui permettent à certains sensitifs de découvrir les eaux ou les métaux souterrains : chaque corps, nous l'avons vu, émet un od particulier.

Ces fantômes odiques qui accompagnent partout les cadavres sont peut-être ce qui retient dans les cimetières les esprits peu évolués, attachés à la terre, comme disent les Anglais. Plongés dans cet od, ils distinguent encore un peu comme dans un brouillard le monde physique qu'ils regrettent et où sont toutes leurs pensées. Ils demeurent là perdus dans leur contemplation stupide. Si un médium vient à passer, ils se jettent sur lui et l'obsèdent volontiers. Aussi tous les vrais médiums savent par expérience le danger qu'il y a pour eux à visiter les nécropoles, quelles qu'elles soient.

Je crois avoir montré que l'od est très vraisemblablement le corps par l'intermédiaire duquel se produisent la plupart des phénomènes provoqués ou spontanés du magnétisme et du spiritisme.

Maintenant quelle est la nature de l'od ? Avant d'aborder l'étude de cette question, il faudra que la science veuille bien prendre la peine de se convaincre, une bonne fois pour toutes, de son existence.

Mais si, en dehors des trois états de la matière accessibles à nos sens, l'état solide, l'état liquide et l'état gazeux, il en existait encore d'autres, — ce qui, après tout, est possible, — les états éthérés (1) ; en d'autres termes, si l'éther hypothétique des savants n'était que la matière dans des états inconnus de nous, l'od pourrait très bien être une sorte de transition par laquelle la matière passerait aux états éthérés. On arriverait ainsi à comprendre les phénomènes les plus embarrassants et les plus invraisemblables du spiritisme : les matérialisations et le passage de la matière à travers la matière. Les habitants du monde de l'éther pourraient connaître les moyens d'éthériser et de recondenser les

---

(1) L'état radiant de Crookes ne serait pas pour moi un quatrième état : ce ne serait que la raréfaction aussi grande que possible des molécules gazeuses.

corps presque instantanément. Nous savons bien, nous, faire passer à notre gré la plupart des corps par les trois états que nous connaissons. L'avenir nous dira ce qu'il faut penser de tout cela. En tous cas, ces hypothèses sont certainement amenées de moins loin que celles d'une quatrième dimension. Les analogies me permettent de concevoir un état éthéré de la matière ; mais j'avoue sincèrement que mon esprit conçoit difficilement une quatrième dimension.

Je terminerai ce chapitre en résumant ce que dit Carl du Prel à propos de l'utilisation de l'hypnose pour l'étude du spiritisme.

L'hypnose est un état dans lequel le sujet, ayant momentanément perdu toute volonté propre, fait et dit tout ce qui plaît au magnétiseur. C'est là le point essentiel : tout le reste, y compris le sommeil, est accessoire. Il s'agirait donc de savoir si les désincarnés peuvent plonger un sujet dans l'hypnose, et ensuite le faire agir par suggestion. On a souvent vu des fantômes matérialisés magnétiser leur médium. Dans le rapport de la Société dialectique, un frère de Jules Favre vient affirmer sur l'honneur qu'il a été guéri d'une longue maladie par la magnétisation d'un fantôme. Si un esprit momentanément matérialisé magnétise, pourquoi un esprit non matérialisé ne magnétiserait-il pas ?

Quand le magnétiseur est un homme incarné,

il transmet ses suggestions au sujet par la voix. Or, il est évident qu'un esprit désincarné, n'ayant pas de corps physique, n'a pas de voix. Mais ne peut-il avoir recours à la transmission directe de la pensée ? La transmission directe de la pensée, même entre vivants, est un phénomène démontré aujourd'hui. Je m'en occuperai dans un prochain chapitre.

Quoi qu'il en soit, entre la manière d'agir des somnambules et la manière d'agir des médiums, il y a une analogie telle qu'on ne peut s'empêcher de l'attribuer à une cause analogue. Un somnambule est un sujet qui est sous l'empire d'un magnétiseur incarné ; un médium est un sujet qui est sous l'empire d'un magnétiseur désincarné. Pierre Janet, ayant fait écrire ses sujets automatiquement par suggestion, en a tout de suite conclu que les médiums écrivains écrivaient sous l'influence d'une suggestion des assistants ou d'une auto-suggestion. C'est possible ; mais pourquoi n'écriraient-ils pas aussi sous l'influence d'une suggestion venant d'un être invisible ? Le contenu seul de l'écriture peut nous renseigner sur son origine. Or, M. Pierre Janet a toujours considéré qu'il n'était pas scientifique d'examiner ce contenu.

M. Charles Richet a produit chez ses sujets un phénomène qu'il a dénommé l'objectivation des types. Il dit par exemple à une femme hypnotisée qu'elle est un général, et la voilà qui se comporte en général. L'objectivation des types rappelle aussitôt la possession. Un magnétiseur de l'au-delà n'a pas besoin de s'introduire dans le corps du médium pour le faire agir comme une marionnette : la suggestion lui suffit. Il faut laisser à l'Église cette conception grotesque de l'invasion de l'organisme par Satan. A ce propos, je dois dire qu'à mon avis tous les cas de possession signalés par l'Église n'étaient peut-être pas faux. Le grand Satan, ange déchu, rival et souvent vainqueur de Dieu lui-même, n'existe pas. Mais il existe beaucoup de diables parmi les hommes incarnés ou désincarnés. Ce sont tous ceux qui sont méchants. Or, il peut très bien se faire que les désincarnés méchants ou simplement mauvais plaisants se soient complu à travers les âges à torturer des nonnes ou d'autres pauvres femmes, pour s'offrir le spectacle de la sottise des prêtres ou pour jouir de la méchanceté de ces mêmes prêtres.

Si vraiment il y avait identité fondamentale entre l'hypnose et la trance, nous aurions un moyen de créer des médiums pour ainsi dire à volonté. Quand un magnétiseur serait complètement en possession d'un sujet, il pourrait, par ses ordres, d'une part lui fermer entièrement le monde physique, et, d'autre part, lui faire accepter les suggestions de l'au-delà. Le magnétiseur pourrait dire au sujet : « Je vous ordonne d'être totalement insensible aux suggestions venant des assistants, ou des autres hommes vivants ou de moi-même ; mais en revanche je veux que vous obéissiez avec la plus parfaite docilité aux suggestions venant des êtres désincarnés. » Il y aurait là en outre un moyen précieux d'éviter les fraudes inconscientes, produites le plus souvent par les suggestions des assistants. Ces expériences ne réussiraient peut-être pas ; en tout cas elles ne réussiraient sûrement pas à tout coup : je ne puis absolument pas me figurer qu'il y ait toujours de l'autre côté des êtres en train de surveiller nos actions, toujours prêts à intervenir quand l'occasion s'en présente. Les désincarnés — si désincarnés il y a — ont des occupations, et nos actes doivent les intéresser fort peu, en définitive. Quoi qu'il en soit, il vaudrait la peine d'essayer. Surtout quand on a des raisons très sérieuses de supposer qu'il y a quelqu'un de l'autre côté, comme dans le cas de Mme Piper ou de Mme Thompson, celui qui dirige les expériences de ce côté-ci devrait faire tout son possible pour agir de concert avec celui qui les dirige de l'autre côté.

On voit par ces quelques considérations que l'hypnotisme a une portée beaucoup plus grande que ne le soupçonnent les médecins, ses représentants actuels. Mais l'hypnotisme, ayant déjà ébranlé les fondements du matérialisme, les médecins se refusent absolument à aller plus loin. C'est toujours le même état d'âme : périssent les faits, pourvu que notre conception de l'univers péniblement échafaudée ne périsse pas ! Mais les faits sont impérissables, alors que les systèmes conçus par l'homme sont étrangement éphémères.

CHAPITRE V

Les âmes architectes de leurs propres formes.

Le corps est le produit de l'âme. — Fusion des âmes par le mélange odique. — Les marques de naissance ; opinion de Paracelse et de Van Helmont ; leur production expérimentale ; cas ; à quelle force sont elles dues ; nœvi psychiques. — L'hérédité ; par la mère ; par le père ; à échéance. — Les divers monoïdéismes. — Stigmates et stigmatisés ; cause des stigmates ; Louise Lateau et Catherine Emmerich ; stigmates expérimentaux. — Autres exemples de l'influence de l'âme sur le corps. — La malédiction. — L'imagination qui tue. — La suggestion thérapeutique et ce qu'on doit en induire.

« L'esprit est le produit du corps, la pensée une sécrétion du cerveau, disent les monistes. Comme pour tant d'autres de leurs affirmations, en prenant juste le contre-pied de la proposition, nous serons dans le vrai. » C'est ainsi que s'exprime avec beaucoup de raison Carl du Prel au commencement d'un article remarquable sur les stigmates et les stigmatisés.

Le corps est le produit de l'âme, le cerveau n'est qu'un organe producteur d'od. Pour le prouver, il suffit d'examiner même superficiellement un certain nombre de faits, qui embarrassent fort la science contemporaine, et pour cause. C'est ce que je vais essayer dans ce chapitre, dont tous les éléments ou à peu près sont empruntés à Carl du Prel. Je le déclare tout de suite, afin de ne pas être obligé de nommer à tout instant le grand philosophe allemand.

Dans le courant du chapitre précédent, j'ai cité cette assertion d'Hippocrate : Celui qui prétend que deux âmes ne peuvent pas se fondre ensemble, celui-là est un ignorant. Pour les monistes, cette fusion des âmes au sens propre est difficilement admissible. C'est là une des nombreuses questions qu'ils n'abordent pas volontiers. Ils ont bien la suggestion à leur disposition pour l'expliquer. Mais ils ont conscience eux-mêmes qu'ils en abusent, de la suggestion. Pour nous, au contraire, qui admettons l'existence de l'od, « char de l'âme », rien n'est plus naturel que le phénomène qui nous occupe en ce moment. Lorsque deux ou plusieurs personnes vivent pendant un temps un peu long dans une grande intimité, leurs âmes finissent par se fondre, c'est-à-dire par vibrer à l'unisson. Cette fusion amène — et c'est là ce qui nous intéresse particulièrement — une ressemblance dans leurs formes physiques.

Le phénomène est fréquent chez les vieux époux. Il finit par s'établir entre eux une transmission de pensée continuelle. A tout instant, sans s'être fait de vive voix la moindre communication, ils s'aperçoivent qu'ils pensent la même chose au même moment. Ils finissent par avoir les mêmes traits du caractère, les mêmes tics, et ils finissent par se ressembler physiquement d'une manière étonnante quelquefois. Ils se passent mutuellement leurs maladies, même celles qui ne sont pas contagieuses. Cela est dû à ce qu'ils se trouvent constamment, quoiqu'à leur insu, dans une sorte de rapport magnétique, grâce à l'od qui s'extériorise de leur corps et se mélange. On m'objectera peut-être que les vieux époux n'éprouvent pas toujours l'un pour l'autre une sympathie bien vive. Mais si le mélange odique engendre souvent la sympathie, souvent aussi il engendre l'aversion : toutes les âmes ne se conviennent pas.

Ce même phénomène est plus frappant encore chez les sujets qui ont été longtemps endormis par le même hypnotiseur. Justinus Kerner avait une somnambule dont la chevelure changea progressivement de couleur pour ressembler de plus en plus à celle de son médecin. La somnambule de Donato finit par ressembler tellement à celui-ci qu'on les prenait pour frère et sœur.

Mais nulle part le phénomène n'est aussi frappant que dans les marques de naissance ou nœvi, vulgairement appelés *envies*. De tout temps, et chez tous les peuples, les femmes ont prétendu que les émotions violentes pendant la grossesse pouvaient, suivant le cas, laisser chez l'enfant une marque physique ou une disposition psychique. Le fœtus n'étant pas rattaché à la mère par des filaments nerveux, mais uniquement par des vaisseaux sanguins, les savants ont nié *a priori* la possibilité du phénomène; ils avaient plus de confiance dans leurs raisonnements que dans l'expérience séculaire. Mais les faits demeurent les faits, des blocs que rien n'entame. Les nœvi existent, et ils constituent un danger contre lequel il faut garantir autant que possible le nouvel être pendant sa vie intra-utérine. Le fœtus vit pour ainsi dire dans l'atmosphère odique de la mère : les impressions maternelles pourraient donc arriver jusqu'à lui sans autre intermédiaire; mais nous savons par nombre d'expériences que le sang est un excellent véhicule de l'od. Par conséquent, les vaisseaux sanguins qui unissent le fœtus à la mère sont plus que suffisants pour porter au premier les impressions de celle-ci. De toute façon, la situation du fœtus par rapport à la mère est très analogue à celle du sujet par rapport au magnétiseur.

Les vieux occultistes connaissaient les nœvi

et leur cause. « L'imagination d'une femme enceinte est si puissante, a dit Paracelse, qu'elle peut transformer de bien des manières le fruit que cette femme porte dans ses entrailles. » Van Helmont, de son côté, s'exprime ainsi : « Une femme enceinte qui a envie d'une cerise peut faire qu'il en vienne une à l'endroit du corps du fœtus correspondant à celui de son propre corps où elle a porté sa main pendant qu'elle avait l'envie. Je dis une véritable cerise de chair, qui deviendra verte, jaune ou rouge suivant les saisons, aux époques où les véritables cerises prennent ces couleurs sur les arbres. Si l'homme qui porte la marque de naissance habite l'Espagne, la cerise de chair deviendra rouge plus tôt que s'il habite la Hollande. »

Une femme enceinte constitue, si je puis m'exprimer ainsi, une réunion de deux êtres totalement distincts en ce qui concerne l'homme magique, mais ne possédant momentanément qu'une seule conscience cérébrale. C'est pourquoi les émotions vives qui se produisent dans cette conscience cérébrale suivent le chemin de moindre résistance, et vont affecter l'organisme qui est en formation. Ces émotions peuvent affecter aussi l'organisme de la mère ; mais celui-ci, arrivé depuis longtemps à une certaine fixité, y est beaucoup moins sensible. Il est inutile de dire que la volonté consciente de la mère ne participe pas à la production du nœvus : il n'y a pas de mère qui, volontairement, consentirait à défigurer son enfant.

Un moyen excellent, et qui réussirait presque à coup sûr, de prouver que les nœvi sont d'origine psychique, consisterait à plonger dans l'hypnose une femme enceinte, et à lui suggérer que son enfant devra porter à un endroit du corps déterminé une marque déterminée. J'ignore si l'expérience a été faite; mais il n'y a pas de raison pour douter de sa réussite. En tout cas, c'est une chose trop grave que de faire servir un être humain à une démonstration expérimentale, même avant qu'il n'ait vu le jour. C'est pourquoi j'aime mieux me figurer que l'expérience n'a pas été faite.

La marque de naissance apparaît en général, sur le corps du fœtus, à l'endroit qui correspond exactement à celui du corps de la mère où la sensation a été perçue.

Pour fixer les idées, je vais citer quelques exemples de nœvi :

Van Swieten voulait un jour enlever une chenille qui se trouvait sur le cou d'une jeune fille. Celle-ci se mit à rire : « Laissez la chenille en paix, dit-elle, je la porterai toute ma vie ». Étonné, Van Swieten examina de près cette chenille extraordinaire : elle avait la forme, les couleurs et les poils d'une véritable chenille. La mère raconta que pendant sa grossesse une chenille lui était tombée sur le cou, et qu'elle avait eu beaucoup de peine à s'en débarrasser.

Montaigne parle d'une jeune fille qui était née toute velue, parce que sa mère, pendant la grossesse, avait placé au pied de son lit un tableau représentant saint Jean-Baptiste vêtu d'une peau de mouton. Le professeur Liébeault parle d'une jeune fille dont la peau était tachetée de petites marques couvertes d'un poil brun, rappelant la fourrure d'un tigre. En effet, sa mère enceinte avait eu peur à la vue d'un tigre. Une femme fut tellement impressionnée à la vue des mains toutes bleues d'un teinturier qu'il lui en prit un tremblement dans les jambes : elle mit au monde un enfant dont les deux mains étaient bleues. Le Dr Brandis rencontra dans une famille une enfant qui semblait avoir été opérée d'un bec-de-lièvre d'une manière très habile : les deux côtés de la lèvre étaient réunis par une cicatrice et on voyait encore la trace de la couture. Il demanda quel était l'habile chirurgien qui avait fait l'opération; il apprit alors que la mère, étant grosse, avait été appelée chez une voisine au petit garçon de laquelle on était en train de faire l'opération du bec-de-lièvre : elle avait été vivement impressionnée à la vue de la lèvre saignante et des aiguilles d'argent, à tel point que son propre enfant en porta les marques.

Plus l'impression de la mère a été forte,

plus le stigmate ressemble à l'objet qui a causé cette impression. En Italie, une chauve-souris s'étant égarée dans une salle de bal, les dames se précipitèrent pour la chasser avec leurs mouchoirs : la malheureuse bestiole se laissa choir sur l'épaule nue d'une de ces dames qui en eut une syncope. Peu après, cette dame mit au monde une fille qui portait sur l'épaule l'image parfaite d'une chauve-souris avec les ailes étendues. Tout y était : les poils gris, les griffes, le museau. La jeune fille devenue grande ne put jamais se décolleter.

Les impressions faibles, quand elles durent, produisent le même résultat que les impressions violentes et soudaines. Liébeault raconte qu'un vigneron ressemblait d'étonnante façon à la statue du saint patron de son village, qui se trouvait à l'église. Pendant sa grossesse, la mère avait eu une idée fixe que son enfant ressemblerait à ce saint. Kerner nous raconte que sa sœur Louise, mariée à un pasteur, fréquentait constamment pendant sa grossesse la fille du professeur Maïer qui avait un œil noir et l'autre gris. Cette anomalie fut fidèlement reproduite chez l'enfant de la sœur de Kerner. Une dame que Carl du Prel a connue avait un grand désir de mettre au monde un fils pour en faire un prêtre : elle en avait même fait le vœu formel. Son premier enfant fut en effet un fils et il avait au haut de la tête une tonsure à la manière des prêtres catholiques. Cette tonsure persista pendant toute la vie, quoiqu'en se rétrécissant un peu.

Beaucoup de monstruosités sont dues aux mêmes causes que les simples marques de naissance. Carl Christian Krause dit avoir connu deux femmes qui étaient venues au monde avec des moignons en guise de mains. Leurs mères avaient été effrayées par un mendiant qui leur présentait son moignon. Dans un autre cas analogue, le moignon congénital ressemblait à celui du mendiant cause de l'effroi, au point de présenter les mêmes cicatrices et les mêmes saillies.

Toutes les femmes enceintes d'un pays peuvent être affectées à la fois par la même violente émotion. Ce fut le cas à Landau, en 1793, lorsque l'arsenal fit explosion. Parmi les 92 enfants qui naquirent pendant les mois suivants, 3 étaient atteints d'une sorte de crétinisme et moururent avant le cinquième mois; 33 vécurent jusqu'au huitième et au dixième mois, mais dans un état très précaire; 16 moururent au moment de la naissance; 2 vinrent au monde avec des fractures des os longs.

Il ne faut pas croire que les marques de naissance soient spéciales à l'espèce humaine : le même phénomène est souvent observé chez les animaux.

La force à laquelle sont dues les marques de

naissance nous est inconnue ; mais il ne saurait être question d'une force aveugle. C'est une force organisatrice ; c'est la même force qui organise le corps tout entier. Ici comme partout les anomalies ne font qu'appuyer la règle. La force en question copie exactement le type normal jusqu'au moment où une impression trop forte vient la détourner de son œuvre. Cette force, c'est le principe vital, c'est l'âme elle-même dans sa manifestation la moins haute. Ici encore, c'est l'od qui sert d'intermédiaire entre l'âme et la matière. Par là, je ne veux pas dire que l'âme est immatérielle : j'ignore son essence. Par matière, j'entends ici exclusivement la matière du monde dont j'ai conscience en ce moment. La forme et la pensée ont des manifestations dans ce monde-ci ; mais en chercher l'origine dans ce monde-ci, c'est perdre son temps : elle n'y est pas.

S'il existe des marques de naissance physiques, il existe aussi, comme nous devons nous y attendre, des marques de naissance psychiques. Jacques VI ne put s'empêcher toute sa vie de trembler à la vue d'une épée nue, parce que, sa mère Marie Stuart, étant grosse, avait vu assassiner son favori sous ses yeux. Un autre cas est celui d'une mère qui pendant sa grossesse avait été mordue à la main par un tout petit chien : son fils fut un officier très brave, et il alla chasser le tigre ; mais toute sa vie il trembla à la vue d'un roquet.

Les nœvi, je crois, nous mettront sur la voie de la solution du problème le plus embarrassant que la science ait eu à examiner : je veux parler du problème de l'hérédité. Ce problème est la lime d'acier contre laquelle la science moderne vient se casser les dents. Les monistes examinent les germes de tous leurs yeux et de tous leurs microscopes pour y surprendre le secret de l'hérédité ; ils notent soigneusement tout ce qu'ils peuvent entrevoir, et ils échafaudent des systèmes là-dessus, péniblement, comme A. Weismann. Leur travail est terminé à peine qu'un fait brutal et narquois vient en démontrer l'inanité.

Le fait que l'enfant, pendant la grossesse, se développe dans l'atmosphère odique de la mère, suffit amplement à expliquer l'hérédité par celle-ci. L'hérédité par le père, non moins certaine, non moins intense, semble à première vue s'accommoder plus difficilement de cette explication. Mais ce n'est là qu'une apparence. L'acte de la génération est accompagné d'un dégagement d'od considérable : Reichenbach l'a démontré expérimentalement ; tout phénomène, du reste, ayant trait à la génération, comme, par exemple, l'écoulement du sang menstruel, est accompagné du dégagement de beaucoup d'od. C'est là qu'il faut chercher l'explication de certains faits si souvent constatés qu'on ne peut les nier, et néanmoins difficilement admissibles. Pendant leur période menstruelle, certaines femmes semblent accompagnées de lutins malicieux, de ce que les Allemands appellent des Spuks, qui frappent des coups sur les meubles, qui changent les objets de place, qui font dans la vaisselle un vacarme effrayant. Pendant ces mêmes périodes, avec certaines personnes, il se produit même des phénomènes plus graves de hantise. Des intelligences invisibles pourraient parfaitement être présentes, intelligences qui utiliseraient pour leurs tracasseries l'od qui accompagne en grande quantité l'écoulement du sang menstruel.

Par l'od qui se dégage du père au moment de l'acte de la génération, celui-ci peut infliger à l'enfant de véritables marques de naissance, tout au moins psychiques. Un jeune homme qui avait l'habitude de beaucoup priser faisait la cour à une jeune fille qui lui déclara qu'elle n'épouserait jamais un priseur. Le mariage eut lieu cependant, parce que le jeune homme fit le sacrifice demandé; mais cela lui coûta des efforts surhumains. Sa femme mit au monde une fille qui, à partir de sa troisième année, manifesta un invincible penchant pour le tabac à priser, et qui s'emparait de toutes les tabatières qui lui tombaient sous la main. C'est Noizet qui rapporte le fait dans son mémoire sur le somnambulisme.

Pendant la durée de la grossesse, le père peut encore avoir une influence sur la formation du nouvel être, d'une manière indirecte, en agissant sur l'imagination de la mère. Si une femme qui contemple fréquemment une statue peut mettre au monde un enfant ressemblant trait pour trait à cette statue, à plus forte raison une femme, qui vit dans l'intimité d'un homme qu'elle aime, peut-elle mettre au monde un enfant qui ressemble à cet homme physiquement et moralement ; car, nous l'avons constaté, les qualités morales s'héritent par le même processus que les qualités physiques. Darwin raconte le fait que voici : Un homme, pendant les couches de sa femme, fit une cour assidue à la fille d'un de ses fermiers, qui du reste le repoussa. La femme légitime se retrouva ensuite enceinte, et mit au monde un enfant qui ressemblait trait pour trait à la fille que son mari avait inutilement courtisée. Evidemment le mari n'avait pas pris sa femme pour confidente de sa passion. Néanmoins l'idée fixe qui le hantait, véhiculée par l'od, passa directement à la subconscience de la femme pour influencer l'enfant qu'elle portait. On a souvent signalé des cas qui sont l'opposé du précédent, des cas où des enfants d'un second lit reproduisent les traits du premier mari. Le même fait s'observe chez les animaux. D'après Van Helmont et Haller, une jument qui a donné le jour à un mulet peut, par la suite, donner avec un véritable étalon des produits qui ont une certaine parenté avec l'âne. Les Arabes connaissent très bien ce fait : s'ils vendent une jument qui leur a donné de beaux produits, ils la font saillir par un âne, pour éviter la concurrence que le nouveau propriétaire pourrait leur faire. Liébeault qui rapporte un certain nombre de faits de cette nature, parle d'une représentation imagée, d'une action de la pensée de la mère. Il va trop loin. La pensée consciente de la mère n'est pas en jeu ; le rapport magnétique produit au moment de la génération par le mélange odique suffit pour tout expliquer.

L'hérédité serait donc un phénomène dû à une sorte de suggestion inconsciente. Ce qui le prouverait encore, c'est que souvent l'hérédité agit comme une suggestion post-hypnotique. Il y a beaucoup de traits héréditaires qui demeurent longtemps inapparents, qui se développent à des époques déterminées de la vie, chez tous les membres d'une même famille. Non seulement les traits du corps et du caractère peuvent s'hériter à échéance, si je peux m'exprimer ainsi, mais même le besoin de faire certaines actions peut s'hériter aussi à échéance. Par exemple un enfant dont le père s'est suicidé peut, même s'il ignore que son ascendant a mis fin à ses jours, éprouver, quand vient l'âge où cet ascendant est mort, un désir violent de se suicider aussi, en ayant recours au même moyen.

8.

Dans ce qui précède, nous avons vu les âmes s'influencer mutuellement et sans en avoir la moindre conscience, au point d'amener des modifications dans leurs formes physiques; nous avons constaté que l'origine de ces modifications ne pouvait être que psychique; si l'âme dans certaines circonstances modifie sa forme physique, nous avons le droit d'en induire que c'est elle qui l'a créée. Cette induction s'imposera bien plus fortement quand nous aurons étudié les monoïdéismes.

Ce terme de monoïdéisme a été souvent employé par Carl du Prel, qui en fut peut-être le créateur. En tous cas, il est encore assez peu usité pour qu'il ne me paraisse pas inutile de bien le définir. Un monoïdéisme est une idée qui pendant un temps plus ou moins long envahit le champ de la conscience cérébrale tout entier. Grâce à l'intensité due à cet isolement, cette idée a pénétré dans les couches profondes de l'être, jusqu'à l'homme magique, où, à l'insu de l'homme cérébral, elle continue à agir fortement jusqu'au jour où elle arrive à sa réalisation.

Les origines du monoïdéisme peuvent être diverses. Le sujet peut se l'être imposé à lui-même : c'est l'auto-suggestion. Le sujet peut le recevoir du dehors : c'est alors la suggestion.

La suggestion elle-même peut provenir de sources diverses, et elle peut atteindre le sujet aussi bien à l'état de veille et dans le sommeil naturel que dans l'hypnose. La suggestion peut venir, à l'état de veille, d'une émotion violente et soudaine, comme l'effroi ; dans le sommeil naturel, elle peut venir d'un rêve intense ; dans l'hypnose enfin, elle vient d'un ordre du magnétiseur. Ce dernier état est le plus favorable à la création de la suggestion parce que l'hypnose est caractérisée par la vacuité de la conscience cérébrale. Tout ce que le magnétiseur veut alors déposer dans cette conscience vide y prend une importance extraordinaire.

Dans certains cas, la suggestion venant d'un autre homme peut aussi être reçue par un sujet à l'état de veille. Sur le champ de bataille, le soldat qui reçoit de son chef l'ordre de se faire tuer y obéit presque automatiquement, emporté par une suggestion. L'empire exercé par l'homme sur les animaux est peut-être dû entièrement à un pouvoir magnétique. L'homme est pour l'animal, pour l'animal domestique surtout, une sorte de dieu, de dieu méchant plutôt que bon. Le cheval ou le bœuf se plie docilement aux moindres ordres d'un être qu'il pourrait écraser d'une seule de ses impatiences.

En dehors des monoïdéismes qui sont dus à une suggestion soudaine venue de n'importe où, il en existe d'autres qui agissent plus lentement quoique non moins sûrement : ce sont les idées fixes, les obsessions. Ces monoïdéismes, à l'opposé des premiers, réapparaissent constamment dans le champ de la conscience cérébrale ; ils ont une tendance à l'accaparer tout entier et ils y réussissent souvent ; ils font de l'individu un être perpétuellement distrait, perpétuellement inattentif à tout ce qui l'entoure. Les monoïdéismes de cette deuxième classe ont les mêmes origines que ceux de la première.

Les monoïdéismes sont le plus souvent morbides. L'état normal de l'individu c'est un état de demi-attention pour plusieurs choses à la fois. Mais si l'homme veut réellement avoir de la puissance, il doit savoir, quand il le faut, concentrer son attention tout entière sur une idée unique. On pourrait donc définir la volonté humaine une faculté capable d'engendrer des monoïdéismes. Je veux arriver à un but : j'ai constamment ce but devant les yeux ; je veux faire un travail déterminé : j'y pense sans cesse. Tout ce qui tend à me distraire de cette idée fixe voulue m'irrite, et je l'écarte. Je veux guérir, et je guéris ; je m'abandonne, et la maladie me terrasse. Nous allons voir que les monoïdéismes morbides sont tout puissants ; mais la volonté humaine est aussi toute puissante : elle fait de grandes choses dans le monde, elle en ferait davantage si plus d'hommes avaient conscience de sa toute puissance. Ayez la foi, disait le Christ, et vous pourrez transporter des montagnes. Cela signifie : Sachez vouloir, et vous pourrez ce que vous voudrez. C'est que, non seulement la pensée est une force ; mais il semble bien que la pensée soit l'origine de toute force. Une fois nettement formée, une pensée va jusqu'à sa réalisation, et rien ne peut l'arrêter qu'une autre pensée. C'est ainsi qu'une suggestion ne peut être détruite que par une autre suggestion.

Mais les pensées, même les plus intenses, ne sont que des lueurs éphémères dans notre conscience cérébrale. Une fois qu'elles se sont évanouies loin du regard de cette conscience, si elles continuent à agir, c'est qu'elles continuent à exister. Elles continuent à exister et à agir dans la partie de notre être qui momentanément s'ignore elle-même, dans l'homme magique. Il est difficile d'échapper à cette conclusion, et c'est pourquoi le phénomène de la réalisation post-hypnotique d'une suggestion a une portée beaucoup plus grande que les médecins ne le supposent.

Maintenant que nous savons bien ce qu'il faut entendre par les monoïdéismes, examinons les effets qu'ils peuvent produire dans certains cas donnés sur le corps physique, et commençons par les stigmates et les stigmatisés.

L'Église a de tout temps soutenu que certains individus particulièrement pieux, qui méditaient sans cesse et avec intensité sur la passion du Christ, pouvaient arriver à posséder sur leur propre corps les plaies du crucifié. Quelquefois ces plaies sont à peine indiquées, mais d'autres fois elles sont parfaites et le sang coule. Il y a mieux : il peut se former dans les pieds et dans les mains des excroissances de chair, rappelant absolument les clous. On appelle ces plaies artificielles des stigmates. Le premier des stigmatisés fut saint François d'Assise, vers 1224. Depuis lors la liste des stigmatisés s'est allongée démesurément.

L'opinion des catholiques au sujet des stigmates est bien connue : ce sont des miracles ayant pour but de démontrer la sainteté de l'Église. Malheureusement les stigmates se rencontrent aussi chez les hérétiques, chez ceux que l'Église a damnés de toute éternité. Un des convulsionnaires de saint Médard était l'image vivante du Christ dans sa passion : ses bras restaient immobiles dans la position de ceux d'un homme en croix ; une intense douleur, supportée sans une plainte, se peignait sur ses traits, dans ses yeux mourants, dans le tremblement du corps. Bientôt la pâleur de la mort couvrait le visage ; les yeux mi-fermés semblaient éteints et la tête tombait sur la poitrine. Il y eut même, chez ces convulsionnaires, une véritable épidémie de stigmates et la plupart en présentèrent de plus ou moins caractérisés.

Il y a longtemps que des esprits très pénétrants ont deviné la cause véritable du phénomène. Déjà, au xiiie siècle, Jacob de Voragine, l'auteur de la *Légende dorée*, attribuait à l'imagination surchauffée les stigmates de saint François d'Assise. Giordano Bruno, le grand philosophe que l'Église a brûlé à Rome en 1600, a dit : « Certains individus peuvent porter l'aberration mentale si loin que, sous l'influence de l'imagination, les plaies de leur Dieu peuvent parfaitement apparaître sur leur propre corps ».

Cette explication si simple et si juste ne pouvait cependant faire l'affaire des monistes. Ils ont commencé par nier entièrement le phénomène *a priori*. Le grand Virchow qui vient de mourir refusa catégoriquement en 1874 d'examiner Louise Lateau, la grande stigmatisée : « Ou il y a là, dit-il, une tromperie, ou il y a miracle. » Plus tard les stigmates ayant été produits expérimentalement dans l'hypnose, Virchow aurait dû revenir sur son premier jugement, mais, s'il l'a fait, il a oublié de nous en faire part. Quand il n'a plus été possible de nier le phénomène, d'autres monistes en ont attribué la cause à un trouble de la menstruation ; ils oubliaient que le premier stigmatisé fut un homme et que depuis, parmi les stigmatisés, il y a eu pour le moins autant d'hommes que de femmes. On voit que le changement d'opinion n'est pas toujours et forcément un progrès. Si les femmes sont seules aujourd'hui à porter les cheveux longs, elles ne sont pas seules des animaux à idées courtes, n'en déplaise à Schopenhauer ; il y a beaucoup d'hommes qui prennent leur étroit horizon pour la limite du réel et qui injurient ceux qui voudraient voir au delà. Virchow, dont nous parlions tout à l'heure et qui n'était pas le premier venu, a fait quelque part un aveu très naïf ; il a dit : « On ne se réjouit pas d'une découverte nouvelle ; c'est au contraire souvent quelque chose de très pénible. »

Les stigmates ne sont que l'exagération morbide d'un phénomène très normal et que nous pouvons observer bien des fois dans une même journée. Sous l'influence de certaines émotions, notre visage se congestionne ; nous rougissons. En réalité toutes les émotions de l'âme produisent dans le corps une modification plus ou moins apparente. Certains individus peuvent localiser à volonté la congestion sanguine en vertu de laquelle notre honte, notre joie ou notre colère se trahissent sur notre visage. Mantegazza affirme de lui-même qu'à une certaine époque de sa vie il était capable d'amener une rougeur à n'importe quelle partie de son corps par le seul fait d'y porter vivement son attention. Un pas de plus et nous avons les stigmates, où le sang ne rompt pas les vaisseaux mais coule par les pores comme la sueur. Quand le sujet est sous l'influence d'un monoïdéisme, d'une auto-suggestion, on comprend tout de suite quelle intensité peut prendre le phénomène.

Les deux stigmatisées les plus célèbres du xix° siècle sont Louise Lateau et Catherine Emmerich. Dernièrement Pierre Janet a publié dans le *Bulletin de l'Institut psychologique* l'observation très bien faite d'une autre stigmatisée qui se trouve dans son service à la Salpêtrière ; mais celle-ci est loin de présenter des stigmates aussi parfaits que les deux premières que j'ai nommées. Dès l'enfance, Louise Lateau s'absorbait dans l'idée de la passion du Christ et faisait à tout instant le chemin de la croix. En 1868 elle tomba dans des extases avec visions religieuses ; alors les stigmates apparurent, d'abord à la poitrine, puis aux mains, puis aux pieds, enfin au front. Pendant que les plaies saignaient, elle demeurait étendue sans connaissance. Le jeu de sa physionomie et ses gestes semblaient indiquer qu'elle passait par toutes les phases du drame du Golgotha ; la respiration s'entendait à peine ; le pouls tombait au-dessous de 70. Catherine Emmerich présentait à peu près les mêmes caractères; mais chez elle l'auto-suggestion influait même sur la direction que prenait le sang en coulant, direction qui était toujours, dans quelque position que fût la malade, celle que le sang aurait prise chez un homme cloué sur une croix dressée verticalement.

La passion du Christ ne peut pas avoir et n'a pas seule le privilège de produire des stigmatisés. Saint Jérôme raconte qu'un être invisible le fouettait jusqu'au sang pendant son sommeil pour le punir de tant aimer à lire les auteurs profanes, surtout Cicéron, et qu'à son réveil il portait les traces des coups. Au moyen âge les malheureuses qui se croyaient mordues par le diable en arrivaient quelquefois à porter de véritables traces de morsures. La sœur d'un soldat condamné au fouet tomba au moment de l'exécution dans une sorte d'extase et ressentit tous les coups portés à son frère ; elle criait et gémissait ; enfin elle tomba sans connaissance et fut portée sur son lit : le sang coulait de tout son corps lacéré.

Ce que peut produire une auto-suggestion, une suggestion étrangère peut aussi le produire. Nombreux sont les magnétiseurs qui ont déterminé expérimentalement de véritables stigmates chez leurs sujets. Le fait est trop connu maintenant pour qu'il soit nécessaire d'y insister ou d'en rapporter des exemples.

Voici une expérience qui démontre bien que les stigmates sont d'origine exclusivement psychique : Focanchon partagea un vésicatoire en trois ; un des morceaux fut appliqué sur le bras gauche d'une somnambule, un autre sur le bras droit de la même somnambule ; le troisième enfin fut appliqué sur une autre malade. Focanchon endormit ensuite la somnambule et lui suggéra que le vésicatoire du bras gauche n'aurait aucun effet. Il était onze heures. Jusqu'à huit heures du soir on ne la perdit pas de vue. Quand on enleva le bandage, le bras gauche était intact, le bras droit était rouge et présentait un commencement de vésication. Le vésicatoire fut remis en place et trois quarts d'heure après le bras gauche demeurait toujours sans changement tandis que le droit présentait des vésicules évidentes. Quant au troisième morceau du vésicatoire qui avait été placé sur une autre patiente, au bout de huit heures il avait produit de grosses vésicules. La suggestion peut donc produire un stigmate ou en empêcher la production suivant le cas.

En outre des stigmates, l'auto-suggestion ou la suggestion étrangère peuvent produire sur le corps bien d'autres effets qui tous indiquent une même cause. Pareille au ver à soie qui, pour se préparer aux divines métamorphoses, se construit un cocon où il s'endort, l'âme, pour se préparer elle aussi à des destinées plus hautes sans doute, se construit une enveloppe physique où ne veille qu'une infime partie d'elle-même. Toutes les émotions fortes qui l'affectent et la secouent tout entière dans sa torpeur, affectent parallèlement le corps qu'elle a créé et dont les éléments, elle partie, se désagrégeront aussitôt.

Il suffit souvent de s'attendre à un effet pour que cet effet se produise. Un médecin de la Nouvelle-Orléans fit donner, dans un hôpital, de l'eau sucrée à cent de ses malades. Un quart d'heure après il revint, en apparence très ému, disant que par mégarde il leur avait fait donner un purgatif. Quatre-vingts de ces malades, presque tous des hommes, ressentirent les effets d'un vrai purgatif. — Si nous nous tâtons le le pouls nous-mêmes, il bat un peu plus vite que si c'est un médecin qui nous le tâte. — Quand des malades se mettent à étudier eux-mêmes leur maladie dans des livres de médecine, souvent ils en aggravent ainsi considérablement les symptômes ; inversement, quand des malades ont assez de volonté pour détourner leur attention des symptômes de leur maladie, ces symptômes s'atténuent. Quand on est malade, dit le peuple, il ne faut pas trop s'écouter. Delbœuf a imaginé dans cet ordre d'idées une très instructive et très intéressante expérience, qu'il ne serait pas difficile de répéter. Il fit à une dame qui y consentait une brûlure de même gravité sur chacun des deux bras, à des endroits correspondants. Il lui avait suggéré auparavant qu'elle ne ressentirait la douleur que d'une des brûlures et demeurerait totalement inconsciente de l'autre. Cette seconde brûlure fut abandonnée à elle-même, tandis que l'autre était soignée par les moyens ordinaires de la thérapeutique. Eh bien ! ce fut la brûlure non soignée qui fut la première guérie.

Une circonstance rappelant trop vivement une impression ancienne peut ramener cette impression. On aime, dit-on, à revoir, les mauvais jours passés, les lieux où l'on a souffert. C'est le contraire qui se produit avec moi : j'évite les lieux où j'ai souffert parce que j'y éprouve à nouveau toutes les tortures physiques et morales d'autrefois. Van Swieten raconte que, passant un jour auprès du cadavre d'un chien, la puanteur était si forte qu'il en eut des vomissements. Plusieurs années plus tard il repassa par le même endroit : le souvenir de l'épouvantable odeur lui revint si vivement qu'il dut vomir encore une fois.

C'est une coutume ancienne de maudire celui qui nous a fait du mal. Toutes les malédictions ne sont pas vaines. Elles créent parfois chez celui qu'elles visent, pour peu qu'il soit superstitieux, un monoïdéisme qui peut avoir les pires conséquences. En 1868, à Limerick, deux frères qui avaient tué un de leurs parents furent condamnés sur les affirmations d'un certain témoin. La mère des deux coupables, irritée contre ce témoin, le maudit et souhaita à haute voix qu'il fût frappé de paralysie au sortir de la salle. C'est en effet ce qui arriva et il fallut porter l'homme à l'hôpital. Un prisonnier, irrité contre son geôlier, lui souhaita en le maudissant de devenir muet ; le geôlier fut muet pendant une semaine entière.

C'est à ce même ordre d'idées qu'appartiennent les histoires nombreuses du moyen âge où des condamnés innocents sommaient leur juge de comparaître à une date déterminée devant le tribunal de Dieu et où les juges y comparaissaient en effet, ou tout au moins mouraient à la date fixée par leurs victimes. En 1313, Jacques Molay, le grand maître des Templiers, condamné à être brûlé vif, s'écria au moment de son exécution qu'il retrouverait avant la fin de l'année le roi Philippe le Bel et le pape Clément V devant le tribunal de Dieu. Tous les deux moururent en effet dans l'année ; le roi succomba à une maladie de langueur à laquelle les médecins furent incapables de donner un nom. Rudloff, dans son histoire de la Réforme en Écosse, rapporte un cas analogue. Quand Patrick Hamilton, le premier martyr protestant, fut brûlé, le moine dominicain Campbell se distingua par sa cruauté et poursuivit la victime de ses injures jusque sur le bûcher. Hamilton le convoqua devant le tribunal de Dieu ; le moine eut dès lors l'esprit troublé ; il ne cessait d'entendre l'invitation du martyr et il mourut avant la fin de l'année. Le cas d'Urbain Grandier est avec celui de Jacques Molay le plus connu en France ; Grandier assigna du haut du bûcher le père

Lactance devant le tribunal de Dieu et trente jours après le père Lactance expira dans une terrible crise où il repoussait Grandier qu'il croyait voir debout devant lui.

On voit par ces exemples qu'un monoïdéisme peut à la longue non seulement modifier l'organisme mais encore amener la mort. Certaines émotions violentes peuvent même tuer très rapidement. Tissot rapporte que pour démontrer la puissance de l'imagination on fit à l'Université de médecine de Montpellier l'expérience suivante sur un condamné à mort : on lui dit qu'on allait le tuer sans douleur en lui ouvrant les veines. On lui banda les yeux, on l'attacha solidement sur une table et on fit aux pieds et aux mains d'insignifiantes égratignures. Puis on dirigea sur les blessures un léger filet d'eau tiède ; dans le grand silence qui régnait on entendait distinctement le bruit que faisait l'eau en coulant ; le robinet qui fournissait l'eau fut progressivement fermé jusqu'à ne laisser passer qu'une goutte à la fois. Le criminel passa par toutes les phases par lesquelles il aurait passé si son sang avait vraiment coulé ; au bout d'une heure il était mort. Ladame affirme que l'expérience a été reprise par des médecins de Copenhague : le patient expira au bout de deux heures et demie. Récemment une enquête eut lieu à Londres au sujet du suicide d'une femme qui s'était, disait-on, empoisonnée. A l'examen on s'aperçut qu'elle avait pris pour du poison une poudre insecticide tout à fait inoffensive ; comme il fut impossible de découvrir une autre cause, il fallut bien attribuer la mort à cette poudre. Les *Annales de l'Académie de médecine de Montpellier* de l'année 1730 rapportent le cas de deux sœurs qui furent mordues en même temps par un chien enragé. L'une partit presque aussitôt pour la Hollande et n'en revint que dix ans plus tard. A son retour elle apprit que sa sœur était morte de la rage ; son effroi fut tel qu'elle aussi devint enragée et mourut.

La mort peut même être soudaine quand l'émotion est à la fois très violente et soudaine. La nature de l'émotion est sans influence. On peut mourir de joie comme on peut mourir de peur.

J'ai réservé pour la fin le fait le plus souvent observé, au moins depuis quelques années : la suggestion thérapeutique. L'hypnose est l'état le plus favorable pour l'implantation dans l'âme d'une suggestion quelle qu'elle soit ; les médecins utilisent très souvent cet état pour donner des suggestions curatives. Mais l'hypnose n'est nullement indispensable et je ne la considérerai pas à part.

Beaucoup de gens, de ceux qui croiraient sans trop de peine que le soleil n'a commencé à briller qu'au jour de leur naissance, considèrent la suggestion comme un moyen thérapeutique tout nouvellement découvert. Grande est leur erreur. Déjà il y a bien des siècles les vieux occultistes la préconisaient et l'employaient en connaissance de cause. Paracelse, Maxwell, Van Helmont, Santanelli, Wirdig, Tenzel, Fienno et bien d'autres ont connu les vertus curatives non seulement de l'auto-suggestion mais encore de la suggestion étrangère. Un certain Penot du Port publia en 1608 le manuscrit d'un médecin anonyme où l'on peut lire : « Il existait bien avant Hippocrate des hommes de savoir qui guérissaient sans emploi d'aucun remède matériel, rien que par la puissance de l'esprit sur le corps. Ils utilisaient un véhicule qui tient le milieu entre le monde de la matière et le monde immatériel et qui les unit. Ils connaissaient donc, pour guérir et réaliser des merveilles, deux forces : l'une qui agit directement sur le corps et qu'on trouve dans les propriétés de certaines plantes ou de certains métaux ; l'autre qui guérit rien que par la volonté, par le simple regard, par la seule imagination, par les simples mots : je veux, j'ordonne, sans aucun adjuvant. » Est-il possible de désigner plus clairement l'od et la suggestion ?

Beaucoup des vieux maîtres du moyen âge n'étaient pas seulement des médecins ; ils étaient avant tout des philosophes, de profonds penseurs. Aujourd'hui beaucoup trop de nos médecins ne sont que d'honnêtes ouvriers sans idées générales. C'est pourquoi la chirurgie a pris le pas sur la médecine proprement dite : il est beaucoup plus facile d'acquérir la dextérité de la main que celle de la pensée.

Néanmoins aujourd'hui, au commencement du vingtième siècle, le terrain gagné par la suggestion thérapeutique est considérable ; un petit nombre de médecins en usent, la plupart demeurent sceptiques, état d'âme peu favorable pour créer des monoïdéismes ; mais les ennemis furieux d'hier ont disparu. Il y a des hôpitaux et des cliniques où l'on étudie l'hypnotisme et où l'on enseigne les vertus thérapeutiques de la suggestion sans faire hurler de colère le corps médical tout entier. Ce résultat n'a pas été atteint sans peine. Les monistes ont combattu la suggestion en désespérés. Ils sentaient là d'instinct une de ces découvertes pénibles, comme aurait dit Virchow, qui font éclater tous les cadres.

Aujourd'hui la note est celle-ci : la suggestion existe, elle est efficace, mais il n'en faut user qu'avec modération après avoir épuisé toute la liste des médicaments que les pharmaciens détiennent dans leurs bocaux. Les médecins qui prendront ce conseil au sérieux feront bien, pour ne pas perdre leur temps, de n'avoir jamais recours à la suggestion. S'ils n'y ont recours qu'en désespoir de cause, c'est qu'ils n'ont pas cette foi et cette énergique volonté grâce auxquelles on crée des monoïdéismes capables de transporter les montagnes, d'après l'hyperbole orientale de l'Évangile. Certainement la suggestion est une arme dangereuse entre des mains malhonnêtes ; mais, hélas ! trois fois hélas ! elle n'est pas la seule. L'arsenic aussi est une chose dangereuse entre des mains malhonnêtes ; doit-on pour cela le rayer de la pharmacopée ?

La raison véritable quoique inavouée pour laquelle ces maîtres commandent de manier la suggestion avec tant de précautions, c'est qu'ils ont peur qu'elle ne produise des phénomènes qui ruineraient à tout jamais le monisme cher à Hæckel et aux moutons de Panurge du jour. Par la suggestion, disent-ils, vous ne guérirez jamais que des psychoses ou des névroses, c'est-à-dire de ces maladies qui n'ont pas de substratum physique. Raisonnons un peu. S'il existe des maladies sans substratum physique, ces maladies ont donc leur origine dans quelque chose qui est en dehors de la matière, du moins de la matière de ce monde-ci ; il existe donc une âme qui peut tomber malade et affecter le corps. — Ah ! mais, entendons-nous, répliquent les adversaires. Quand nous disons que ces maladies n'ont pas de substratum physique, nous voulons dire que nos instruments trop grossiers encore ne nous ont pas permis de le découvrir. Mais ce substratum physique ne peut manquer d'exister puisque l'âme, entité indépendante, est un mythe, puisque l'âme n'est qu'un produit de l'organisme. — En ce cas, messieurs, vous m'accordez qu'une suggestion peut modifier l'organisme. Connaissez-vous l'importance de cette modification ? Non. Savez-vous si l'anomalie ainsi effacée quoique invisible pour vous, n'équivalait pas en gravité à un grossier traumatisme ? — Il faut bien croire que cette gravité était moindre puisque toutes les suggestions du monde ne feront pas repousser, par exemple, une jambe amputée. — Exact. Mais la suggestion peut hâter une cicatrisation ; la force qui cicatrise les blessures est la même que celle qui a organisé le corps. Vous n'oseriez pas prétendre le contraire. Or, pour organiser le corps, cette force a eu besoin de conditions très spéciales ; il a fallu un ovule fécondé, un séjour de neuf mois dans le sein d'une femme, au milieu de l'obscurité. Si par la suite cette même force ne peut pas refaire une jambe, c'est que les conditions requises pour ce travail n'existent plus. Mais si la force organisatrice du corps ne peut pas, à partir d'un certain âge, faire des bras ou des jambes à ceux qui n'en ont pas ou qui n'en ont plus, elle peut adapter des membres existants à des fonctions pour lesquelles ils ne sont pas faits chez le commun des hommes. On voit souvent des manchots de naissance arriver à se servir de leurs pieds comme nous nous servons de nos mains et faire ainsi des travaux même délicats. En attendant pour croire à la suggestion qu'elle fasse repousser les jambes vous agissez comme les prêtres vis-à-vis du Darwinisme. « Nous y croirons, disent-ils, quand un orangoutang ou un gorille devenu homme, sortira des bois et viendra réclamer sa place parmi nous. » Et ils ricanent. Malheureusement pour eux Darwin n'a jamais dit que l'homme fût un orang-outang ou un gorille transformé ; il a dit, ce qui est bien différent et ce qui est vrai, qu'à un moment donné de son évolution l'homme ne fut qu'un singe, valant moins encore peut-être que les singes d'aujourd'hui.

Cette allusion aux hommes noirs m'amène tout naturellement à parler d'autres guérisons par suggestion tout aussi incontestables : celles qui se font aux lieux de pèlerinage, à Lourdes par exemple. N'en déplaise aux prêtres, leur eau n'a aucune vertu miraculeuse : elle contribue simplement à la création d'une puissante autosuggestion chez les âmes simples et croyantes. Lourdes ne guérira jamais un Musulman pour qui le pape lui-même n'est qu'un chien de chrétien plus gros que les autres. Mais il ne manque sûrement pas, dans l'Islam, de lieux équivalents à Lourdes où s'opèrent tout autant de miracles. Toutes les religions du monde ont des lieux de pèlerinage miraculeux.

La suggestion guérit donc, mais le magnétisme peut aussi guérir sans suggestion, par la simple contagion de la santé. L'od peut véhiculer les maladies d'un sujet à un autre. Mais un homme bien portant et robuste peut, en mélangeant ses effluves odiques à ceux d'un sujet malade, déterminer dans ceux-ci une modification heureuse. Un adolescent joyeux et sain, en mélangeant ses effluves odiques à ceux d'un vieillard, peut donner à ce dernier comme un regain de jeunesse. Mais le vieillard influe aussi sur le jeune homme dans un sens moins heureux. Le jour n'est pas encore venu pour la sympathie thérapeutique d'être reconnue par la science comme l'est actuellement la suggestion thérapeutique. Mais il viendra.

CHAPITRE VI

Perception directe de la pensée.

Nous devons mourir calmes. — Les revenants. — Les désincarnés percevraient directement la pensée. — Les idées-images et le langage. — Les termes abstraits. — La mort libère les facultés de l'homme magique et ne les crée pas. — Transmission de la pensée entre vivants. — Expériences du Dr Binet-Sanglé; du Dr Gibotteau; du Dr Schrenk-Notzing; du révérend M. Newnham; de M. S. H. B; du Dr Elliot Coues; du révérend Clarence Godfrey; de Myers; de Wesermann. — Hallucinations, illusions et mirage. — Les hallucinations présentent souvent tous les caractères des objets réels.

« Jusqu'au moment où Socrate prit le poison, nous avions eu presque tous assez de force pour retenir nos larmes ; mais en le voyant boire, et après qu'il eut bu, nous n'en fûmes plus les maîtres. Pour moi, malgré tous mes efforts, mes larmes s'échappèrent avec tant d'abondance, que je me couvris de mon manteau pour pleurer sur moi-même : car ce n'était pas le malheur de Socrate que je pleurais, mais le mien, en songeant quel ami j'allais perdre. Criton, avant moi, n'ayant pu retenir ses larmes, était sorti ; et Apollodore qui n'avait presque pas cessé de pleurer auparavant, se mit à crier, à hurler et à sangloter avec tant de force, qu'il n'y eut personne à qui il ne fît fendre le cœur, excepté Socrate : « Que faites-vous, dit-il, ô mes bons amis ! N'était-ce pas pour cela que j'avais renvoyé les femmes, pour éviter des scènes aussi peu convenables ? Car j'ai toujours ouï dire qu'il faut mourir avec de bonnes paroles. Tenez-vous donc en repos et montrez plus de fermeté. »

C'est en ces termes que Platon raconte la mort de Socrate.

Socrate savait qu'il faut mourir calme, qu'il faut partir détaché de ce monde, auquel du reste les âmes grossières seules peuvent trouver beaucoup d'attraits. Il est dangereux d'emporter avec soi les monoïdéismes, les idées obsédantes qui nous ont torturés sur terre, parce que ces monoïdéismes continuent à nous torturer là où nous allons. Ce sont les monoïdéismes qui créent les revenants. Ceux qui sont morts sous le coup d'une émotion violente, ou l'âme débordant de haine, de colère, d'envie — ceux-là ont des chances de revenir nous hanter. On trouve aussi des cas où les revenants sont ramenés par une passion forte, quoique très louable, par une grande idée de justice ou d'humanité qui avait accaparé toute leur âme ; d'autres cas, où le monoïdéisme a été créé par un fait insignifiant. Bref, tout monoïdéisme, de quelque nature qu'il soit, peut donner lieu à des phénomènes de hantise, au grand effroi des survivants.

Je n'examinerai pas l'opinion des savants au sujet des phénomènes de hantise : jusqu'à présent, malgré leur remarquable fréquence, ils les traitent comme des contes de bonne femme. Mais il viendra peut-être un jour où ils changeront d'avis, un jour où l'évidence sera plus forte que leurs préventions. Quant au vulgaire, il a cru aux revenants de tout temps, et pour cause ; il les appelle d'un terme très expressif et très vrai : les âmes en peine ; il ne dit pas que ces âmes soient uniquement celles de criminels relégués par un tribunal d'outre-tombe au lieu de leur forfait. Il n'y a pas lieu de croire à un tribunal d'outre-tombe. Tous les criminels ne hantent pas le lieu où le forfait a été accompli ; souvent au contraire ce sont les victimes qui le hantent. Ce serait un singulier tribunal que celui qui épargnerait le criminel et condamnerait la victime ; la justice n'a aucune part dans les phénomènes de hantise. Les occultistes ont de tout temps connu la cause de ces phénomènes. Paracelse dit quelque part : « Les morts qui reviennent troubler les vivants sont ceux qui s'en sont allés avec une passion forte, comme la haine ou la vengeance. » La voyante de Prévorst donne la même explication. Un mort, entre autres, lui apparut, qui lui montrait une feuille de papier couverte de chiffres. Cet homme avait voulu s'entretenir encore une fois de ses comptes avec sa femme ; mais il était mort à l'improviste, et son âme était partie, dit la voyante, chargée de cette idée.

Dans les phénomènes de hantise, le vulgaire croit à la présence réelle du mort. Cette manière de voir ne résiste pas à l'examen attentif des faits, au moins dans le plus grand nombre de cas. Ce que nous percevons n'est autre chose que la pensée qui continue à obséder le mort consciemment ou subconsciemment. Cette assertion semblera étrange au lecteur peu au courant de ces questions ; mais j'espère dans le présent chapitre lui faire partager mon avis, en l'entretenant de la perception directe de la pensée d'un vivant par un vivant. Dans un autre chapitre, je parlerai de la perception de la pensée d'un vivant ou d'un mort dans le rêve ; et dans le VIIe chapitre, de la perception dans certains cas déterminés, par un ou plusieurs vivants, de la pensée qui obsède un mort, c'est-à-dire des phénomènes de hantise proprement dits.

S'il faut ajouter quelque importance aux communications obtenues par l'intermédiaire des médiums dont la bonne foi est hors de doute, aux communications obtenues par l'intermédiaire de Mme Piper ou de Mme Thompson, par exemple, et enregistrées par les *Annales de la Société pour les Recherches psychiques*, les habitants de l'autre monde perçoivent directement les pensées les uns des autres, sans avoir besoin comme nous de se servir d'un code de signaux, d'un langage. Dans une des nombreuses séances recueillies par le Dr Hodgson, la prétendue communicante dit à son mari : « Je ne m'explique pas comment tu arrives à me comprendre, et cela me trouble un peu. Comment peux-tu bien m'entendre, alors qu'ici nous ne nous exprimons que par la pensée ? Mais tes pensées à toi ne m'arrivent pas. Ce que je perçois, c'est un drôle de son, et je dois deviner à moitié ce que tu veux dire. Tu me fais d'ici l'effet le plus étrange ; je te reconnais cependant. » Si la communicante se borne à penser et ne parle pas comme nous, il faut que l'organisme du médium traduise automatiquement cette pensée par les signes correspondants, afin de la porter jusqu'à nous.

Dans le rapport de Mme Verrall sur Mme Thompson, le contrôle Nelly doit donner le nom de *Merrifield*, composé étymologiquement des deux mots *field* et *merry*, c'est-à-dire *champ joyeux* ; elle dit : « Mme *Merrythought (joyeuse pensée)*... non, ce n'est pas tout à fait ça.... on dirait le nom d'un jardin. Je vais vous expliquer comment les noms nous viennent. On dirait d'un tableau. Je vois des écoliers en train de s'amuser. On ne peut pas dire *Merrymans* (*hommes joyeux*), ce n'est pas un nom ; ni *Merrypeople* (*gens joyeux*).... » Par la suite, Nelly appela indifféremment la personne en question Mme *Happyfield* (*champ heureux*) ou *Merrifield* (*champ joyeux*).

J'ai déjà eu l'occasion de rappeler cette constatation souvent faite par les philosophes, que nous ignorons totalement la nature de l'univers qui nous entoure. Ce que nous en percevons, ce sont des images, des idées ; en grec et en latin, ce mot *idée* signifie en effet *image*. Mais ces images, quoique provoquées par l'ambiance, sont loin de représenter la réalité ; elles sont subjectives, quoique provoquées par des objets réels. Les idées-images sont pour nous de cinq sortes, puisque nous percevons l'univers par cinq sens ; nous avons les images visuelles, les images auditives, les images tactiles, les images olfactives et les images gustatives. Mais quand l'un de nous perçoit ou conçoit une de ces images, il ne peut pas la transmettre directement à son semblable ; il a besoin d'un signe, d'un mot. L'ensemble des signes ou mots désignant les idées compose le langage. Or, ceux qui sont désincarnés se trouvent probablement dans un état où ils n'ont plus besoin de langage. Leurs idées constituent une représentation, une sorte de photographie de l'objet, et ils les perçoivent directement. Est-ce un avantage ou un inconvénient, nous le saurons quand nous serons de l'autre côté. La pensée consiste dans le rapprochement d'un certain nombre d'idées pour examiner en quoi elles se ressemblent ou en quoi elles diffèrent.

On pourra m'objecter que les termes exclusivement abstraits ne représentent pas une idée-image bien précise. Cela est malheureusement vrai. La faculté d'abstraire dont nous sommes si fiers est simplement une faculté créée par notre esprit pour remédier à sa débilité : nous isolons dans un mot une perception qui dans l'univers ne se trouve isolée nulle part. Grâce à cette sorte d'algèbre, nous pouvons nous élever à des idées de plus en plus générales. C'est ainsi que nous croyons arriver quelquefois à découvrir la loi qui régit tout un ensemble de phénomènes. Mais pour arriver à la conception de cette loi, la création de signes abstraits est-elle le seul moyen ? Dans un autre monde, n'arrive-t-on pas au même résultat par des moyens autres et plus parfaits ? Les termes abstraits ont des avantages, mais ils ont aussi des inconvénients : pour bien des hommes, ils demeurent toute la vie des sons creux, des étiquettes sur des flacons vides ; les esprits même les plus philosophiques ne peuvent jamais tomber entièrement d'accord sur le contenu des termes abstraits. Il en existe de ces malheureux termes pour lesquels les hommes s'entr'égorgent pendant des siècles : un beau jour, las de carnage, ils les examinent à fond, et s'aperçoivent qu'ils ne couvraient rien ; c'était encore quelque chose de moins qu'une idole-poupée remplie de sciure, ce n'était qu'un vain son. Je crains bien que tel ne soit le sort du grand mot *Patrie*. Quand dans quelques siècles, des hommes plus sages que nous voudront examiner ce qu'il cachait, ils ne trouveront rien ou ils ne trouveront que des choses inavouables. En tout cas, ce qui nous intéresse dans ce chapitre, ce sont uniquement les idées concrètes : ce sont uniquement celles-là que l'on peut transmettre aux sensitifs, et ce sont uniquement celles-là qui produisent les phénomènes de hantise. Entendons-nous : je puis bien transmettre à un sensitif, directement, le terme *vertu* ; mais ce que le sensitif percevra, ce ne sera pas la chose indéterminée que le mot désigne, ce sera l'image écrite ou le son du mot *vertu*.

Donc, les habitants de l'au-delà se comprennent en pensant, sans langage ; leurs idées sont une création d'objets éphémères qu'évidemment ils ne confondent pas avec les objets réels, comme le démontre une expérience du Dr Gibotteau que je citerai tout à l'heure.

Mais ceux qui sont maintenant dans l'au-delà ont été dans le monde où nous sommes ; nous sommes identiques à eux ; la seule différence qu'il y ait entre eux et nous, c'est qu'ils se servent consciemment de facultés qui en nous sont purement latentes, de facultés que la mort ne créera pas, mais qu'elle libérera pour ainsi dire. Or, il doit exister dans ce monde-ci des cas anormaux où les facultés latentes en question s'éveillent à demi, ce qui nous permet de les observer scientifiquement. Dans le nombre se trouve justement la faculté de percevoir directement la pensée sans l'intermédiaire du langage. La transmission de la pensée est aujourd'hui un fait acquis ; évidemment la science devra l'étudier attentivement et longtemps encore, avant de bien déterminer en quoi le phénomène consiste et dans quelles conditions il se produit ; mais d'ores et déjà la science ne peut plus le nier. Les observations et les expériences faites jusqu'à ce jour permettent même de dégager deux lois : 1ʳᵉ *loi*, le percipient perçoit la pensée de l'agent sous forme d'image ; 2ᵉ *loi*, si dans l'au-delà, la perception de la pensée est un fait normal, ici elle ne peut être qu'un fait anormal ; pour qu'elle se produise il faut que le percipient soit à l'état d'hypnose ou qu'il soit un sensitif d'une nature particulière ; enfin il faut que l'agent fasse de l'idée à transmettre un monoïdéisme, il faut qu'il concentre toute son attention et toute sa volonté sur cette idée et ne lui laisse pas de concurrente dans son esprit.

Si la sensitivité du percipient est très grande, l'attention de l'agent peut être moindre ; si au contraire la sensitivité du percipient est faible, il faut que la volonté et l'attention de l'agent soient extrêmement énergiques, sinon le phénomène ne se produit pas.

La perception directe de la pensée n'est en somme que l'exagération d'un phénomène normal. La plupart des hommes ont des images de ce dont on leur parle. Si on leur parle d'un bâton, ils voient un bâton d'une forme quelconque ; si on leur parle du son du canon, ils entendent un son ; si on leur parle d'un aliment amer, ils ressentent de l'amertume dans la bouche. Dans le sommeil ordinaire, ce phénomène prend déjà des proportions plus accentuées. Nos pensées, pendant que nous dormons, ont beau être incohérentes, ce n'en sont pas moins des pensées. Or ces pensées prennent très nettement la forme d'images : les rêves sont de véritables kaléidoscopes. Ce fait ne doit pas surprendre, si le sommeil est déjà un commencement de désincarnation. Si le sommeil est un état intermédiaire entre ce monde-ci et l'autre — état toutefois bien plus rapproché de ce monde-ci que de l'autre, — un quelque chose des facultés de l'au-delà doit commencer à surgir en nous. C'est bien ce qui a lieu.

L'hypnose aussi est un commencement de désincarnation. J'ai dit plus haut que l'hypnose était due à un dégagement d'od anormal. Nous sommes autorisés à conclure d'après un grand nombre de faits de toute sorte que l'esprit ne perçoit et ne travaille la matière qu'à travers l'od. Quand donc la quantité d'od qu'il a à sa disposition diminue, son pouvoir de percevoir et de travailler la matière doit diminuer parallèlement : il est donc partiellement désincarné, partiellement délivré de la nécessité de contrôler sa machine.

Lorsqu'on veut, dans un laboratoire, faire des expériences de transmission de pensée, il y a toujours avantage à plonger le sujet dans l'hypnose, même lorsque celui-ci est très sensitif. Mais pour le but que je me propose, il n'y a pas lieu de considérer l'hypnose à part.

Les expériences de transmission de pensée les plus récentes, à ma connaissance, sont celles du Dr Binet-Sanglé ; en voici un échantillon. Il s'agit de transmettre au percipient le mot *vautour*. Ce mot n'est pas articulé même à voix basse, il n'est lu que des yeux par M. J. et le Dr Binet-Sanglé. Celui-ci esquisse alors un vautour sur une feuille de papier et prie l'agent de transmettre l'image au percipient. Au bout de quelques instants, le percipient déclare : « C'est un oiseau ; c'est un drôle d'oiseau, il n'a pas d'ailes », et enfin : « C'est un vautour ».

Ainsi que le fait remarquer M. Binet-Sanglé, la phrase : « C'est un drôle d'oiseau, il n'a pas d'ailes », prouve qu'il y a eu transmission d'une image visuelle — celle du croquis, qui en effet ne comportait pas d'ailes mais seulement la tête et le cou. C'est du reste, d'après l'agent, la transmission qu'il opère le plus aisément. Il traduit mentalement en images visuelles ce qu'il veut transmettre.

Le Dr Gibotteau a publié dans les *Annales des sciences psychiques*, en 1892, une suite d'expériences du plus haut intérêt. Voici des extraits du compte rendu d'une des séances. Je n'ai malheureusement pas à ma disposition le texte original ; je n'ai que la traduction du Dr Ermacora et je dois retraduire de l'italien. Je souligne les passages sur lesquels je prie le lecteur de porter spécialement son attention.

« En ce moment mon ascendant sur mon sujet était considérable. Je résolus de ne lui donner que des hallucinations, mais de les produire en aussi grand nombre et aussi variées que possible. Toute la soirée elle resta assise sur un canapé à une distance de moi d'environ un mètre : j'étais moi-même assis dans un fauteuil à sa gauche et à angle droit. Devant elle se trouvait une petite table à trois pieds. Dès le début elle ferma les yeux à demi et prit un air un peu vague, mais il n'y eut ni changements dans la voix, ni réveil, ni phénomènes d'amnésie et il m'est impossible de donner le nom de sommeil à l'état dans lequel elle se trouvait. Je ne lui pris pas la main comme je l'avais fait en d'autres circonstances.

« Je commençai par lui faire regarder les objets placés sur la petite table en face d'elle; cette table était couverte d'un tapis jaunâtre sans dessins bien marqués. La lampe était sur la cheminée à une certaine distance, mais on y voyait assez pour pouvoir lire.

« Je dirai un mot de ma façon d'opérer. Les représentations visuelles n'étant pas très développées chez moi, j'eus recours à un artifice. Après avoir bien regardé les objets réels, je fermais les yeux et *j'en évoquais de mon mieux l'image dans mon esprit;* puis, tenant toujours les yeux fermés, je modifiais cette image au gré de mon caprice. Comme je l'ai dit, le sujet avait les paupières baissées et je crois que pour elle comme pour moi ce qui changeait ce n'était pas l'image réelle, mais l'image mentale. Il serait donc un peu exagéré d'appeler hallucinations les résultats obtenus. Ce ne fut qu'à la fin de la séance, après trois heures, que mon sujet finit par ne plus distinguer des objets réels les tableaux que je lui suggérais. *Jusqu'à ce moment elle se rendait compte de leur vraie nature, mais, néanmoins, quand ils étaient effrayants, elle en avait peur et me priait de cesser.*

« Un gros encrier avec un couvercle à ressort se trouvait sur la petite table. Elle le vit successivement se déplacer de droite à gauche jusqu'au bord de la table, tourner dans tous les sens, s'ouvrir brusquement comme par l'effet du ressort, se renverser et répandre l'encre ; puis l'encrier s'ouvrit de nouveau et il en sortit un petit serpent.

« J'imaginai alors de le supprimer mentalement et de ne plus voir que le tapis. Le succès fut immédiat, l'encrier disparut et demeura invisible aussi longtemps que je le voulus.

« Devant la cheminée, il y avait un grand morceau de papier d'emballage de couleur grise, qui conservait encore la forme du paquet qu'il avait enveloppé et qui laissait une cavité en dessous de lui. Ce papier se mit à onduler, à se soulever et il sortit d'en dessous un cochon d'Inde et plusieurs lapins. J'avais imaginé l'un de ces lapins tout blanc ; puis il me vint à l'idée de lui ajouter quelque bizarre tache de couleur : « Tiens ! dit-elle, un lapin blanc ; mais non, il a une oreille grise ou jaune ». Au lapin succéda un énorme serpent qui, d'abord enroulé sous le papier, le souleva ensuite, se déroula et parut devant la table au grand effroi du sujet. Je ne puis me souvenir si je réussis à le faire siffler.

« J'essayai alors avec des animaux plus grands. Vers la porte de la chambre, je fis voir au sujet un cheval bai, puis un cheval blanc, un lion (plutôt deviné que réellement perçu, parce que je ne pus réussir à l'évoquer nettement), un ours debout, droit sur ses jambes de derrière. Un cheval vint même entre la table et la cheminée.

« Enfin l'ours vint se mettre à ma place dans le fauteuil. Par moments je me déplaçais en imagination, et je voyais dans le fauteuil l'ours — un grand ours brun, — assis à ma place ; d'autres fois j'essayais de me métamorphoser en cet animal, cherchant à voir ses jambes à la place de mes bras. Il m'a semblé que je réussissais mieux dans cette seconde tentative que dans la première. Reprenant le phénomène de la disparition de l'encrier, j'imaginai mon fauteuil vide. Aussitôt mon sujet de s'écrier : « Où êtes-vous ? Vous n'êtes plus dans le fauteuil, cela me fait peur ». Je recommençai plusieurs fois cette expérience alternant avec celle des animaux et elle réussit toutes les fois que je le voulus. *Je ne vous vois pas disparaître tout à coup, me disait le sujet, mais à votre place il se forme une sorte de nuage qui se dissout rapidement, et quand il n'en reste plus rien, le fauteuil est vide.* »

« La séance continua avec moins d'intérêt peut-être. Sur le lit, qui avec ses rideaux formait une tache obscure, je fis apparaître, couchées et généralement appuyées sur le coude, au moins dix personnes bien connues du sujet, qui toutefois avait quelque peine à les reconnaître.

« Il était à peu près minuit quand je mis fin à la séance qui avait duré environ trois heures, — peut-être un peu moins — et j'accompagnai mon sujet chez elle. Mon influence n'avait pas diminué et tout le long du chemin elle voyait à mon gré les becs de gaz se détacher et tomber sur elle, des tas de cailloux s'accumuler sur le trottoir et l'obliger à en descendre, les maisons vaciller ou s'incliner, les fenêtres s'ouvrir, des gens se précipiter par celles-ci ou en jeter des matelas. Toutes ces images étaient très fugaces. Je passais rapidement de l'une à l'autre et je réussissais à coup sûr.

« Je n'ai pas besoin de dire qu'en aucun cas je ne donnai au sujet l'occasion de deviner ce que je voulais lui faire voir. Je ne crois pas que cette dame se soit jamais soumise auparavant à des expériences du même genre, ni avec moi ni avec aucun autre expérimentateur; ensuite l'idée de la plupart de ces expériences ne me venait qu'après en avoir réussi une précédente. Enfin je n'avais ni notes écrites, ni programme tracé d'avance. »

Le Dr Gibotteau ne put pas répéter cette séance si pleine d'intérêt. Son influence sur son sujet diminua rapidement. Les meilleurs sujets ne conservent pas constamment leurs facultés anormales; cela n'est que trop facile à constater, mais nous ne savons d'une manière précise ni ce qui fait apparaître ces facultés ni pourquoi elles disparaissent. Quand donc l'homme de science les rencontre sur son chemin, il doit se hâter de les observer avec tout le soin possible ; il doit surtout se garder de croire que le phénomène est sans intérêt parce qu'il est éphémère.

Dans la perception directe de la pensée, la distance est à peu près sans influence. La distance n'existe pas pour l'esprit. Voici d'abord un exemple où l'agent et le percipient se trouvaient peu éloignés l'un de l'autre, quoique l'un fût dans une maison et l'autre dans la rue. Nous donnerons ensuite d'autres exemples où le phénomène s'est produit non moins nettement malgré une distance beaucoup plus grande.

Une nuit d'hiver, vers les onze heures et demie, le Dr Schrenck-Notzing de Munich, le collaborateur de Carl du Prel, passait devant la maison d'une famille de sa connaissance ; il lui vint à l'idée d'essayer s'il pourrait influencer télépathiquement une demoiselle de cette famille qu'il savait sensible à l'action télépathique. Ne voyant aucune lumière à travers les fenêtres de la chambre de cette personne, il en conclut qu'elle devait être au lit et endormie ; il s'arrêta sur le trottoir en face et pendant cinq minutes *il voulut intensément que la jeune fille se réveillât et pensât à lui.* Le lendemain il rencontra une dame Linn Prieger qui vivait dans cette famille et dormait dans la même chambre que la jeune fille en question. Cette dame lui raconta que la nuit précédente, entre onze heures et minuit, sa compagne l'avait réveillée tout à coup et tout effrayée lui avait demandé si elle aussi n'avait pas vu le baron de Schrenck-Notzing qui venait d'apparaître tout près de son lit. Mme Prieger répondit qu'il ne pouvait s'agir que d'un rêve, mais la jeune fille assura qu'elle était parfaitement éveillée, quand le docteur lui était apparu et qu'elle avait vu son visage de si près qu'elle aurait pu le toucher.

La percipiente, dans le rapport écrit qui lui fut demandé, s'exprime ainsi : « J'étais au lit les yeux fermés et à moitié endormie. *Il me sembla que du côté de mon lit la chambre s'éclairait tout à coup* ; je me sentis *obligée* d'ouvrir les yeux et je vis aussitôt ce qui me sembla être le visage du baron Schrenck. Ce visage disparut comme l'éclair. »

Voici un cas où l'apparition fut plus complète et moins éphémère. Le révérend M. Newnham résolut un soir d'essayer d'apparaître à son ami Z. qui se trouvait à plusieurs milles de là. « Je ne l'avais pas, raconte-t-il, prévenu de mon intention ; je me couchai un peu avant minuit et je concentrai ma pensée sur Z. Bientôt je m'endormis et je m'éveillai le lendemain matin nullement conscient qu'il fût arrivé quelque chose. Quand je vis Z. quelques jours plus tard, je lui demandai : « Ne s'est-il rien passé chez vous samedi soir ? — Mais si, au contraire, répondit-il. J'étais assis avec M. au coin du feu, en train de fumer et de causer. Environ une demi-heure avant minuit, M. se leva pour s'en aller et je le reconduisis. Lorsque je repris ma place au coin du feu pour achever de fumer ma pipe, je vous aperçus assis dans le fauteuil que M. venait de quitter. Je vous regardai attentivement et pour bien me convaincre moi-même que je ne rêvais pas, je pris un journal ; mais quand je le déposai, vous étiez toujours à la même place. Pendant que je vous considérai sans rien dire, vous avez disparu. »

Les *Nouvelles de Hambourg*, qui rappelaient ce fait dans un article récent, ajoutaient : « Malheureusement quand les mêmes personnes ont voulu tenter des expériences rigoureuses dans la même direction, elles ont complètement échoué. » Le moment où l'on pourra réussir ces expériences à coup sûr n'est pas encore venu. Nous ignorons trop profondément les conditions qu'exige le phénomène. Mais nous arriverions plus vite à déterminer ces conditions, si au lieu de nous enfermer dans un scepticisme imbécile, nous observions soigneusement les faits spontanés qui se présentent.

Parmi les expériences les plus intéressantes d'apparition volontaire, se trouvent celles d'un anonyme qui signe des initiales S. H. B. ; mais le consciencieux Gurney, le principal auteur du livre maintenant fameux : *Les Fantômes des vivants*, dit l'avoir connu personnellement. C'était lui qui était l'agent ; comme percipientes il avait plusieurs sœurs du nom de Verity, qu'il n'avertissait naturellement pas à l'avance quand il voulait tenter une expérience. Ces expériences furent au nombre de trois. J'en rapporte deux, dont j'emprunte l'exposé au docteur Ermacora.

Un samedi soir du mois de novembre 1881, pendant que B. lisait quelque chose sur la puissance de la volonté, tout à coup l'idée lui vint d'essayer d'apparaître, par un effort de volonté, aux sœurs Verity qui habitait à une distance de trois milles et ne pouvaient s'attendre à l'expérience. Il était une heure du matin quand B. fit sa tentative. Le jeudi d'après, il alla faire une visite à ces dames et, avant qu'il eût fait la moindre allusion à sa tentative, la plus âgée lui dit que dans la nuit du samedi, vers une heure, étant parfaitement éveillée, elle l'avait aperçu près de son lit ; effrayée à cette vue, elle cria et appela sa sœur plus jeune qui dormait dans la même chambre et qui en se réveillant vit aussi l'apparition. Le fait est attesté, en outre du témoignage écrit des deux percipientes, par celui d'une autre sœur qui dormait dans une chambre contiguë et qui, réveillée par les deux premières, fut aussitôt mise au courant de ce qui s'était passé.

Ici le fantôme de l'agent fut perçu en même temps par deux personnes. C'est ce qui arrive souvent pour les fantômes des morts qui sont vus par plusieurs personnes à la fois. Souvent aussi, parmi les personnes présentes, un certain nombre seulement voient le fantôme, les autres ne voient rien : c'est que tout le monde n'acquiert pas, même de manière intermittente, cette faculté de percevoir directement la pensée d'autrui.

Plus d'une année après l'expérience ci-dessus, le même agent voulut la renouveler. Il agit mentalement à deux reprises, la première fois à neuf heures trente, la seconde à minuit, avec l'intention d'apparaître dans la maison des dames Verity ; pas plus qu'au moment de la première expérience celles-ci n'étaient prévenues. La première fois il ne fixa pas l'endroit où il devait apparaître, la seconde fois il fixa une chambre déterminée. Le jour suivant, il se rendit chez les dames Verity et il y trouva une autre sœur qu'il connaissait à peine parce qu'elle était mariée et habitait ailleurs ; celle-ci était arrivée la veille au soir sans que B. eût aucun moyen d'en être informé.

En conversant avec cette dernière, et alors qu'il était bien loin de s'attendre à un semblable récit, B. apprit que le soir précédent, à neuf heures et demie, la nouvelle venue l'avait vu traverser un corridor et qu'à minuit, alors qu'elle était au lit mais parfaitement éveillée, elle l'avait vu ouvrir la porte de sa chambre, entrer et s'approcher du lit ; l'apparition lui toucha les cheveux, puis lui prit la main dont elle regarda attentivement la paume comme aurait fait un chiromancien qui aurait voulu en étudier les lignes. La chambre où cette dame avait couché était justement celle où l'agent avait résolu d'apparaître. Les autres sœurs déclarèrent que la percipiente avait déjà narré tous ces incidents avant la visite de M. B. ; toutes demeurèrent stupéfaites quand B. tira de sa poche un papier sur lequel il avait écrit dès le soir précédent comment et quand il avait agi télépathiquement.

Voilà un fantôme de vivant qui se comporte absolument comme se comportent nombre de fantômes de morts. Ce fantôme n'est autre chose qu'un monoïdéisme perçu directement. Des effets identiques nous autorisent à supposer des causes identiques : ces fantômes de morts ne sont donc pas le mort en personne mais bien une pensée intense de celui-ci. Dans le cas que je viens de rapporter, l'hallucination est bisensorielle ; souvent ces hallucinations sont omnisensorielles, c'est-à-dire affectent tous les sens. C'est uniquement parce que le fantôme agit en automate et demeure inattentif à ce qu'on lui dit, qu'on ne peut pas le considérer comme une personnalité réelle.

Une idée ayant effleuré à peine le champ de la conscience normale peut aussi dans certaines conditions être perçue directement par une personne très sensitive. Voici un extrait d'une communication faite à la Société psychologique de Munich, le 5 juillet 1888, par Elliot Coues, docteur en médecine et professeur de philosophie à l'Institution Smithsonienne, de Washington, institution universellement connue et appréciée du monde savant.

« Le 23 juin 1887, je me trouvais à Chicago, ville qui est éloignée d'environ 1000 milles anglais de Washington, où je demeure habituellement. Dans cette dernière ville je connais plusieurs sensitifs ou personnes ayant des dons médiumniques, avec lesquelles j'ai fait de fréquentes expériences de magnétisme. De ce nombre est une dame que je désignerai ici par l'initiale A. et qui possède des facultés de clairvoyance extraordinairement développées. Non seulement elle est « clairvoyante », mais elle est aussi « clairaudiente » ; elle a souvent vu et entendu des fantômes de vivants ou de morts et les a décrits jusque dans les moindres détails. Bref elle possède un tel ensemble de facultés psychiques qu'elle fait penser involontairement à la voyante de Prévorst. D'ailleurs ce n'est pas un médium public, elle ne se laisse magnétiser que par moi et ne veut pas que son nom soit publié.

« Le 23 juin 1887 Mme A. était chez elle à Washington à 10 heures 20 minutes du soir. Là elle vit et entendit mon corps astral ou double, alors qu'à cette heure-là je me trouvais à 1000 milles de là, à Chicago. Mme A. ne savait nullement où j'étais ; elle n'avait pas de raison pour ne pas me croire à Washington d'autant plus que nous n'avions pas eu de rapports ensemble depuis plusieurs mois. Cette apparition la surprit et elle prit immédiatement note de ce qu'elle avait vu et entendu. Elle me remit plus tard une copie de cette note dont voici un extrait :

« Le soir du 23 juin j'étais assise près de ma
« fenêtre. Tout à coup j'entendis un *non* très
« distinctement prononcé par votre voix. Sur-
« prise, je me retournai pour voir d'où venait la
« voix et à mon grand étonnement je vous aper-
« çus ou plutôt j'aperçus votre corps astral qui
« se tenait debout tout près de moi. « — Pour-
« quoi *non* ? demandai-je. — Parce que je suis
« en voyage, répondites-vous ; je suis à Chi-
« cago en visite chez ma sœur, Mme J. M. Flower
« (j'ignore absolument s'il existe une personne
« de ce nom), pour me rendre un peu compte
« du mouvement théosophique ici. Pendant que
« vous parliez ainsi il me semblait vous voir au
« milieu d'une grande foule de gens. Je deman-
« dai ce que cela signifiait et vous me répon-
« dites : C'est une petite soirée que ma sœur

« donne en mon honneur. Je demandai alors,
« pour pouvoir prouver que je vous avais réel-
« lement vu, le nom d'une ou deux des personnes
« présentes et vous me donnâtes les suivants :
« professeur Rodney Welch et Dr Sarah Hac-
« kett Stevenson. Puis vous disparûtes. Je me
« levai aussitôt pour regarder l'heure ; il était
« 10 heures 20 minutes. Alors je me mis à écrire
« la présente note. »

Tous les détails ci-dessus étaient exacts. Le Dr Coues était bien à Chicago à l'heure indiquée, chez sa sœur, Mme J. M. Flower, qui donnait une soirée en son honneur. Parmi les invités, au nombre de 40 environ, se trouvaient le professeur Rodney Welch et le Dr Stevenson. Au moment donné, l'agent et la percipiente se trouvaient, paraît-il, tous les deux en pleine possession de leur conscience normale. Ni l'un ni l'autre ne se trouvait dans un état voisin du sommeil.

Ce cas est compliqué et même, disons le mot, un tantinet invraisemblable. Rapporté par un homme moins sérieux, on n'y ajouterait pas foi. Néanmoins il n'est pas absolument sans analogue. Essayons de comprendre ce qui se passa. Y eut-il émission inconsciente par l'agent d'un fantôme odique, d'un corps astral ou double qui se transporta à Washington, comme le croient la percipiente ainsi que l'agent ? Probablement non, puisqu'à un moment donné la percipiente vit non seulement l'agent mais encore les autres personnes qui étaient avec lui. Admettre que toutes ces personnes avaient expédié inconsciemment un fantôme à Washington n'est guère possible. Donc ce fut la percipiente ou mieux son esprit qui d'une manière quelconque se transporta à Chicago ; il s'y transporta en pensant peut-être inconsciemment, en tout cas, par hasard à un homme avec lequel Mme A. avait été souvent en rapport magnétique. Elle lut comme dans un livre dans la pensée de cet homme et y puisa tous les renseignements. Quant à la dramatisation qui accompagna le phénomène, elle ne doit pas nous surprendre : elle est de règle. Ici nous ne rencontrons pas chez l'agent de monoïdéisme provocateur du phénomène : ce monoïdéisme était peut-être dans la subconscience, mais il n'est pas apparent. Seulement n'oublions pas que la percipiente est un sujet exceptionnel, clairvoyante à un haut degré et exercée depuis longtemps. Pour moi la vision à distance n'est pas autre chose dans la plupart des cas qu'une perception directe de la pensée, indépendamment de la distance. Pour qu'une âme voie les choses matérielles au delà de la portée des organes de son corps physique, il lui faut de l'od. Peut-être l'esprit de Mme A. en avait-il entraîné, mais ce ne serait vraisemblable que si son corps était tombé dans un état de somnolence quelconque. Ce ne fut pas le cas, paraît-il. L'od joue-t-il un rôle dans tout phénomène de perception directe de la pensée? Carl du Prel le pense. Quant à moi je serais assez disposé à croire qu'il n'en est rien, que l'âme a besoin d'od pour agir sur la matière, mais qu'elle perçoit la pensée d'une autre âme sans cet intermédiaire, grossier en somme. Dans les phénomènes de hantise, celui qui hante le fait souvent avec intention ou du moins nous percevons un monoïdéisme qui est à la surface de sa conscience; mais souvent aussi celui qui hante n'en a évidemment aucune conscience. Le premier aurait pu se mettre en quête d'od pour arriver à ses fins, mais l'autre utiliserait donc de l'od sans le savoir et sans le vouloir?

Mais revenons sur le terrain plus solide des faits provoqués volontairement par un expérimentateur.

La lecture des expériences faites avec les sœurs Verity induisit le révérend Clarence Godfrey à en tenter de pareilles avec une dame de sa connaissance. C'est M. Podmore qui les rapporte dans son livre *Apparitions et transmissions de pensée*, page 228. Le soir du 15 novembre 1886, à 10 heures 45, M. Godfrey en se mettant au lit et sans avoir donné en aucune manière à la percipiente la possibilité de deviner ses intentions, agit avec toute la force dont sa volonté était capable afin de se rendre visible si possible au pied du lit de cette dame. Fatigué par cet effort il ne tarda pas à s'endormir. Pendant la nuit il rêva qu'il causait avec la percipiente et lui demandait si elle ne l'avait pas vu le soir précédent ; dans le rêve celle-ci répondit que si. Il s'éveilla aussitôt ; sa montre marquait 3 heures 40 du matin. Quand il se rendit ensuite chez la dame, il s'aperçut que son expérience avait pleinement réussi. Voici le compte rendu écrit par la percipiente :

« Hier, 16 novembre 1886, à 3 heures et demie environ du matin, je m'éveillai en sursaut avec l'impression que quelqu'un venait d'entrer dans ma chambre. J'entendis un bruit particulier que je supposai produit au dehors par les oiseaux qui viennent passer la nuit dans le lierre adossé au mur. Puis j'éprouvai un désir étrange et obsédant de sortir de ma chambre et de descendre l'escalier. L'impulsion était si forte qu'à la fin je me levai, allumai une bougie et descendis dans l'intention de boire un verre d'eau gazeuse, ce qui, espérais-je, me calmerait. Comme je remontais dans ma chambre, je vis M. Godfrey debout sous la grande fenêtre de l'escalier. Il était vêtu comme à l'ordinaire et il avait sur le visage l'expression que je lui connaissais quand il examinait quelque chose avec beaucoup d'intérêt. Il était là debout et moi levant ma bougie je le regardai fixement et avec stupeur durant trois ou quatre secondes ;

puis, pendant que j'achevai de monter l'escalier, il disparut. L'impression ressentie était si vive que tout d'abord je pensai à éveiller une amie qui dormait dans ma chambre ; mais ensuite je n'en fis rien par crainte qu'on ne se moquât de moi. Je ne fus pas effrayée par l'apparition de M. Godfrey ; mais je demeurai si émue que je ne pus me rendormir. »

Ce cas offre deux détails qu'il faut soigneusement noter. Le premier est que la perception fut précédée d'un état d'émotion vague qui dura un certain temps ; la pensée de l'agent atteignit donc d'abord la subconscience de la percipiente et mit un certain temps pour arriver jusqu'à la conscience normale. Ce même état d'émotion vague précède souvent la perception du fantôme d'un mort; le percipient est pris d'une inquiétude inexplicable, il regarde autour de lui, il voudrait se sauver. Souvent même le phénomène ne va pas plus loin. Le second détail à noter est que l'agent apparut à la percipiente vêtu comme à l'ordinaire, alors qu'en réalité à ce moment-là il était sans vêtement et couché dans son lit. De même les fantômes des morts apparaissent souvent vêtus comme de leur vivant. M. Godfrey avait intensément voulu apparaître à la percipiente ; mais sa conscience normale n'avait fixé que ce point ; abandonnée à elle-même la subconscience avait entouré la pensée des accessoires les plus ordinaires. De même, lorsqu'un mort rumine un monoïdéisme ancien qui le fait apparaître, consciemment ou subconsciemment il se revoit tel qu'il était au moment de l'action créatrice de l'obsession et il nous impose cette même vision à notre tour.

Voici maintenant un cas où l'apparition prit l'attitude voulue par l'agent. L'agent et le percipient étaient deux femmes bien connues de Frédéric Myers et les expériences furent entreprises à l'instigation de celui-ci.

Le 20 juin 1894, Myers reçut de l'agent la lettre suivante datée du 19 du même mois :

« Samedi à minuit j'ai essayé d'apparaître à Mme F. et *j'ai eu l'impression de m'être trouvée dans sa chambre*. J'avais écrit préalablement une note que je joins à la présente ainsi que celle de Mme F. qui m'arrive en ce moment. Cette dernière a été écrite *sur le moment, alors que Mme F. ne savait pas que j'avais résolu de lui apparaître*. J'étais dans mon lit et non à genoux ; sauf ce détail tout le reste est exact. »

Voici la note de l'agent :

« 17 juin 1894, minuit. J'écris ces lignes immédiatement avant d'essayer d'apparaître à Mme F. Mes cheveux sont dénoués, je suis sur le point de me coucher et je veux apparaître les yeux fermés. »

Voici maintenant la note de la percipiente :

« Samedi soir 17 juin 1894. Je me suis réveillée de mon premier sommeil et j'ai aperçu E. D. qui me semblait agenouillée sur un fauteuil tout près de mon lit ; je la voyais de profil, elle avait les cheveux dénoués et les yeux clos ou très baissés. Tout d'abord j'éprouvai une impression de frayeur comme cela m'arrive toujours quand j'ai des visions au réveil, mais je m'efforçai de me tenir tranquille. La vision persista après mon réveil complet et alors que j'étais maîtresse de mes pensées. Puis elle s'évanouit petit à petit comme un tableau qui s'efface. Je regardai alors la pendule ; il était minuit juste. Au moment où j'écris il est environ minuit deux minutes. »

Remarquons, dans ce cas, que l'agent eut l'impression de s'être trouvé dans la chambre de la percipiente. Y envoya-t-il vraiment un fantôme odique ? Inutile de le supposer. Quand la percipiente perçut la pensée de l'agent, à son tour évidemment elle pensa à la personne qu'elle croyait avoir là sous les yeux. Cette pensée fut obscurément perçue par l'agent qui était également une sensitive et c'est ce qui lui donna l'impression notée.

Wesermann, qui travaillait vers 1815 avec une méthode très rigoureuse pour son temps, rapporte l'expérience suivante dans son livre : *le Magnétisme et la langue universelle.*

« Une dame morte depuis cinq ans déjà devait apparaître en rêve à 10 heures et demie du soir au lieutenant N. et l'exhorter aux bonnes œuvres.

Contrairement à mon attente, à l'heure indiquée, le lieutenant N. n'était pas encore couché; il se trouvait chez un ami le lieutenant S. en train de causer avec lui des guerres napoléoniennes ? Tout à coup la porte de la pièce s'ouvrit, la dame vêtue de blanc avec un châle noir, la tête découverte, entra ; elle salua trois fois S. d'un geste amical de la main ; puis se retournant vers N., *elle lui fit un petit salut de la tête* et s'en retourna par où elle était venue.

« Cet incident qui m'avait été raconté par le lieutenant N. me parut suffisamment intéressant au point de vue psychologique pour mériter d'être établi d'une manière rigoureuse. J'écrivis donc au lieutenant S. qui habitait à six lieues de là, en le priant de m'en écrire une relation. Voici sa réponse :

« Le 13 mars 1817 M. N. vint me voir chez moi, à une lieue environ de A., et il demeura pour la nuit. Après dîner, alors que nous étions sur le point de nous mettre au lit et déjà déshabillés, je me trouvais assis sur mon lit et M. N. était debout près de la porte qui conduisait dans la chambre voisine. Il était environ dix heures et demie. On causait à bâtons rompus des guerres de Napoléon. Tout à coup la porte qui conduisait à la cuisine s'ouvrit *sans faire aucun bruit ;* une dame très pâle entra ; elle était plus grande que N., elle avait environ 5 pieds et 4 pouces ; elle était vêtue de blanc et avait sur les épaules un grand fichu noir qui lui descendait jusqu'aux cuisses. Elle avait la tête découverte ; elle me salua trois fois de la main d'une manière cérémonieuse, puis elle se retourna à gauche vers le lieutenant N. et le *salua aussi trois fois d'un geste de la main* ; puis l'apparition se retira tranquillement sans que la porte cette fois encore fît le moindre bruit. Nous la suivîmes pour savoir s'il ne s'agissait pas d'une plaisanterie, mais nous ne trouvâmes rien. »

Ici la pensée perçue produisit une hallucination exclusivement visuelle, mais elle aurait pu produire aussi une hallucination omnisensorielle ; et alors la dame aurait pu non seulement faire des signes mais encore parler et exhorter le lieutenant N. aux bonnes œuvres, comme l'avait voulu l'expérimentateur. L'apparition ne parla pas pour la même raison que la porte ne fit pas de bruit, c'est-à-dire que l'ouïe des deux jeunes gens ne prit pas part à l'hallucination. Dans ces hallucinations produites par la perception directe d'une pensée, l'esprit du percipient doit avoir une certaine part d'activité : c'est ainsi que dans le cas actuel le lieutenant N. vit l'apparition ne lui faire à lui qu'un petit signe de la tête, tandis que son ami la vit lui faire aussi trois saluts avec la main. Je serais donc tenté de croire que toutes ces salutations furent des créations de l'esprit des deux hommes.

Je viens de prononcer le mot hallucination. Certains contradicteurs, de ceux qui se paient de mots — et Dieu sait s'ils sont nombreux — ne manqueront pas de dire : « Pourquoi parlez-vous de perception directe de la pensée ? Admettons la réalité des phénomènes que vous avez rapportés : ce sont là des hallucinations, voilà tout. » Ceux qui parleront ainsi oublieront simplement que le mot hallucination désigne un phénomène dont nul jusqu'ici n'a fourni une explication satisfaisante. Ce mot est une étiquette sur une marchandise de nature inconnue. Voici ce que j'en pense quant à moi ; mon interprétation n'est peut-être pas plus juste que celle des autres ; en tout cas elle est plausible. Toute hallucination, quelle qu'elle soit, négative ou positive, est la perception directe d'une pensée ; on peut en dire autant des illusions. Mais cette pensée peut avoir des origines diverses ; elle peut venir d'un vivant, elle peut venir d'un mort et enfin elle peut être la propre pensée du percipient. Quand la nuit je prends une souche pour une bête accroupie, ce n'est pas la souche qui est devenue une bête, c'est mon esprit apeuré qui a créé la bête ; je finis bientôt par la voir distinctement sans être gêné par les ténèbres, plus distinctement que les objets réels : c'est mon esprit qui perçoit sa propre création projetée au dehors.

Le phénomène si connu du mirage n'est peut-être jamais un phénomène physique. Il ne consiste peut-être jamais en une illusion d'optique due à la réfraction de la lumière par l'air ; en tout cas il est bien certain qu'il n'a pas toujours cette cause. Sinon on pourrait plus souvent identifier les paysages ainsi aperçus ; dans un même lieu, par les jours de même température et avec un vent de même direction, le phénomène devrait se produire presque à coup sûr à une heure donnée ; il devrait y avoir des endroits où les enfants du désert, s'attendraient, certains jours, à un mirage à peu près sûr ; quelques mirages devraient représenter non des oasis, mais des régions désertiques : les rayons lumineux réfléchis par les arbres, les eaux, les nappes vertes n'ont pas seuls la propriété de pouvoir être déviés dans leur course ; on devrait toujours pouvoir photographier un mirage. D'ailleurs on n'observe pas ce phénomène que dans les déserts de sable ; on l'observe aussi au voisinage du pôle dans les déserts de neige. Ces décevantes illusions représentent toujours les choses après lesquelles les malheureux voyageurs soupirent de toute l'ardeur de leur âme. Épuisés, inquiets, un même délire s'empare d'eux tous et le rêve prend forme. La réverbération est peut-être aussi pour quelque chose dans la production de l'hallucination : nombreuses sont les personnes qui s'hallucinent presque à volonté en regardant un objet brillant ou une surface polie, par exemple une boule de cristal.

Dans le mirage, il est vrai, les objets apparaissent dans une position renversée. Mais je ne crois pas que ce soit là un fait constant ; j'ai vu en tout cas des gravures où l'on représente les objets d'un mirage dans leur position naturelle.

Une hallucination intense se comporte en toute manière comme un objet réel : on est fixé sur ce point aujourd'hui. Voici à ce sujet la traduction d'un passage du livre du Dr Ermacora, *la Télépathie*, le meilleur ouvrage où l'on ait étudié la question télépathique.

« Les hallucinations présentent souvent quelques-unes des particularités secondaires qui, à première vue, semblent être les caractéristiques des perceptions réelles correspondantes ; ces particularités peuvent facilement contribuer à nous faire prendre une hallucination pour un objet réellement présent. Ce sont surtout les hallucinations de la vue qui présentent ces particularités, justement parce que ce sont les perceptions normales de la vue qui les présentent le plus nettement.

« C'est une croyance populaire que si un objet cesse d'être visible quand on ferme les yeux, cet objet est nécessairement réel. Or l'expérience démontre que cette supposition est entièrement fausse ; si dans certains cas l'hallucination persiste en fermant les yeux, dans d'autres au contraire elle disparaît. L'explication du fait est très simple ; le sujet est convaincu qu'un objet réel se trouve là où il en voit un et il attribue à cet objet imaginaire toutes les propriétés de ceux qui ne le sont pas.

« Mais les caractères qui font ressembler les hallucinations aux choses réelles ne s'arrêtent pas là. Souvent les objets imaginaires sont réfléchis par une glace et semblent projeter une ombre. Certains sujets, comme l'ont établi les intéressantes expériences de Binet et Féré, de Myers, de Lombroso et Ottolenghi, de Mlle X., en observant l'image supposée au travers d'un instrument d'optique, comme une loupe, une longue-vue, un prisme placé devant un seul œil, la voient agrandie, rapetissée, dédoublée absolument comme s'il s'agissait d'une image réelle. Si on donne à ces mêmes sujets la suggestion qu'une image existe, par exemple, sur une carte blanche, non seulement ils verront cette image renversée quand on retournera la carte, mais encore, en mêlant après l'avoir marquée cette carte blanche à d'autres identiques, le sujet ignorant de la marque n'aura néanmoins aucune peine à retrouver cette carte ni à désigner le côté où doit se trouver la figure imaginaire.

« Une autre propriété commune aux hallucinations et aux sensations normales dues aux objets réels, c'est de donner lieu à des réactions secondaires identiques. Une hallucination produira des images consécutives, des phénomènes de contraste et de mélange de couleurs, des réactions de la pupille absolument comme les perceptions réelles.

« Si un sujet a une anomalie de la vue et voit gris les objets verts, dans ses hallucinations il verra aussi probablement gris les arbres et autres objets verts.

« Souvent les hallucinations sont partagées par plusieurs sujets à la fois ; la vision simultanée d'un objet par plusieurs personnes n'est donc pas une preuve de sa réalité. Les hallucinations ont du reste une tendance à se communiquer aux personnes voisines sans qu'il y ait besoin pour cela du moindre contact ; il existe une véritable contagion télépathique. Les animaux eux-mêmes peuvent y prendre part. Il n'existe pas un organe télépathique particulier à l'homme ; ce qui peut induire nos sens en erreur peut induire en erreur les sens des animaux, tout au moins des animaux supérieurs. Les animaux ne rêvent-ils pas ? Tarchanoff, observant l'attitude de grenouilles chloroformisées croit pouvoir conclure qu'en cet état elles ont de véritables hallucinations. »

Puisqu'il est bien établi que nous ne voyons pas le monde tel qu'il est et puisqu'il est impossible de découvrir un caractère distinctif entre les hallucinations fortuites et les perceptions dues aux objets réels, on peut se demander si ces dernières sont autre chose que des hallucinations héréditaires et communes, avec des nuances, à toute la race humaine.

Peut-être n'existe-t-il que des âmes et des pensées et tout le reste est-il illusion pure. Mais je m'arrête pour ne pas dépasser le but que je m'étais proposé dans ce chapitre.

CHAPITRE VII

Les fantômes des Morts.

De tout temps on a parlé des revenants. — Les fantômes des morts et la Société pour les Recherches psychiques — Cas empruntés à Mme Sidgwick. — Cas emprunté au Journal de la Société pour les Recherches psychiques. — Expériences proposées par Carl du Prel et Myers. — Les « spuks ». — La hantise peut être de deux sortes bien différentes. — Les « poltergeister » ou esprits tapageurs. — Fantômes entièrement matérialisés.

Les histoires de revenants sont nombreuses ; on en trouve un peu partout, dans la littérature de tous les temps et de tous les pays. Mais il serait imprudent de les accepter telles qu'elles sont. Beaucoup renferment un fond de vérité, mais l'imagination populaire a travaillé là-dessus et enfoui ce fond de vérité sous une végétation luxuriante de détails impressionnants ou merveilleux.

Cependant il y a des faits de cet ordre qui

ont été observés et racontés par des hommes calmes et consciencieux, connaissant toute l'importance d'une scrupuleuse exactitude. Mais les sens humains sont faillibles ; la science ne pourra jamais accorder à leur témoignage la valeur de celui d'un instrument. Malheureusement jusqu'à ce jour les phénomènes psychiques en général et les apparitions des morts en particulier ne viennent pas docilement se soumettre aux procédés de nos laboratoires. Ce n'est pas une raison pour leur dénier toute valeur et ne pas les étudier. Un jour viendra peut-être où nous pourrons recourir à l'expérimentation directe, mais nous n'en arriverions jamais là si nous nous refusions à observer tout d'abord les phénomènes spontanés, même dans les conditions défectueuses où ils se présentent. Ce travail préliminaire est indispensable, et ce sera l'éternel honneur de la Société anglo-américaine pour les Recherches psychiques de l'avoir courageusement entrepris.

Cette Société n'a pas réuni que des cas d'apparitions de vivants ou de mourants ; elle a réuni aussi des cas nombreux d'apparitions d'hommes morts depuis longtemps. Ses membres méditaient, je crois, un pendant au livre fameux *Les Fantômes des Vivants*, qui aurait eu pour titre *Les Fantômes des Morts*. Mais cette nouvelle tâche était plus délicate. Quand il s'agit de vivants, on a les deux extrémités du fil ; on peut remonter du percipient à l'agent et démontrer qu'il y a entre eux un rapport de cause à effet. Il n'en va pas de même avec les morts. On ne peut pas aller leur dire : « Vous êtes apparu tel jour à telle heure. Quel était votre état d'âme à ce moment-là ? » On doit se contenter d'analogies et de probabilités ; or, la science des monistes veut tout ou rien, et immédiatement. « Amenez-moi, dit-elle, le mort qui a produit l'hallucination ou ne me parlez plus de pareilles sottises. » Cette science est digne des taupes.

Le pendant au livre *Les Fantômes des Vivants* n'a donc pas été écrit. Il a été esquissé toutefois, dès 1885, par une femme de grand talent et d'un esprit admirablement calme et modéré, Mme Sidgwick, la digne compagne du premier président de la Société pour les Recherches psychiques, le professeur Henri Sidgwick, mort aujourd'hui malheureusement comme Gurney et comme Myers. Mme Sidgwick, parmi les nombreux faits recueillis par la Société, en a choisi une trentaine, de ceux qui présentaient le plus de garanties tant par leurs détails que par la qualité morale des narrateurs et des témoins. J'en résumerai ici quelques-uns en prenant de préférence ceux où le monoïdéisme est apparent. Il n'est pas rare d'apercevoir un revenant dont tout le monde a oublié l'histoire ou dont on ne peut pas retrouver les amis ; comment savoir alors pourquoi il vient hanter les vivants ?

Premier cas. — En 1875, un homme mourut laissant une veuve et six enfants en bas âge. Les trois aînés furent admis dans un orphelinat. Trois années après la mère succomba à son tour et des amis réussirent à réunir les fonds pour faire entrer les trois derniers enfants dans la même maison ; le plus jeune avait environ quatre ans. A cette époque l'orphelinat contenait à peu près 30 pensionnaires ; un gardien s'occupait constamment des plus petits. Il n'y avait pas une seule chambre de reste dans l'établissement et quand des étrangers venaient le visiter, on devait les loger au presbytère. Six mois environ après l'entrée des trois enfants mentionnés plus haut, des visiteurs arrivèrent un soir à l'improviste, trop tard pour qu'il fût possible de leur préparer un lit au presbytère ; en conséquence il fut convenu qu'on leur donnerait la chambre du gardien et que celui-ci dormirait dans le dortoir, qui contenait dix lits dont neuf seulement d'occupés.

Le lendemain matin, au déjeuner, le gardien fit le récit que voici : « Autant que je puis m'en rendre compte je m'endormis vers 11 heures et je dormis profondément pendant quelque temps. Tout à coup je m'éveillai sans raison apparente et, comme mon visage était du côté du mur, je ressentis une impulsion d'avoir à me tourner de l'autre côté. Avant de le faire, je levai les yeux et vis la chambre éclairée d'une lumière très douce. Le gaz quoique très baissé brûlait dans le vestibule et, comme la porte était ouverte, je lui attribuai cette lueur. Bientôt, cependant, je dus me convaincre que ce n'était pas cela. Je me retournai et un étrange spectacle s'offrit à mes yeux. Sur le deuxième lit après le mien et du même côté de la chambre, flottait un petit nuage de lumière, formant un halo ayant l'éclat ordinaire de la lune.

« Je me redressai sur mon lit et regardai cette étrange vision ; je pris ma montre : il était 1 heure moins cinq. Tout était calme, les enfants dormaient profondément. Dans le lit, au-dessus duquel flottait le nuage, reposait le plus jeune des six enfants mentionnés plus haut. Je me demandai : « Est-ce que je rêve ! » Non, j'étais bien éveillé. Il me vint comme un besoin de me lever et de toucher cette substance quelle qu'elle pût être ; mais un je ne sais quoi m'en empêcha. Je suis bien sûr de n'avoir rien entendu ; néanmoins je *sentis* et je compris parfaitement ces mots : « Non, demeurez couché ; vous n'avez rien à craindre. » Bientôt après je me rendormis et me réveillai à 5 heures et demie comme à l'ordinaire.

« A 6 heures je me mis à habiller les enfants en commençant par le premier lit après celui où j'avais dormi. Quand j'arrivai au lit au-dessus duquel j'avais aperçu le nuage lumineux, je pris le petit garçon, l'assis sur mes genoux et lui passai quelques-uns de ses habits. L'enfant parlait aux autres, mais tout à coup il se tut. Puis, me regardant bien en face avec une extraordinaire expression, il dit : « *Oh ! M. Jupp, maman est venue à moi cette nuit. L'avez-vous vue ?* » Pendant un instant je demeurai tout interdit. A la fin je pensai qu'il valait mieux ne pas insister et je dis : « Allons ! dépêchons-nous ; nous serions en retard pour le déjeuner. »

Deuxième cas. — Lettre de Mme Windridge à la Société pour les recherches psychiques.

Aux alentours de 1869, *je m'intéressai beaucoup à une pauvre femme de mon voisinage qui était mourante. J'allais souvent la voir, mais à la fin les miens s'y opposèrent parce que l'émotion me rendait malade. Aussi, quand elle mourut, on me cacha le fait pendant quelques jours*

Un soir j'allais mettre au lit mon petit garçon âgé de 3 ans. Il commençait à faire nuit. Quand je fus au milieu de l'escalier qui conduisait au premier étage, je sentis distinctement un contact et j'entendis le frou-frou d'une robe, comme si une femme avait passé en me frôlant. Mais il n'y avait personne. Dans l'escalier du deuxième étage le frôlement se reproduisit plus distinctement. Cela me rendit si nerveuse qu'après avoir couché mon enfant je restai près de lui, résolue à attendre la rentrée de mon mari. Je m'étendis donc sur mon lit, le berceau devant moi.

Tout à coup l'enfant se redressa : « Maman, dit-il, il y a une dame debout derrière toi ». En même temps je sentis qu'on me pressait *et je reconnus mon amie* ; mais je n'eus pas le courage de me retourner.

Quand mon mari rentra, j'appris pour la première fois que mon amie était morte trois jours auparavant.

Troisième cas. — L'auteur du récit suivant est un colonel irlandais qui n'a pas voulu qu'on publie son nom, mais qui est bien connu, paraît-il.

Il y a environ seize ans, ma femme me dit un jour : « Nous allons avoir des amis toute la semaine prochaine. N'y aurait-il pas moyen de trouver quelqu'un qui voudrait venir chanter avec nos filles ? » Je proposai la fille de mon armurier qui avait une très belle voix et se préparait au théâtre. Ma femme fut de mon avis et j'écrivis à cette personne, qui s'appelait Julia Z., en la priant de venir passer une semaine avec nous, ce qu'elle fit. Au bout de ce temps elle nous quitta et je crois pouvoir affirmer que ma femme ne la revit pas. Quelque temps après je fis une visite à mon armurier et le remerciai d'avoir permis à sa fille de venir chez nous, en lui assurant qu'elle nous avait beaucoup plu à tous. M. Z. me répondit : « *Vous devez l'avoir gâtée, car elle affirme n'avoir jamais passé plus agréable semaine de sa vie.* » Mlle Z. n'aborda pas les planches ; elle se maria bientôt et nul de nous n'eut l'occasion de la revoir.

Six ou sept ans s'écoulèrent et ma femme, qui avait été longtemps malade, était mourante ; en fait elle expira le lendemain de l'événement que je vais rapporter. J'étais assis au pied de son lit et nous parlions de certaines affaires qu'elle désirait beaucoup voir en ordre ; elle était parfaitement calme et en pleine possession de ses facultés ; ce qu'elle disait était juste et mon avoué, qui trouvait inutile la démarche qu'elle conseillait, était dans son tort. A un moment donné elle changea le sujet de la conversation et dit : « Entendez-vous ces voix qui chantent ? ». Nous répondîmes que non ; elle ajouta : « Je les ai entendues plusieurs fois aujourd'hui et je suis sûre que ce sont les anges qui me souhaitent la bienvenue au ciel. C'est étrange ; il y en a une parmi elles que je connais sûrement, et je ne puis me rappeler à qui elle appartient ». Elle garda un instant le silence puis elle dit en désignant quelque chose dans l'espace juste au-dessus de ma tête : « La voilà dans le coin de la chambre ! C'est Julia Z. ; elle avance ; elle s'appuie sur vous ; elle a les mains levées ; elle prie ; regardez ; elle s'en va ». Je me retournai mais ne vis rien. Ma femme dit enfin : « Elle est partie ». J'attribuai tout cela aux rêvasseries d'une mourante.

Deux jours après, en lisant le *Times*, j'y vis que Julia Z. était morte. Je fus tellement surpris de la coïncidence que deux ou trois jours après les funérailles de ma femme, j'allai voir l'armurier et lui demandai s'il était vrai que sa fille fût morte : « Oui, me répondit-il, la pauvre enfant a été emportée par la fièvre puerpérale ; le jour de sa mort, au matin, elle se mit à chanter et continua jusqu'au moment d'expirer ». Julia Z. mourut le 2 février 1874, vers les six heures du matin. Ma femme mourut le 13 février 1874, vers les quatre heures du soir. C'est le 14 que je lus dans le journal la mort de Julia Z. Ma femme n'avait jamais eu d'autres hallucinations.

Quatrième cas. — L'auteur de ce récit est le révérend Gerrard Lewis, de la paroisse de Saint-Paul, Margate.

La mère de ma femme avait à son service un cocher du nom de P.; celui-ci avait un fils du nom de James Henry P. qui avait été élevé loin de son père par des amis, puis envoyé en apprentissage à Londres. P. ne m'en avait pas parlé plus de deux fois et tout à fait incidemment ; aussi avais-je à peu près oublié son existence. Je ne l'avais jamais vu et probablement n'avais-je jamais pensé à lui.

Je me souviens de ce que je vais raconter, comme si cela m'était arrivé hier. Par une chaude et claire journée d'été, je descendais une large rue et je passais devant la maison de P. Toutes les persiennes étaient soigneusement closes comme pour protéger du soleil le mobilier dont Mme P. était extrêmement fière. J'eus un sourire. Je quittai alors la chaussée, montai sur le trottoir et regardai par dessus la balustrade, dans la cour qui était devant la maison, en contre-bas. Un jeune homme, vêtu de noir, tête nue, paraissant âgé d'une vingtaine d'années, était debout, sur le pas de la porte de service qui ouvrait de la maison sur cette cour, en dessous du perron allant à la porte d'entrée principale. A la ressemblance, je crus reconnaître le fils de M. P... Nous nous regardâmes l'un l'autre. Tout à coup, il vint dans la partie de la cour qui se trouvait en dessous de l'endroit où j'étais, me regarda avec de grands yeux dilatés, dont les paupières demeuraient immobiles, puis il s'arrêta. On lisait clairement sur son visage le désir de parler, quoiqu'aucun son ne sortît de sa bouche. Mais ses yeux, eux, parlaient ; toute sa physionomie exprimait un mélange de reproche et de chagrin. Tout d'abord je fus surpris, puis je ressentis un certain dépit : « Qu'est-ce qu'il a à me regarder ainsi, me dis-je ? » A la fin le dépit fut le plus fort et je m'en allai en disant à demi-voix : « Il me connaît certainement de vue pour un ami de son père et il n'a même pas la politesse de me saluer. A la première occasion, j'irai les voir et lui demanderai les raisons de sa conduite. » Puis je continuai mon chemin et ne pensai plus à l'incident.

Le mercredi, c'était mon tour d'officier au cimetière de la ville. Je demandai qui on enterrait ; on me répondit que c'était un jeune homme de mon quartier qui était mort de phtisie. Je ne sais pas pourquoi, mais aussitôt je me sentis mal à mon aise. Ce n'est pas que je soupçonnai le moins du monde qu'il allait se passer quelque chose d'extraordinaire ; j'éprouvais surtout, je crois, de l'ennui que quelqu'un de ma paroisse fût mort d'une maladie si lente sans que j'en eusse rien su. Je réclamai le permis d'inhumer. Mes yeux tombèrent sur les mots : « James Henry P., 21 ans ». Je crus rêver.

Aussitôt que je le pus, j'allai voir P. et sa femme. Je ne trouvai que cette dernière, mais ce qu'elle me dit n'était pas de nature à me rendre ma tranquillité. James Henry P. ressemblait tellement à son père qu'on ne pouvait pas le regarder sans en faire la remarque. *Pendant les trois derniers mois de sa vie qu'il avait passés chez son père, il s'était souvent demandé pour-*

quoi je ne venais pas le voir ; il désirait intensément ma visite. Toutes les fois qu'il me voyait passer devant la maison sans entrer, il éprouvait un vif désappointement et le disait. *Jusqu'au dernier moment il espéra que je viendrais.* Cette nouvelle me pénétra de douleur. Je n'étais pas allé à lui, mais il était venu à moi ; et cependant j'y serais allé, si j'avais su. J'en veux au médecin et aux parents de ne pas m'avoir averti ; et en me rappelant le regard du fantôme, je m'en veux à moi-même, quoique je ne sache pas pourquoi.

James Henry P. était mort le jeudi et c'est le dimanche d'après que je l'avais vu. Il était mort dans la chambre du rez-de-chaussée qui donnait sur la cour ; son cadavre était resté dans cette chambre jusqu'au mercredi suivant, jour de l'enterrement. Ce cadavre était donc là au moment où le fantôme m'apparut au dehors. Personne n'avait, à ce qu'on m'assura, traversé cette cour ce jour-là ; la porte de service était restée fermée à clef tout le dimanche ; le laitier, le seul visiteur qui fût venu, avait passé par la porte principale. Enfin il n'y avait pas dans la maison d'autres locataires que M. et Mme P.

Cinquième cas. — La personne qui rapporte le cas suivant est connue de MM. Podmore et Massey, membres de la Société pour les Recherches psychiques. Ces messieurs l'interrogèrent soigneusement, examinèrent toutes les preuves qu'elle put fournir, écrivirent la relation en sa présence et lui en firent certifier l'exactitude. — Ici la nature du monoïdéisme nous est inconnue, mais l'homme qui hantait cette maison était mort dans un état particulièrement favorable à la création des idées fixes, des obsessions.

Vers 1872, mon mari et moi nous passâmes u e nuit chez ma tante qui occupait une maison dans un faubourg de Londres. La maison étant très petite, ma cousine dut me céder sa chambre et mon mari partagea le lit de mon cousin. Avant de me quitter, ma cousine insista, sans que j'en pusse comprendre la raison, pour que je n'éteignisse pas le gaz tout à fait ; elle se contenta de le baisser. Vers le milieu de la nuit je me réveillai toute baignée de sueur froide et vis, dans la lumière incertaine, un homme debout près de mon lit. Pensant que c'était mon mari, je l'appelai par son nom et, si mes souvenirs me servent bien, j'étendis la main sans sortir du lit pour ouvrir le gaz. L'homme avait disparu. Alors je sautai du lit ; la porte était fermée à clef et toutes mes recherches dans la chambre furent vaines. Je me sentis prise d'une certaine inquiétude, mais pensant que je devais avoir rêvé, je me remis au lit et me rendormis. Deux fois encore cette même nuit la même cause troubla mon sommeil. Les trois fois je me réveillai toute frissonnante et couverte de sueur glacée pour voir la même apparition près de mon lit. Les deux dernières fois j'en distinguai nettement les traits et l'aspect général. C'était un homme de haute taille, bien fait, plutôt sympathique ; il avait une redingote et une longue barbe rousse. Après la troisième apparition, je laissai le gaz grand ouvert et je pus dormir sans être de nouveau troublée.

Le matin, avant le déjeuner, je parlai de mon aventure de la nuit et ma cousine s'écria : « Eh bien ! maman, maintenant tu me croiras ; je te le disais bien que la chambre était hantée. »

Quand je pénétrai dans la salle à manger où je mettais les pieds pour la première fois, je vis le portrait d'un homme dont je crus reconnaître les traits. « Qui est cet homme ? demandai-je, un de vos voisins ? — C'est quelqu'un que vous avez vu, répondit ma cousine ». Alors je me souvins que c'était la figure de la nuit. Ce portrait était celui du précédent propriétaire de la maison, que ma tante avait prise toute meublée. *Cet homme était mort quelques mois auparavant de delirium tremens*, dans la chambre où j'avais dormi, comme je l'appris alors pour la première fois.

Sixième cas. — Malgré sa forme le récit qui suit a été écrit par le général sir Arthur Becher, de Saint Faith's Mede, Winchester.

11 avril 1884. — Le général Becher, qui avait un emploi élevé dans l'état-major de l'Inde, alla, accompagné de son fils et aide-de-camp, à la station de Kussowlie, dans les montagnes, afin de visiter une maison qu'il avait retenue pour que sa famille vînt y résider durant la saison chaude qui approchait. Cela se passait aux environs de mars 1867. Tous les deux dormirent dans cette maison cette nuit-là. Pendant la nuit, le général s'éveilla tout à coup et vit une femme indigène près de son lit, presque sur le pas d'une porte ouverte qui conduisait à la salle de bains. Il cria : « Qui êtes-vous ? » et sauta du lit ; la femme se retira dans la salle de bains, le général l'y suivit mais ne l'y trouva pas, quoique la porte qui donnait sur le dehors fût fermée à clef.

Il se remit au lit et le lendemain il écrivit au crayon sur un montant de porte : « J'ai vu un fantôme. » Mais il ne parla pas de l'incident à sa femme.

Quelques jours après le général et sa famille prirent possession de la maison pour la saison et lady Becher fit son cabinet de toilette de la chambre où le général avait dormi la nuit en question. Le jour même de leur arrivée, à 7 heures du soir, lady Becher était en train de s'habiller pour le dîner ; elle allait à une garde-robe qui était près de la porte de la salle de bains prendre un vêtement, quand elle vit, tout près, dans la salle de bains, une femme indigène ; sur le moment elle crut que c'était sa propre ayah (domestique indigène) et elle lui demanda ce qu'elle voulait, car, quand lady Becher s'habillait, elle ne permettait jamais à une domestique d'entrer dans sa chambre. Le fantôme disparut comme la première fois quoique la porte donnant sur le dehors fût cette fois encore fermée à clef. Lady Becher ne s'alarma pas outre mesure, bien qu'elle comprît qu'il venait de se passer quelque chose d'insolite ; au dîner elle raconta la chose au général et à son fils ; alors le général mentionna ce qui lui était arrivé à lui-même.

Cette même nuit leur plus jeune enfant, un petit garçon d'environ 8 ans, dormait dans la chambre de ses parents et son lit faisait face à la porte, laissée ouverte, qui conduisait dans le cabinet de toilette et la salle de bains ; au milieu de la nuit il se redressa tout à coup sur son lit tout effrayé et cria en hindoustani : « Qu'est-ce que vous voulez, ayah, qu'est-ce que vous voulez ? » Il semblait voir la forme d'une femme dans la chambre à côté. Sa mère le calma et il se rendormit. Cette fois ni le général ni sa femme ne virent le fantôme qui du reste ne reparut plus, quoiqu'ils aient occupé la maison pendant des mois. Mais trois personnes de la famille l'avaient aperçu successivement. Le général questionna quelques-uns des précédents locataires et apprit d'eux que cette apparition se produisait à peu près régulièrement la première ou les premières nuits où de nouveaux habitants occupaient la maison.

Une femme indigène, remarquablement jolie, avait été assassinée quelques années auparavant dans une baraque à quelques mètres au-dessous de la maison et juste en face de la porte qui donnait entrée dans la salle de bains. Le fils aîné du général qui dormait dans une autre partie de la maison ne vit jamais le fantôme.

Septième cas. — Le cas de hantise qui suit s'est produit dans une maison d'Irlande. Le fantôme a été vu séparément par plusieurs membres de la famille qui ont fourni des rapports par écrit, mais ils n'ont pas voulu qu'on publiât leur nom ni celui de leur résidence. Le récit ci-dessous est celui de l'institutrice Mlle C.

Le mercredi 18 avril 1867, vers les 7 heures 40 du soir, je montais dans ma chambre que je partageais à ce moment-là avec une de mes élèves; arrivée sur le palier je vis distinctement la forme d'une femme, vêtue de noir avec un grand col ou foulard blanc, des cheveux noirs, un visage pâle. Je ne vis que le profil. Elle marchait lentement et entra dans ma chambre dont la porte était ouverte. Je crus d'abord que c'était Marie, la bonne française, qui allait inspecter les habits de l'enfant, mais je remarquai ensuite que cette femme était de plus haute taille et se tenait mieux. Alors je me figurai que c'était une visiteuse arrivée à l'improviste qui se trompait de chambre (cela était déjà arrivé); or comme j'étais toute nouvelle dans la maison, j'éprouvais une certaine timidité pour parler aux étrangers; j'attendis donc à l'endroit où j'étais une minute ou deux que cette dame sortît; mais je ne perdis pas un seul instant la porte de vue. A la fin j'entrai ; il n'y avait personne dans la chambre. Je regardai partout et tâtai même derrière la garde-robe pour m'assurer qu'il n'y avait pas là une porte dissimulée conduisant dans la chambre voisine. Cette idée ne me serait pas venue si j'avais pu m'expliquer de quelque manière la disparition de la dame. Elle n'avait pas sauté par la fenêtre, puisque la chambre était au deuxième étage. Je redescendis et demandai à la cuisinière et à une autre servante si une étrangère était arrivée : on me dit que non. Comme je n'avais jamais ouï dire que la maison fût hantée, je ne trouvai pas d'explication à l'occurrence.

Quelques années après, en décembre 1874, je me retirais pour me coucher vers les dix heures du soir. La maison avait subi quelques modifications. Je vis très nettement une dame en noir penchée sur le feu, dans la chambre de la fille aînée. Elle se couvrait les yeux avec une main et semblait examiner quelque chose auprès du garde-feu. Avec l'autre main elle s'appuyait contre la cheminée. Je m'approchai lentement de la chambre et dit, croyant avoir affaire à la jeune fille : « Prenez garde, C..., vous vous brûlerez le visage, vous êtes trop près de la flamme. » N'obtenant pas de réponse, je répétai mon observation à voix plus haute sans doute, car C... sortit de la chambre de sa sœur et me demanda ce que j'avais, pourquoi j'avais peur qu'elle se brûlât le visage. Il n'y avait plus personne dans la chambre et néanmoins nul n'aurait pu en sortir à mon insu, puisque je me tenais tout près de la porte.

Une autre fois, au mois de septembre, tard dans la soirée, j'étais assise dans la salle de classe avec la porte ouverte, quand j'aperçus de nouveau l'apparition dans le hall inférieur, debout près du côté du poêle le plus éloigné de moi. Je me levai aussitôt pour voir qui ce pouvait être, mais il n'y avait plus personne. Je crois qu'il me sembla que la forme enfilait un escalier, mais je n'oserais l'affirmer, car à cette occasion et pour la première fois je me sentis un peu alarmée, croyant à une intrusion ou à une plaisanterie de mauvais goût. Chaque fois que j'ai vu la « dame noire », elle était vêtue de ce qui me semblait être une robe en serge ou cachemire noir, très doux, formant des plis lourds ; chaque fois elle avait le même col ou foulard blanc autour du cou. Quoi qu'il en soit, je suis aussi sûre de ce que j'ai vu que je suis sûre d'en écrire en ce moment la relation. Or, je ne suis pas une personne facilement émotionnable ; ce serait plutôt le contraire.

En ce qui concerne l'identité du fantôme, voilà ce que j'ai pu apprendre : la plus grande partie de cette maison fut détruite par un incendie en 1752. La chambre à coucher de la jeune fille dont j'ai vu le fantôme semble avoir été tout près de ce qui est maintenant le salon et le hall principal. C'est là que le feu prit, à ce qu'affirment certaines personnes. La porte de cette chambre était fermée à clef, le soir, par les domestiques, *parce que la jeune fille était sujette à des accès de noctambulisme. Elle essaya de se sauver par la fenêtre qui n'était pas très élevée au-dessus du sol, mais le cadre inférieur de cette fenêtre à guillotine lui tomba sur la main en lui coupant trois doigts et la rejeta en arrière dans la chambre embrasée.* La maison fut rebâtie en 1762.

Je n'emprunterai pas d'autre cas au rapport de Mme Sidgwick. Il y en a de très intéressants, le dernier surtout, mais la relation en est trop longue. Son auteur, un pasteur qu'on nous représente comme un homme de beaucoup de lettres et d'une bonne foi absolue, a cru qu'il était en chaire, et il a parlé copieusement.

Voici un cas emprunté au numéro de novembre 1901 du *Journal de la Société pour les Recherches psychiques*. La relation qui suit se trouve dans une lettre écrite au Dʳ Hodgson, le 2 juillet 1901, par une dame Meredith, des Lilas, Cedarhurst, Long Island.

En ce qui concerne la conversation de ma fille Hazel avec son père mort, je puis vous raconter l'incident en peu de mots. Je ne sais pas s'il me serait possible de retrouver la bonne qui fut présente. Le nom de cette femme était Mᵐᵉ Hankin et je crois qu'elle est à Chicago. Mais, comme il y a longtemps que le fait s'est passé et que je perdis sa trace presque aussitôt après, je craindrais de faire des recherches inutiles. Je vais donc vous raconter moi-même sans phrases ce qui arriva.

Ma fille avait environ deux ans lorsque son père, *qui l'adorait*, mourut. Deux mois après sa mort, l'enfant était assise sur le lit, s'amusant avec des joujoux, dans la chambre que mon mari avait occupée de son vivant. La bonne et moi, nous pliions et nous mettions dans des malles les habits du cher disparu. Tout à coup l'enfant se mit à causer et à rire avec quelqu'un qui demeurait invisible pour nous. Je lui demandai ce qu'elle faisait ; elle me répondit comme étonnée de ma question : « Je parle avec papa. » Je demandai : « Où est-il, ton papa ? — Mais ici, répondit-elle. » Je dis : « Ton papa n'est pas ici. » Mais elle maintint le contraire et désigna du doigt l'endroit où elle le voyait, tout près du lit. Puis elle dit : « Maintenant mon papa est parti ! » Enfin elle ajouta en riant tout haut : « Mon papa avait un drôle d'habit tout blanc ! » Elle continua ensuite à s'amuser avec ses joujoux comme si rien ne s'était passé. Elle ignorait la mort de son père ; au moment du triste événement on l'avait envoyée hors de la maison et depuis on lui avait dit simplement que son papa était « au ciel », ce qui ne signifiait rien pour une enfant si jeune.

Naturellement, à l'époque nous parlâmes de l'occurrence en famille comme d'une chose difficile à expliquer. La bonne seule ne démordit pas de l'opinion que l'enfant avait réellement vu ce qu'elle prétendait voir.

On peut se rendre compte par ces exemples pris presque au hasard, de quelle importance sont les monoïdéismes dans les phénomènes de hantise. Or, comme je l'ai dit plus haut, l'autosuggestion et la suggestion sont des monoïdéismes. Le plus puissant de tous est peut-être la suggestion posthypnotique, parce que celle-ci, une fois donnée, agit dans la subconscience et que la volonté ne peut pas venir détruire ce que la conscience normale ignore. Il faudrait donc tenter l'expérience suivante qui, sauf erreur de ma part, a été proposée en 1898 par Frédéric Myers, au congrès psychologique de Chicago et que Carl du Prel a proposée depuis longtemps, dans ses ouvrages. Il faudrait plonger dans l'hypnose des personnes qui vont mourir et leur ordonner de venir hanter, un certain temps après leur mort, un lieu déterminé. Voici ce que dit à ce sujet Carl du Prel dans son dernier livre, son chef-d'œuvre, qui a pour titre : *La mort, l'au-delà et la vie dans l'au-delà*.

« Les monoïdéismes que le mourant a emportés dans l'au-delà se réalisent exactement comme le monoïdéisme artificiel qu'on donne sous forme de suggestion posthypnotique, à un sujet plongé dans l'hypnose. Ce dernier se réveille totalement inconscient de l'ordre reçu ; néanmoins, à l'heure fixée, il l'exécutera ; sans se rendre compte du motif qui le fait agir, il obéira à la suggestion comme un automate. Nous devons aussi admettre que les morts réalisent leurs monoïdéismes en dehors de leur conscience normale de l'au-delà et sans nuire à celle-ci ; c'est ainsi qu'on peut comprendre ce que les noctambules, les hypnotisés, les doubles des vivants et les fantômes des morts ont de demi-inconscient qui tient du rêve. Pour le décédé, au point de vue psychologique, le passage de la vie à la mort n'a pas plus d'importance que pour l'hypnotisé le passage du sommeil à la veille. Notre ignorance seule est cause de l'effroi que nous cause la mort. »

Et plus loin :

« Les conditions, dans lesquelles les monoïdéismes se réalisent, sont les mêmes pour les somnambules et pour les fantômes. Si je donne à un hypnotisé l'ordre posthypnotique de venir me voir dans huit jours, il le fera sans même se douter du motif qui le fait agir. De même un mourant à qui je donnerais la suggestion de m'apparaître à une date et dans un lieu déterminés, emporterait cette suggestion dans l'au-delà et devrait la réaliser. Cette expérience n'a pas encore été faite. Mais en revanche les exemples sont nombreux où des amis se sont mutuellement promis que le premier qui mourrait apparaîtrait à l'autre et où la promesse a été tenue. Quelques-uns de ces cas sont rapportés dans *Les Fantômes des Vivants*. Il est vrai que les insuccès sont plus nombreux que les succès, mais cela ne fait que donner plus de plausibilité à ce que j'avance : ces promesses ne peuvent se transformer en monoïdéismes que si les mourants se les rappellent intensément sur leur lit de mort; or cela doit être rarement le cas. Au moment de mourir nous avons de bien autres préoccupations. »

Ainsi parle Carl du Prel. Malheureusement je crains que cette expérience, avant d'être tentée, n'ait à attendre encore. Ces raisonnements ont beau être la logique même, certains pontifes hausseront les épaules; d'autres, craignant de voir l'expérience réussir, la déconseilleront d'un air scandalisé comme immorale, alors qu'il ne peut pas être plus immoral de donner une suggestion posthume que de donner une suggestion posthypnotique.

Les observations du Dr Hodgson, dans le cas Piper, fournissent une probabilité de plus en faveur du succès de l'expérience. Les personnes qui sont mortes avec des troubles mentaux semblent les conserver longtemps dans l'au-delà ; leurs premières communications sont tout à fait incohérentes. J'ai insisté là-dessus dans mon livre de l'an dernier : *Mme Piper et la Société anglo-américaine pour les Recherches psychiques*. Or un monoïdéisme peut entièrement être assimilé à un trouble mental et doit être emporté dans l'au-delà comme ce dernier.

Toutefois en ce qui concerne les conclusions de Carl du Prel, il faut faire des restrictions. Je crois que son esprit systématique, épris des lignes simples et harmonieuses, a trop généralisé. Tous les phénomènes de hantise sans exception ne semblent pas être dus à un monoïdéisme subconscient ; dans beaucoup de cas on ne peut pas s'empêcher d'attribuer de la conscience et de la volonté à l'agent. Celui-ci semble poursuivre un but déterminé et voulu ; s'il fait peu d'attention à nous, c'est peut-être qu'il nous perçoit mal dans notre carapace de matière. Mais la part de conscience de l'agent, dans les phénomènes qui nous occupent, sera toujours difficile à déterminer : la pensée du percipient ne demeure pas inactive. Ce dernier perçoit une pensée étrangère qui produit une hallucination ; la sienne aussitôt entre en jeu sans qu'il s'en doute et complète la création, lui donne la vie et le mouvement. Le fantôme alors semble très vivant, mais en réalité il n'a que la vie que lui prête celui qui le voit. On ne peut donc sans hésitation bâtir des théories sur les relations même les plus sincères ; il y rentre trop d'éléments divers que nous ne pouvons pas démêler.

D'autre part n'y a-t-il jamais un véritable fantôme possédant une certaine matérialité, n'y a-t-il jamais matérialisation ? Quand des effets mécaniques bien nets sont produits, il doit y avoir autre chose qu'une perception directe de pensée. Une porte qui grince en temps ordinaire s'ouvre sans bruit devant un fantôme ; il n'y a là qu'une hallucination. Mais si une vitre vole en éclats, si un objet est brisé ou déplacé, il n'est plus possible de parler d'illusion des sens. La force, nous l'avons vu, a l'od pour véhicule. L'agent a donc de l'od à sa disposition. Dans les phénomènes de hantise de cet ordre, on trouve toujours dans le voisinage immédiat un de ces êtres bizarres, réservoirs d'od, qu'on nomme des médiums. Ceux des médiums qui donnent lieu à ces phénomènes désagréables sont des déséquilibrés peu évolués, attirant autour d'eux des esprits de même ordre et ceux-ci accomplissent en toute connaissance de cause des actions franchement méchantes ou simplement d'un goût douteux ; tantôt ils brisent ou ils déplacent les objets, tantôt ils se constituent un corps odique plus ou moins grimaçant et se rendent visibles pour jeter intentionnellement l'effroi aux environs. Telle petite bonne entre dans une maison ;

aussitôt tout est mis sens dessus dessous par des êtres invisibles ; elle part, les phénomènes cessent à cet endroit, mais suivent la bonne partout où elle va. Certaines personnes portent la hantise avec elles.

Dans les maisons où des crimes ont été commis et où les cadavres ont été enfouis sur place, on observe souvent des phénomènes de hantise avec effets mécaniques. Les fantômes peuvent, dans ces cas-là, utiliser l'od que le cadavre continue à émettre jusqu'à sa désagrégation complète.

Donc il semble y avoir deux sortes bien distinctes de hantise. Dans beaucoup de cas il n'y a que la perception directe d'un monoïdéisme d'un décédé sans formation d'aucun fantôme réel ; dans d'autres cas au contraire il y a la présence d'un fantôme doué d'un certain degré de matérialité. Il faut admettre la présence de ce fantôme demi-matériel toutes les fois qu'un effet mécanique bien déterminé est produit ; enfin on peut aussi l'admettre quand le percipient a eu une impression de froid : c'est un fait à présent bien connu que les courants odiques donnent une impression de froid ; tous les savants qui se sont occupés de la matière l'ont constaté aussi dans les séances médiumniques et de Rochas l'a constaté aussi dans ses expériences d'extériorisation de la sensibilité. Reichenbach établit qu'un courant odique donnait aux sensitifs une impression de froid même lorsque les instruments accusaient un dégagement intense de chaleur.

Mais en revanche dans les cas comme celui que voici, la logique ne permet pas d'admettre qu'il y ait autre chose que la perception d'un monoïdéisme. Dans un vieux château hanté de la Saxe on voyait depuis des siècles une scène reproduisant un événement tragique ayant réellement eu lieu autrefois: un chevalier poignardait sa fille et l'amant de celle-ci. Les trois personnages ne venaient pas là répéter leur lugubre tragédie depuis des siècles. Ce qu'on percevait n'était qu'un monoïdéisme torturant l'âme d'un des acteurs ou de tous les trois. Ce fait montre aussi, ce qu'on a souvent l'occasion de remarquer, que ces monoïdéismes emportés à l'heure de la mort durent souvent un temps extrêmement long. Tâchons donc de mourir calmes et de laisser ici, en nous allant, les idées trop absorbantes, surtout les idées mauvaises. Ne partons pas avec de la haine sur notre âme. S'il n'y a pas d'enfer extérieur dans l'au-delà, l'âme de beaucoup de ceux qui y sont doit enserrer en elle-même un effroyable enfer.

Voici maintenant des exemples de hantise où la présence d'un fantôme demi-matériel peut être admise et d'autres où il est difficile de ne pas l'admettre.

La relation qui suit est prise dans le numéro

de mars 1901 du *Journal de la Société pour les Recherches psychiques*. C'est une lettre signée Emma Ellis.

Il m'est impossible de décrire la sensation particulière qui m'envahit tout entière une nuit que, vers la minuit, je sentis l'attouchement d'une main ; je pris tout d'abord cette main pour la patte de mon chien favori, qui dormait d'ordinaire sur mon lit ; mais en cherchant à caresser l'animal, au lieu de rencontrer sa fourrure chaude, *je touchai un être froid comme de la glace*. Étonnée, je dressai la tête, et j'aperçus au pied de mon lit une figure divinement belle, de forme ovale, avec des yeux violets très perçants et une bouche appelant la sympathie Je m'écriai : « Que voulez-vous ? » La vision me répondit : « Je viens vous dire que votre fils est arrivé sain et sauf à Perth » ; puis elle s'évanouit, en me déclarant toutefois qu'elle reviendrait. Il était parfaitement vrai qu'à cette heure-là mon fils venait d'arriver à Perth. Elle m'apparut encore une autre nuit pour m'annoncer la maladie d'un des miens et la poste ne confirma que trop la fâcheuse nouvelle.

Quant aux bruits étranges qu'on entend dans la maison, on peut les attribuer à des causes normales ; il n'est pas rare que les rats fassent fonctionner les sonnettes. Mais voilà d'autres bruits plus intéressants :

1º Des bruits de pas dans les escaliers entre 1 heure et 4 heures du matin.

2º Des bruits de pas au-dessus de ma tête ; je fouille les chambres et ne trouve rien.

3º Des coups dans une grille, une nuit, vers les 2 heures du matin, comme si quelqu'un avait cherché à y enfoncer des clous.

Un soir, en allant me coucher vers les 10 heures du soir, je fus effrayée par un adorable visage qui me regardait et se tenait juste à côté de la porte de ma chambre à coucher. Je poussai un cri, fis tomber tout ce qui se trouvait à portée et tombai évanouie. Il y avait plusieurs personnes dans la maison, mais elles jouaient et parlaient si fort qu'elles ne m'entendirent pas. Je ne sais donc pas combien de temps je restai sans connaissance, mais ce que je sais bien, c'est que je n'oublierai jamais la peur que j'ai eue.

Les cas de hantise où la présence d'un fantôme demi-matériel est le plus évidente sont ceux que les Allemands attribuent aux *Poltergeister*, ou esprits tapageurs. J'en donnerai quelques exemples ; je les prendrai, en les résumant un peu, dans le livre déjà ancien de Mrs Crowe, *Les côtés obscurs de la nature*, traduction du Dr Dusart. Mais il ne se passe pas d'année sans que la presse, demi-gouailleuse, en rapporte de semblables, sans compter le nombre, évidemment grand, de ceux qui passent inaperçus ou sont systématiquement cachés.

Sous Frédéric II de Prusse, la cuisinière d'un prêtre catholique, habitant le village de Quarrey, mourut. Il la remplaça ; mais celle qui vint ne put rester. Les feux étaient allumés, les chambres balayées et rangées, tout le service fait par des mains invisibles. Nombre de gens allèrent contempler ce phénomène. Le roi l'apprit : il envoya deux officiers pour éclaircir l'affaire. Comme ils approchaient de la maison, une marche jouée par des musiciens invisibles les précéda. En voyant ce qui se passait, l'un d'eux s'écria : « Cela enfonce le diable ! » Aussitôt la main qui rangeait les meubles lui administra un maître soufflet. Frédéric II fit démolir la maison.

Voici un fait arrivé en 1846, et rapporté par le baron Dupotet. Un matin, des colporteurs, passant devant une ferme, demandèrent un peu de pain à la servante qui le leur donna. Mais l'un d'eux étant ensuite revenu en demander, on refusa de lui en donner encore. Il partit en murmurant de vagues menaces. Ce soir-là, au souper, les assiettes se mirent à danser sur la table, et à rouler par terre sans raison apparente. La servante, allant à la porte, et se plaçant par hasard juste à l'endroit où le colporteur s'était tenu, fut prise de convulsions et se mit à tourner sur elle-même. Un charretier se moqua d'elle, et se plaça par bravade au même endroit : il fut presque suffoqué, et fut précipité dans une grande mare située en face de la maison. On courut demander aide au curé. A peine celui-ci avait-il dit une prière qu'il fut attaqué à son tour ; les meubles oscillaient et craquaient, comme s'ils avaient été ensorcelés. Les pauvres gens faillirent en devenir fous.

Le professeur Schuppart, de Giessen, Hesse, fut persécuté pendant six ans par un Poltergeist. Cela commença par des coups violents frappés une nuit à sa porte ; le lendemain, des pierres furent lancées dans toutes les directions : personne ne fut atteint, mais toutes les vitres des fenêtres furent brisées. Le malheureux recevait nuit et jour des soufflets, et ne pouvait prendre aucun repos. Deux personnes qui vinrent le veiller furent frappées comme lui. S'il voulait lire, sa lampe s'enlevait tout à coup, et allait se placer à l'autre bout de la chambre ; ses livres étaient déchirés et jetés à ses pieds. S'il faisait une conférence, la feuille qu'il lisait lui était arrachée des mains. Fait remarquable, la seule chose qui pût le protéger était une épée nue brandie au-dessus de sa tête. Schuppart raconta ces faits dans maintes conférences et ne fut jamais contredit.

M⁰ Crowe dit tenir le fait qui suit d'une autorité indiscutable, bien qu'on ne l'ait pas autorisée à publier les véritables noms, pour des raisons faciles à comprendre. Mme Hall était intimement liée avec une famille dont un des membres, un jeune officier, recevait d'étranges visites. Un jour, Mme Hall voulut aller passer quelques jours dans cette famille ; mais on lui fit comprendre qu'on ne pourrait pas la recevoir tant que le jeune officier serait présent. « Si ce n'est qu'une question de place, dit-elle, qu'à cela ne tienne, je coucherai avec Mme G. ». Mais non, ce n'était pas cela : le jeune officier était hanté ; et sa mère en tomba malade. Partout où il était, chez lui, au camp, dans un appartement, à l'étranger ou dans son pays, on entendait la nuit dans sa chambre des bruits extraordinaires : il ne pouvait garder de lumière chez lui sans qu'on l'éteignît ; quelque chose allait battant les murs et son lit, faisant grand bruit, et soufflant près de sa figure, mais sans jamais devenir visible. Si un oiseau en cage était dans sa chambre, on était sûr de le trouver mort le lendemain. S'il y avait un chien dans l'appartement, l'animal s'enfuyait aussitôt lâché, et ne revenait jamais. Ce fléau obligea le jeune homme à quitter l'armée : il finit par s'établir en Irlande, où la persécution continua.

On le voit par ces exemples, l'esprit peut demeurer invisible, ou il peut se faire voir. Il peut même dans certains cas acquérir un degré de matérialité absolument invraisemblable. Je vais citer deux cas extrêmes de ce genre, le premier emprunté à Mme Crowe, le second au Rapport, déjà mis à contribution, de Mme Sidgwick. Ce sont des contes, pensera le lecteur. Si ces deux faits étaient isolés, on pourrait en effet les prendre pour de la fiction pure ; mais ils ne sont pas seuls de leur genre. On en trouve un peu partout, depuis l'histoire de la fiancée grecque dont les détails furent envoyés par le préfet de la ville où la chose eut lieu au proconsul de la province, qui les fit connaître à l'empereur Adrien. Cette jeune fille, du nom de Philinnion, six mois après sa mort, revint en chair et en os chez ses parents, et dormit pendant deux nuits avec un jeune homme du nom de Machates. Je n'ai pas le temps d'insister sur les détails.

Cela semble impossible ; mais le vrai peut quelquefois n'être pas vraisemblable. Nous ne devons pas imiter les monistes, qui nient tout ce qui dépasse leur entendement, qui considèrent l'univers comme devant être forcément à leur portée ; si ce ne sont pas eux qui en ont fourni le plan, cela tient simplement à ce qu'ils n'étaient pas encore nés le jour où l'on soumissionna. Nous ne devons pas non plus imiter les chrétiens, qui nient tout ce qui trouble leur quiétude intellectuelle et matérielle. La possibilité des matérialisations temporaires semble établie : on a beau faire, il faut tenir compte des expériences de Crookes avec Katie King, sans parler des autres cas infiniment nombreux observés depuis cinquante ans par des hommes consciencieux. L'esprit se matérialise en dématérialisant le médium, qui perd de son poids en proportion du degré de matérialité du fantôme. Pourquoi ne pourrait-il pas se produire des cas de matérialisation en dehors des séances? Voilà un homme qui meurt; son esprit, très bas, tout entier attaché à la terre, éprouve une intense chagrin de l'accident qui lui arrive ; il veut, de toute sa volonté, revenir parmi les hommes ; c'est chez lui un monoïdéisme d'une intensité inouïe. Or, qui oserait affirmer qu'il ne peut pas, dans certains cas exceptionnels, se reconstituer une forme physique éphémère avec l'od et la matière de son propre cadavre ? « Comment faites-vous pour vous matérialiser? » demandait-on à Katie King. « — Par la force de ma volonté, répondait-elle. » Mais ces choses sont trop loin de notre manière de penser habituelle, et il faudra des montagnes de faits bien constatés pour que nous arrivions à les admettre.

Voici les deux faits que j'ai promis :

Au printemps de 1659, en Silésie, sous le règne de la princesse Elisabeth-Charlotte, un aide-apothicaire, du nom de Christophe Monig, mourut et fut enterré. Mais, à la stupéfaction générale, il reparut dans la boutique quelques jours après : il prenait des boîtes, des pots et des verres sur les rayons et les mettait ailleurs ; il examinait les drogues, les pesait, les pilait, il servait les gens qui venaient avec des ordonnances ; en un mot il faisait tout ce qu'il avait l'habitude de faire autrefois. On comprend l'effroi des autres employés de la boutique, qui n'osaient toutefois rien lui dire en l'absence du maître alors malade. Il prit un manteau dans la boutique et alla se promener par les rues, ne faisant aucune attention aux passants ; il entra chez quelques-unes de ses anciennes connaissances, mais ne parla à personne, sauf à une servante qu'il rencontra tout près du cimetière : il lui dit de rentrer et de fouiller le sol dans une chambre basse de la maison de son maître où elle trouverait un trésor. Mais cette fille saisie à sa vue, perdit connaissance. Il la releva, et, ce faisant, lui fit une marque qui resta longtemps visible. Elle tomba malade à la suite de cette frayeur. On fouilla à l'endroit indiqué, mais on ne trouva qu'une hématite sans valeur. L'affaire fit grand bruit : la princesse régnante fit déterrer le cadavre qu'on trouva en putréfaction et qu'on renterra. Il y eut une discussion publique à ce sujet à l'Académie de Leipzig.

Voici maintenant l'histoire prise dans le rapport de Mme Sidgwick. Le percipient, qui a lui-même écrit la relation, est M. William H. Stone, 1, Park-Avenue Slade-Lane, Levenshulme, Manchester. Le jour même où le fait se passa, M. Stone, très ému, en parla à M. et Mme Whaite et à leur fils. Celui-ci l'attesta à M. Gurney par une lettre datée du 16 octobre 1883.

C'était, je crois, en 1854 ; j'étais alors gérant d'une

importante maison de commission pour les cuirs à Hopstown. Six ou huit jours avant la Saint-Léger, jour où il y a chez nous de grandes courses de chevaux annuelles, je suivais la rue P...; mon habitude était de risquer une livre ou deux à l'occasion de cette fête et j'allais consulter un ami au sujet du cheval sur lequel j'avais joué. En traversant la rue de gauche à droite, qui est-ce que je rencontre ? Un vieux client de mon père. Mon père était autrefois brasseur, et pendant plusieurs années, il avait fourni de la bière à cet homme, qui tenait un débit de boissons : c'était moi qui allais chez lui toucher les factures. Je l'abordai en l'appelant par son nom et lui serrai la *main gauche*, car il avait perdu *la droite* dans un accident pendant sa jeunesse. Il avait à la place un crochet qui, disait-il, lui était fort utile quand il s'agissait de mettre quelque client turbulent à la porte de sa maison. C'était un garçon jovial, pas méchant, d'humeur égale, très aimé de ses clients qui tous jouaient aux courses peu ou prou.

Il avait toujours sa figure rougeaude de campagnard; il était vêtu à la paysanne avec un chapeau de feutre de forme particulière, un mouchoir de soie bleu foncé avec des pois, une chaîne de montre en or faisant le tour de son cou et croisant son gilet ; tous ses vêtements étaient d'une étoffe solide et d'une bonne coupe. Dès qu'il m'aperçut, son visage s'éclaira ; il sembla très heureux de me rencontrer et je puis dire que j'éprouvais le même sentiment à son égard. Remarquez bien que cela se passait en plein jour et pas du tout au clair de lune, ou dans l'obscurité si nécessaire aux histoires de fantômes. Beaucoup de gens passaient et repassaient autour de nous. Vous pouvez bien être sûrs que je ne demeurai pas au milieu de la rue pendant sept ou huit minutes me causant et me serrant la main à moi-même : quelqu'un parmi les passants aurait éclaté de rire, s'il en avait été ainsi. Presque aussitôt après les compliments d'usage, je mis la conversation sur les courses et je parlai des qualités et des défauts de différents chevaux. Il me fournit tous les renseignements que je lui demandai et chacun de nous poursuivit son chemin. Il passait pour un homme bien renseigné sur tout ce qui touchait aux courses, il avait du sang-froid et du jugement ; en fait c'était un homme qui ne s'en laissait pas conter facilement. Je pris quelques notes, lui serrai la main de nouveau et retournai à mes affaires.

Au bout d'un instant, je renonçai à mon intention d'aller visiter mon ami, et je repris le chemin de mon bureau sans me presser. En repassant à l'endroit de la rue P., où j'avais rencontré le débitant de boissons, tout à coup mes jambes faillirent se dérober sous moi. Mais, l'homme à qui je venais de parler était mort depuis quatre ans environ ! Avait-il été enterré vivant ? Quelque terribles qu'elles soient, ces choses-là arrivent. Je ne puis pas me souvenir maintenant des incidents de sa mort et de son enterrement ; mais j'en eus certainement connaissance.

Je demeurai là stupide au milieu de la rue, pouvant à peine respirer. Malgré la chaleur, je sentais un frisson m'envahir ; mes cheveux se dressaient sur ma tête et mon sang se glaçait dans mes veines.

Étais-je malade ? Avais-je trop bu ? Non. Je buvais très peu à ce moment-là, je fumais à peine, je jouissais d'une excellente santé, j'avais un tempérament de fer. Est-ce que quelque chose me troublait l'esprit ? Non, pas le moins du monde. Avais-je bien réellement vu un homme mort ? Que le lecteur en décide : pour moi j'y renonce. M'étais-je trompé d'individu ? J'assure que non. Était-ce quelqu'un qui lui ressemblait ? Impossible : les paroles qu'il prononça ne pouvaient sortir que de sa bouche. Était-ce une hallucination ? Non.

Ce n'était pas une hallucination, ce n'était pas quelqu'un qui lui ressemblait : c'était lui. Comme je l'ai dit, il n'avait que la main gauche. J'avais été en relations d'affaires avec lui pendant des années. Il est vrai qu'il était sorti de ma mémoire, que j'avais oublié sa mort, et que le souvenir ne m'en serait peut-être pas revenu, si je n'avais repassé à l'endroit où je l'avais rencontré. Mais ce n'est pas une raison. On pourra se demander si je suis superstitieux. Je ne le suis pas, et je l'affirme hautement ».

Pour une histoire invraisemblable, voilà une histoire invraisemblable. J'aime à croire que la Société pour les Recherches psychiques ne l'a insérée dans ses *Annales* qu'après s'être bien assurée qu'elle n'avait pas affaire à un commis-voyageur qui s'est cru à table d'hôte avec des collègues, et a voulu raconter « la sienne. » Le style en est gauche et trivial ; l'auteur a écrit comme il parle, en laissant à sa plume la bride sur le cou ; mais on ne peut pas voir cela dans une traduction, surtout si elle est condensée. Il semble que s'il avait voulu tromper, il aurait cherché davantage à faire des phrases. Si cet homme a trompé, c'est qu'il était très fort, et il devait gérer admirablement son commerce de cuirs. En tout cas, c'est bien là le grave inconvénient de ces faits spontanés réunis par voie d'enquête : on ne peut jamais être absolument sûr qu'on n'a pas affaire à un amoral pour qui raconter une histoire mensongère n'est autre chose que faire une bonne farce. Mais quand on sait prendre ses précautions, quand on n'accepte pas au hasard les témoignages des premiers venus, quand on cherche des corroborations à ces témoignages, le nombre des histoires fausses qui se glissent dans la collection doit être très petit. Par le témoignage des hommes, nous n'arriverons pas à la vérité, c'est entendu ; mais la science qui nous occupe devait commencer à recueillir ces témoignages, pour se mettre sur la voie de la vérité : il n'y avait pas moyen de procéder autrement au début.

J'allais omettre ce détail assez défavorable : la Société pour les Recherches psychiques n'a pas réussi à obtenir l'acte de décès du brasseur.

Il n'y a pas que les morts qui puissent hanter. Comme il est facile de l'induire d'après ce que j'ai dit au chapitre VI les vivants le peuvent aussi. Ils peuvent, eux aussi, envoyer au loin un monoïdéisme qui est perçu par les sensitifs; enfin ils peuvent émettre un fantôme odique qui va agir au loin. Mais je ne puis m'arrêter là-dessus, il faut que je termine ce chapitre déjà trop long.

CHAPITRE VIII

Perception directe de la pensée d'autrui dans le sommeil naturel.

Le sommeil et la pensée dans le sommeil. — La prévision de l'avenir dans le sommeil. — Les rêves ordinaires. — Les rêves dus à la télépathie. — Expériences de Wesermann. — Cas spontanés. — Expériences du D' Ermacora. — Rêves dus selon toute probabilité à la pensée d'un mort. — Expériences du D' Van Eeden.

Quand le corps, machine productrice d'od, encombré de déchets ou pour toute autre cause, cesse de fonctionner normalement ; quand le rendement odique n'est plus ce qu'il devrait être en quantité ou en qualité, volontairement l'âme cesse d'agir dans le monde physique ; elle se retire partiellement en elle-même et l'homme dort. Pour moi, le sommeil, au point de vue psychologique, est un phénomène de la volonté: l'homme veille, quand l'âme veut agir dans le monde physique ; il dort, quand l'âme se désintéresse de ce même monde physique. Mais dans le sommeil l'âme ne perd rien de sa puissance ; dans bien des cas on pourrait même dire : au contraire. Un travail intellectuel qui nous a fortement préoccupés pendant la veille, sans que nous ayons pu en venir à bout, est souvent emporté dans le sommeil sous forme de monoïdéisme : là, ce travail se fait tout seul et divinement bien ; le lendemain, nous le trouvons tout prêt dans notre esprit, à notre grand étonnement, et nous nous demandons qui donc a pu faire à notre insu si aisément ce qui nous paraissait si difficile. Si l'âme n'était qu'un produit du corps, le sommeil ne pourrait être qu'un ralentissement ou un arrêt de fonctionnement de cette âme, et en ce cas on ne s'expliquerait pas, non seulement les créations du génie, mais tout travail fait pendant le sommeil.

Mais il y a mieux. Pendant le sommeil, l'âme peut prévoir l'avenir, non pas tout l'avenir, mais l'avenir qui l'intéressera à un titre quelconque. Aujourd'hui les médecins veulent bien admettre cette faculté prophétique de l'âme en ce qui concerne les maladies non encore déclarées, parce qu'ils ont imaginé une explication qui ne détruit pas les systèmes qui leur sont chers. Ces maladies, disent-ils, encore à l'état d'incubation, déterminent des sensations encore trop faibles pour être perçues par l'homme à l'état de veille, au milieu des soucis et du bruit des affaires ;

mais qu'y a-t-il d'étonnant à ce que ces sensations faibles soient perçues dans le silence et le calme du sommeil et déterminent des rêves correspondants. Cela est possible, quoiqu'on soit en droit de se demander comment il peut se faire, si l'âme est le produit du corps, que cette âme, dont les facultés pendant le sommeil doivent être diminuées au moins des deux tiers, puisse percevoir ce qu'elle ne perçoit pas pendant la veille, alors que ces facultés sont au maximum de leur puissance. Mais il n'y a pas que les maladies qui nous menacent que nous entrevoyons d'avance, nous pouvons prévoir aussi, et assez longtemps à l'avance, des événements que rien n'annonce encore. La plupart des phénomènes de paramnésie, sinon tous, sont dus à cette faculté prophétique de l'âme. Nous pouvons prévoir un incendie qui nous causera une émotion profonde, une rixe où nous serons blessés ; comme nous pouvons prévoir un événement de notre vie future d'une importance à peu près nulle ; nous pouvons voir en détail pendant notre sommeil des lieux à ce moment totalement inconnus de nous, mais que nous visiterons en effet plus tard. Dans cette prévision de l'avenir, tout se passe comme si, avant de s'incarner, l'âme avait elle-même arrêté au moins en partie le programme de sa vie dans le monde physique. Ce programme demeure enfoui dans la subconscience ; mais, dans certains cas donnés, un détail peut arriver jusqu'à notre conscience normale sans que nous sachions ni pourquoi ni comment. Les faits de cet ordre sont niés par les savants officiels ; il est certain que s'ils les introduisaient dans leur monisme, ces faits agiraient comme des explosifs dangereux et feraient sauter l'édifice. Mais la négation de la vérité ne peut durer qu'un temps. Quand l'autruche voit le chasseur courir sur elle à fond de train, elle met sa tête sous son aile et se croit en sûreté ; mais le malheureux oiseau ne tarde pas à s'apercevoir de son erreur. Il y aurait à écrire un livre très intéressant, pour lequel il existe des éléments suffisants ; il pourrait avoir pour titre : *La Prévision de l'Avenir dans le sommeil naturel et les états analogues*. Je l'entreprendrai peut-être, si les circonstances me favorisent.

Mais la grande majorité de nos rêves ne sont pas prophétiques ; ils ont une origine bien moins profonde. La suite de tableaux plus ou moins cohérents qui composent un rêve est toujours provoquée par une impression venue de l'extérieur. Cette impression peut être physique, et parvenir à l'âme, comme les autres impressions physiques, par les organes des sens. Un rayon lumineux frappe soudain la paupière close du dormeur, et le voilà qui aperçoit en rêve des flammes, des incendies et des volcans. Un son harmonieux frappe son oreille, et il entend de divines mélodies. On frotte une allumette près de son oreille ; il se voit dehors, au beau milieu d'un orage ; il entend les fracas du tonnerre et les torrents de pluie qui tombent. Le sens de la durée pendant le rêve semble anéanti : en quelques secondes on peut vivre des événements qui, dans l'état normal, prendraient une année ou plus. Ce fait ne doit pas nous surprendre puisque nous savons que l'âme en dehors de la chair ignore le temps, et que le sommeil est un commencement de désincarnation.

Enfin, pendant le sommeil, l'âme peut être frappée directement par la pensée d'autrui, consciente ou subconsciente, et sans tenir compte de la distance, puisque, pour la pensée, il n'y a pas de distance. Ces rêves télépathiques sont très fréquents chez certaines personnes, organisées pour cela, sans doute, qui n'ont même pas besoin qu'il y ait monoïdéisme chez l'agent. En tous cas la perception directe de la pensée d'autrui est en général plus fréquente pendant le sommeil que pendant la veille et cela se comprend, puisque l'âme se trouve pendant le sommeil voisine de l'état où la perception directe de la pensée sera sa perception normale.

Dans les rêves télépathiques, l'âme se contente ordinairement de percevoir et crée peu ; en tout cas, elle crée moins que dans les rêves d'origine physique ; en d'autres termes, dans les rêves déterminés par une pensée venant frapper l'âme, la plus grande partie des détails représentent une réalité, quoiqu'il y en ait dans le nombre qui soient évidemment une addition de l'âme percipiente. Dans les rêves d'origine physique, au contraire, tous les détails, sauf l'impulsion première, sont dus à l'imagination créatrice de l'âme.

Dans ce chapitre, je me propose ainsi que le titre l'indique, d'étudier rapidement la perception directe de la pensée d'autrui pendant le sommeil, que cette pensée vienne d'un vivant ou d'un mort. Je donnerai le plus grand nombre possible de faits.

Dans ce domaine, l'expérimentation directe est jusqu'à un certain point possible; mais on y a peu recouru jusqu'aujourd'hui : on n'essaye pas de corroborer par l'expérimentation directe des faits qu'on ne veut admettre à aucun prix. Les cas spontanés sont donc les plus nombreux. Voici cependant, telles que les rapporte le Dr Ermacora, quatre expériences de Wesermann où des rêves sont produits volontairement par la pensée d'un vivant qui se trouve à distance. Les percipients sur lesquels Wesermann s'efforçait d'agir n'étaient jamais prévenus d'avance.

1º — Wesermann avait l'intention de se rendre le lendemain auprès d'une personne, habitant à cinq milles de distance, qu'il n'avait pas vue et à qui il n'avait pas écrit depuis treize ans. Il s'efforça de la prévenir en lui apparaissant en songe. Quand le lendemain il alla la trouver, celle-ci lui manifesta son étonnement de l'avoir vu en songe la nuit précédente.

2° — Wesermann se proposa de faire rêver à une dame qui habitait à une distance de trois milles qu'elle lui parlait, à lui et à deux autres personnes, d'un certain secret. Trois jours après il alla visiter cette dame qui lui raconta avoir fait précisément ce rêve.

3° — Dans cette expérience une personne, se trouvant à une distance d'un mille, devait voir en songe les funérailles d'un ami décédé de Wesermann. Le rêve eut lieu avec une erreur ; dans son rêve le dormeur demanda qui on enterrait ; on lui répondit que c'était Wesermann. Ce détail est intéressant ; il prouve que le percipient eut une représentation de l'agent bien que celui-ci n'eût pas eu l'intention de la transmettre et bien que cette représentation ait été mal interprétée.

4° — Le Dr B... désirait être convaincu de la réalité de ces faits. Wesermann le fit rêver d'une rixe nocturne dans la rue ; l'agent et le percipient se trouvaient à une distance l'un de l'autre d'un demi-mille. L'expérience eut lieu dans des conditions de nature à convaincre le Dr B... de la possibilité de l'action mentale à distance.

Ceux qui voudront suivre l'exemple de Wesermann ne devront pas se laisser décourager par les échecs du début. Ces expériences, pour réussir, exigent de l'agent un entraînement, l'habitude d'intensifier sa pensée et de la diriger où il le désire.

Citons maintenant des faits spontanés. Les deux cas ci-dessous sont empruntés au *Journal de la Société pour les Recherches psychiques*, numéro de janvier 1902. C'est la percipiente elle-même qui les raconte :

C'était, je crois, en février 1889 (mon fils pourrait vérifier la date) mon fils G. était sur le point de passer son examen de sortie de Woolwich. J'étais alors à Guernesey ; la veille de l'examen je reçus une lettre très découragée de mon fils, me disant de ne pas espérer pour les sapeurs ; il ne passerait pas en assez bon rang pour cela. J'eus alors un rêve très lucide dans lequel je le vis sortir huitième et entrer dans le génie. Je lui écrivis : « J'ai rêvé que tu sortais le huitième, dans les sapeurs, je m'y attends ». Quelques jours après arriva son télégramme : « Je suis sorti le huitième, dans les sapeurs ». Quand il vint, nous comparâmes nos notes et il me dit : « Ton rêve a eu lieu juste au moment où les examinateurs additionnaient les notes ; on dirait que tu étais penchée sur leur épaule, pendant qu'ils dressaient la liste. »

Un autre rêve très curieux fut le suivant : G... partit pour la Sierra-Leone en octobre 1891. En mars 1892 je crois, j'eus l'un de ces rêves si nets que je pourrais les dessiner. Il me semblait être debout sur les bords d'une rivière des tropiques, surveillant anxieusement un long bateau qui s'approchait lentement de moi en descendant le courant. Je cherchais G... mais ne pus apercevoir que trois ou quatre officiers affalés çà et là comme brisés de fatigue. Où était G.? On amena le bateau plus près du rivage avec une perche et j'eus une violente émotion : mon fils était couché de tout son long au fond du bateau ; ses yeux étaient fermés et il était tout pâle. Le bateau s'arrêta à mes pieds. G. ouvrit les yeux, sauta à terre et me serra dans ses bras en disant : « Mère bien-aimée, ne t'alarme pas ; je suis solide comme un chêne. » Quand il revint en Angleterre et que je commençai à lui raconter mon rêve, il m'arrêta : « Attends que je te pose des questions, dit-il ; dans quelle direction coulait la rivière ? » — « De ma gauche à ma droite, répondis-je, et il y avait au milieu quelque chose qui obstruait le courant et qui était surmonté d'une fougère géante ou d'un petit arbre. » — « Oui, oui, c'est parfaitement exact, dit G., mais dans quelle sorte de bateau étais-je ? » — « Un bateau noir, très long, comme je n'en ai jamais vu ; au bout se trouvait une estrade où se tenait un nègre manœuvrant l'embarcation avec une perche particulièrement longue. » — « C'est la description exacte du bateau ; un nègre le manœuvrait avec une très longue perche, je m'en souviens très nettement. J'avais été sur pied toute la nuit avant que nous ne prenions la ville palissadée de Tambi, occupé à creuser un puits ; aussi j'étais rompu de fatigue et pendant que les autres dormaient affalés çà et là dans le bateau, j'étais le seul couché au fond tout de mon long ; je dormais comme une souche et ne m'éveillai que lorsqu'on aborda. »

Le cas qui suit est pris dans le numéro de juillet 1902 du même Journal. Le percipient a adressé la lettre suivante à M. Piddington :

6 octobre 1901. Cher monsieur, en lisant votre lettre au *Spectator* du 5 courant, j'ai pensé à une coïncidence qui eut lieu à la fin du mois d'août dernier et qui pourrait peut-être avoir de l'intérêt pour vous. J'ai de l'attachement pour une jeune fille. A l'époque dont je parle, je résidais tout près de Peterborough et la jeune fille en question résidait chez ses parents, dans un port de mer du Yorkshire. Une certaine nuit très noire et très orageuse, j'éprouvai de la peine à m'en-

dormir. A la fin je m'assoupis et le visage de Mlle D. m'apparut; à ma grande surprise, l'une des joues était très enflée et la malade en semblait grandement affectée. Je me dressai sur mon lit et lui parlai; cela m'éveilla et je m'aperçus que j'avais rêvé. Je m'endormis de nouveau et rêvai que je suivais une rue; tout à coup, j'entends un cri au-dessus de ma tête, je lève les yeux et je vois le visage de Mlle D. à une fenêtre par laquelle s'échappent de la fumée et des flammes. Je me précipite dans l'escalier jusqu'à elle, mais ne vois que son visage flottant dans la fumée et très enflé. J'essaie de la saisir et m'éveille en poussant un cri. Ce rêve me laissa de l'inquiétude, je ne sais pourquoi.

Au matin, j'écrivis à Mlle D. et lui racontai tout ce que je viens de vous raconter à vous-même. Jugez de ma surprise, quand le surlendemain j'eus sa réponse, où elle me disait que la nuit en question elle était allée voir une maison en feu, la villa de Mme K. située sur le bord de la mer. Elle avait eu froid et s'était couchée avec une enflure énorme du visage; toute la nuit, elle avait atrocement souffert du mal de dents.

Pour avoir des rêves télépathiques, il n'est même pas nécessaire d'être dans un sommeil profond; il suffit que l'on se trouve dans cet état intermédiaire entre la veille et le sommeil où momentanément on se désintéresse des préoccupations de la vie. Voici un cas où le rêve prit la forme d'une vision d'une extraordinaire netteté. Il se trouve dans le numéro de février 1901 du *Journal de la Société pour les Recherches psychiques*. Le percipient, qui raconte le fait lui-même, est M. David Fraser Harris, maître de conférences à l'Université de Saint-André.

Il y a quelques années, une affaire urgente m'empêcha de revenir chez moi à Londres à la fin de la semaine. Ne me souciant pas de passer le dimanche à Manchester, j'allai dès le samedi après-midi à Matlock Bath, bien résolu à y passer tranquillement mon dimanche et à rentrer chez moi le lundi par un train du matin. En arrivant à destination, un petit hôtel de famille situé tout près de la gare, je demandai aussitôt du thé et j'entrai au salon pour me chauffer, car c'était une journée de janvier très froide, avec de la neige en abondance ; le thermomètre marquait un nombre respectable de degrés au-dessous de zéro.

Je me trouvais être le seul voyageur qu'il y eût en ce moment à l'hôtel et, en attendant mon thé, je m'installai bien confortablement dans un grand fauteuil vis-à-vis d'un feu tout ragaillardissant. Il ne faisait pas encore assez noir pour allumer le gaz et il ne faisait plus assez clair pour pouvoir lire. Je tournais le dos à la fenêtre et je ne pensais à rien de particulier ; j'étais dans un état *de tranquillité et de passivité*, quand tout à coup je perdis la notion du milieu où je me trouvais. Au lieu de la muraille noire et des cadres qui y étaient suspendus, je vis en face de moi la façade de ma maison de Londres ; ma femme était debout sur le pas de la porte et parlait à un ouvrier qui tenait un grand balai dans ses mains. Ma femme avait l'air très affligé et il y avait en moi une certitude que l'homme était dans une grande misère. Je n'entendais pas leur conversation et je ne pouvais pas l'entendre, mais un je ne sais quoi de très fort me disait que ce malheureux demandait à ma femme de lui venir en aide. A ce moment le domestique m'apporta mon thé ; ma vision s'évanouit et je me rendis compte de nouveau du lieu où je me trouvais. Néanmoins l'impression produite sur moi par cette vision était si profonde, j'étais si convaincu d'avoir vu quelque chose de réel, qu'après avoir bu mon thé j'écrivis à ma femme pour lui communiquer ce qui venait de m'arriver ; je la priais de prendre des informations au sujet de cet homme et de lui venir en aide autant que faire se pourrait.

Voilà exactement ce qui s'était passé à Londres. Un jeune garçon vint frapper à la porte de ma maison, qui est au bas mot à 140 ou 145 milles de l'endroit où je me trouvais : il s'adressa à la servante et s'offrit à balayer pour un sou la neige qui encombrait le trottoir et le seuil de la maison. Pendant que le garçon parlait, arrive un pauvre diable en haillons qui dit : « Je vous en prie, donnez-moi la préférence ; cet enfant dépensera probablement à acheter des bonbons le sou que vous lui donnerez, tandis que moi j'en ai besoin pour acheter du pain. J'ai une femme et quatre enfants à la maison, tous malades ; rien à manger, pas de feu, rien à mettre en gage et nous devons notre loyer. » La servante pria l'homme d'attendre et alla avertir ma femme qui vint parler au malheureux. Il répéta ce qu'il venait de dire, ajoutant qu'il était peintre en bâtiment sans travail, qu'il avait été malade, que toute sa famille était dans la plus profonde misère, mais qu'avant de s'adresser à l'assistance publique il voulait essayer de trouver un travail quelconque.

C'était cette scène que j'avais vue au moment précis où elle se passait ; *elle m'avait été transmise probablement par l'impression que la misère de ce pauvre homme fit sur l'esprit de ma femme.*

Voici la fin de l'histoire. Ma femme dit à l'homme qu'elle irait chez lui dans la soirée et verrait ce qu'elle pourrait faire. L'homme avait dit vrai. Ma femme donna ce qu'elle put en argent, vêtements, nourriture et combustible. Inutile d'ajouter que ma lettre, qui lui parvint le lundi matin, lui causa une vive surprise. Quelques jours après je vis l'homme moi-même ; c'était bien à ne pouvoir s'y méprendre celui que j'avais aperçu dans ma vision. Il trouva par la suite une place de laitier et vint distribuer du lait dans notre quartier pendant au moins deux ans.

Avant de donner des exemples de rêves dus à peu près incontestablement à un agent désincarné, je dois parler de remarquables expériences du Dr Ermacora : elles me serviront de transition ; car, alors que pour certains les rêves dont il va être question ont été provoqués sans conteste possible par un être de l'autre monde, d'autres n'y veulent voir que la transmission à l'enfant, par l'intermédiaire de sa parente, de la pensée du médecin. *Adhuc sub judice lis est.* Tout ce qu'on peut dire, c'est que la première hypothèse est moins invraisemblable, moins tirée par les cheveux que la seconde. Je vais traduire le Dr Ermacora, en condensant certaines phrases.

Mlle Marie M., dont je me suis déjà souvent occupé dans la *Revue des Etudes psychiques* (1), à propos de ses perceptions prémonitoires, avait chez elle au moment de ces expériences une enfant de 5 ans, fille d'une

(1) La même que M. César de Vesme publie aujourd'hui en français. Le Dr Ermacora en fut le fondateur et naturellement il la rédigeait en italien.

parente décédée. Cette enfant était la percipiente ; l'agent était une de ces personnalités qui se manifestent par l'écriture automatique ou dans le somnambulisme de Mlle M. Celle-ci avec sa personnalité normale s'est montrée jusqu'aujourd'hui incapable de toute action télépathique.

Voici comment avaient lieu les expériences. Pendant que se manifestait la personnalité médiumnique *Elvire*, je proposais à celle-ci le programme de ce qu'elle devait, la nuit suivante, faire rêver à la fillette. Le lendemain l'enfant elle-même ou Mlle Marie M. ou le plus souvent la mère de cette dernière que la fillette choisissait plus volontiers pour confidente, me racontait le rêve.

Les expériences furent au nombre de 100, divisées en deux séries ; la première série déjà publiée en comprend 71. Sur ces 71 expériences il y eut 35 succès complets, 19 succès incomplets et 17 insuccès. Mais parmi ces 17 insuccès, 4 ne le furent qu'en apparence, — il serait trop long d'en exposer ici les raisons, — 10 s'expliquent par des circonstances défavorables ; il n'y eut donc en tout que 4 insuccès véritables.

Les rêves étaient de deux sortes. Les uns avaient pour sujet des scènes animées ; mais, pour écarter toute coïncidence, j'évitais les scènes qui auraient pu se présenter spontanément à l'esprit de l'enfant ; je choisissais de préférence celles qui me semblaient le plus incompatibles avec son âge, ses connaissances et ses idées dominantes, comme une ascension en ballon, une tempête sur mer, une excursion en montagne.

Les autres rêves avaient pour sujet une figure que je montrais à Mlle Marie M. durant quelques secondes alors que se manifestait la personnalité Elvire ; l'enfant devait voir cette figure en songe et la reconnaître le lendemain au milieu d'un grand nombre d'autres. Les figures dont je me servais avaient une signification scientifique ou technique ou bien elles n'en avaient aucune et ne formaient que des taches informes ; en tout cas j'évitais celles qui présentaient quelque particularité pouvant se communiquer de vive voix et pouvant servir à les faire reconnaître. Pendant que la personnalité Elvire prenait connaissance de la figure, je cachais soigneusement les bords de la page sur laquelle elle se trouvait sous du papier opaque, afin qu'on ne pût voir ni le numéro, ni aucun autre signe pouvant servir d'indication. Souvent j'introduisais une difficulté additionnelle en chargeant Elvire de faire voir la figure à l'enfant non dans la position où elle l'avait vue elle-même, mais retournée d'une certaine façon. Même dans ces cas-là les résultats furent concluants.

Je n'avais aucune raison pour douter de la bonne foi des personnes qui se prêtaient à ces expériences. Je n'en pris pas moins toutes les précautions que j'aurais prises si je m'étais attendu à une fraude systématique. Je craignais surtout que Mlle Marie M. ne tombât en trance — quoique cela n'arrivât jamais en mon absence — et ne donnât dans cet état une suggestion verbale à l'enfant endormie ; je pris donc mes mesures en conséquence. Naturellement quand j'énonçais le programme du rêve à Mlle Marie M., l'enfant était loin et ne pouvait entendre ; d'ordinaire, je le faisais le soir alors que l'enfant dormait déjà ; souvent, aussitôt que j'avais donné le programme ou montré la figure, j'enfermais Mlle Marie M. ou l'enfant dans une chambre et j'apposais sur la porte des scellés que je brisais moi-même le lendemain matin. Ces précautions semblèrent plutôt favoriser les succès. Voici quelques-unes des considérations qui me font croire qu'il y eut bien production de rêves par action télépathique :

Ni moi ni Mlle M. ne pûmes jamais déterminer de

rêves chez l'enfant par suggestion verbale alors qu'elle dormait.

L'enfant interprétait souvent de travers ce qu'elle voyait en rêve, ce qui tendrait à démontrer qu'elle percevait bien des images et non des idées communiquées par la parole.

Souvent j'introduisais dans le songe des circonstances qui ne pouvaient entrer dans le champ de vision de l'enfant pendant que le rêve avait lieu; quelques-unes de ces circonstances auraient probablement été transmises si la suggestion avait été verbale; or cela n'arriva jamais.

Dans les rêves qui avaient pour sujet une figure dépourvue de signification autant pour Mlle M. que pour l'enfant, il était impossible que cette dernière pût, sur de simples indications verbales, la distinguer d'un grand nombre d'autres qu'avec intention je choisissais du même type.

Conformément à ce qui arrive dans les rêves télépathiques spontanés, les rêves de l'enfant furent souvent d'une extraordinaire lucidité.

Les expériences de la seconde série furent faites en 1891 avec les mêmes sujets et dans les mêmes conditions. Leur nombre est de 29, parmi lesquelles il y eut 19 succès complets, 2 incomplets, le 74 et le 90, mais plus instructifs que beaucoup de succès complets; il y eut 8 insuccès, parmi lesquels 7 bien justifiés et qu'il était facile de prévoir, parce que, ces nuits-là, le sommeil de l'enfant ne fut pas calme à cause d'indispositions. Ces songes, sauf le premier, eurent tous pour sujet des changements de personnalité souvent tout à fait extravagants. Pour mettre mieux à l'épreuve l'hypothèse de la suggestion verbale, souvent les soirs je suggérais moi-même ou faisais suggérer verbalement par Mlle M. en ma présence, un rêve à l'enfant déjà endormie. Bien que les rêves ainsi suggérés fussent très simples et à la portée de l'enfant, ils n'eurent pas lieu alors que les autres qui ne réalisaient pas ces conditions — au contraire — avaient lieu.

Voici quelques-uns des résultats :

N° 74. — Sujet du rêve : *la fillette sera un officier d'artillerie sur le champ de manœuvre ; elle commandera des exercices de tir et il surviendra divers incidents déterminés.*

Après avoir reçu la communication du programme ce soir-là, Mlle Marie M. voit encore pendant de courts instants l'enfant qui est déjà au lit ; mais elle ne lui adresse pas la parole et se retire bien vite dans sa chambre. Sa mère va se coucher avec l'enfant dans une autre chambre et s'enferme à clef.

Le songe ne se réalisa qu'incomplètement ; il y manqua un des incidents ; mais néanmoins ce songe est particulièrement intéressant parce que Mme Annette M., la mère de Mlle Marie M. en eut connaissance au moment où il eut lieu. Vers 4 heures du matin elle fut réveillée par l'enfant qui s'agitait dans son sommeil et criait : « Grand-maman, que de feu ! que de feu ! » A part ces cris, tout était tranquille ; Mlle M. dans la chambre à côté ne bougeait pas. Au matin avant de quitter le lit et avant que Mme Annette M. n'eût ouvert la chambre, l'enfant raconta son rêve qui, sauf un détail, correspondait au programme.

N° 76. — Sujet du rêve : *L'enfant sera un ouvrier forgeron sans emploi qui ira demander du travail au maréchal ferrant qui demeure dans une certaine rue de Padoue. Celui-ci, pour mettre à l'épreuve l'habileté de l'ouvrier lui donnera un fer à cheval à façonner. Tandis qu'Angéline-forgeron le forgera, le fer tombera en pièces et on la remerciera pour cela.*

Je prie ensuite Mlle M. de suggérer en ma présence à l'enfant qui dort déjà, qu'elle va jouer avec des boutons célestes. Mlle M. se retire aussitôt après dans sa chambre où je la mets sous scellés. En outre l'enfant demeure pendant la nuit sous la surveillance de Mme Annette M, comme au n° 74.

Au matin je trouve les scellés intacts ; le rêve s'est réalisé dans les moindres détails ; l'enfant ne peut pas dire le nom de la rue mais elle la désigne parfaitement. Pas trace de rêve de boutons.

N° 80. — Sujet du rêve : *L'enfant sera un berger et conduira les chèvres au pâturage dans la montagne. Elle s'apercevra qu'il lui en manque trois ; en revenant sur ses pas pour les chercher, elle rencontrera une dame vêtue de bleu avec une ombrelle bleue qui lui dira que les trois chèvres sont tombées à la rivière.*

Après avoir pris connaissance du programme, Mlle Marie M. qui est au lit indisposée ne voit pas la petite Angéline, qui est couchée de son côté dans une autre chambre et que je confie aussitôt à la surveillance de Mme Annette M. Cette dernière passe la nuit avec l'enfant après s'être enfermée intérieurement. Succès complet dans tous les détails. Dans le récit qu'elle fit de son rêve à Mme Annette, l'enfant ne dit pas qu'elle était un berger mais qu'elle « marchait dans un lieu élevé avec un bâton à la main et qu'elle avait avec elle beaucoup de *chiens avec des cornes* ». Mme Annette M. qui *comme toujours ignorait le programme* lui dit : « Mais les chiens n'ont pas de cornes ; ce seront les oreilles que tu auras prises pour des cornes. » L'enfant répondit : « Non, non, c'étaient bien de vraies cornes. »

N° 82. — Sujet du rêve : *L'enfant sera une fourmi qui traînera une miette de pain.*

Même contrôle qu'au n° 80. Succès complet avec un détail très intéressant. L'enfant dans le rêve eut bien l'impression d'être une fourmi ; mais elle se voyait elle-même d'un point extérieur situé dans une substance vaporeuse, substance qu'elle reconnaissait aussi pour elle-même. Or cette espèce de dédoublement est assez fréquent chez M¹¹ᵉ Marie, qui transmit ainsi télépathiquement à l'enfant un état de conscience que celle-ci ignorait certainement auparavant.

N° 90. — Sujet du rêve : *L'enfant sera un éléphant qui chassera le tigre dans l'Inde ; elle portera sur son dos un Anglais et un Indou ; autres détails.*

Même contrôle qu'au n° 80. Le succès n'est pas complet, les détails manquent ; mais l'enfant rêva d'être « une bête très grande avec un nez très long ; elle portait *des enfants* sur son cou et voyait des roseaux et des arbres, mais pas de maisons. » L'erreur *des enfants* est très intéressante pour la raison suivante : quelques jours auparavant j'avais raconté à M¹¹ᵉ Marie que dans l'Inde, à ce qu'on prétend, certains éléphants prennent soin des enfants et les portent à la promenade sur leur dos ; tout cela l'avait vivement intéressée. La percipiente dit qu'elle n'avait pas vu ceux qu'elle portait mais que, dans son rêve, elle savait que c'étaient des enfants. M¹¹ᵉ Marie m'assura qu'elle était certaine de ne pas avoir fait part de mon histoire à la fillette.

N° 98. — Sujet du rêve : *L'enfant sera un Français, professeur de chimie à l'Université de Tokio. Un ami lui enverra en cadeau 10 bouteilles de Bordeaux en le priant d'analyser ce vin pour savoir s'il contient du fer ; on y trouvera du fer.*

Ensuite je prie M¹¹ᵉ Marie de donner verbalement trois ou quatre fois à l'enfant, qui dormait déjà dans une autre chambre, la suggestion de rêver qu'elle joue avec une balle rouge.

Même contrôle qu'au numéro 80. L'enfant raconte comme à l'ordinaire son rêve à Mᵐᵉ Annette qui me le rapporte. Dans le rêve elle était un vieux monsieur qui enseignait à des jeunes gens *parlant une autre langue*. Un autre monsieur lui envoya en cadeau quelques bouteilles de vin, elle ne sait pas le nombre exact, mais croit qu'il y en avait 8 ou 9. Elle versa dans ce vin un peu du contenu d'un flacon et le vin devint *tout noir*. Elle ajoute que dans ce vin il y avait du fer. Mme Annette qui ne comprend pas le sens de ces paroles lui dit : « Mais si ce vin avait contenu du fer, ce fer aurait cassé les bouteilles. » A cette remarque l'enfant répond : « Non, non ; le vin avait simplement un goût de fer. »

La réaction chimique rêvée par l'enfant est conforme à la réalité ; le fer produit réellement une coloration très sombre. Or, il faut noter que ni la fillette ni Mme Marie n'ont la moindre notion de chimie. On serait donc en droit de supposer l'intervention d'une autre intelligence. Aucun rêve de balle rouge. »

Je vais maintenant donner quelques exemples de rêves dus selon toute probabilité à la pensée d'un mort. Pour être en droit d'attribuer à un mort l'origine d'un rêve, il ne suffit évidemment pas que ce mort ait été l'objet de ce rêve ; nous ne pouvons pas en effet aller l'interroger et lui demander si c'est lui qui a voulu se rappeler à notre souvenir. Il faut qu'il y ait dans le rêve une finalité bien déterminée, un but précis que le mort en question seul peut poursuivre.

Voici un cas traduit du livre de Carl du Prel *La mort, l'au-delà et la vie dans l'au-delà.*

Schlichtegroll dans son *Nécrologe* pour l'année 1795 raconte ce qui suit : En 1775 un certain Klockenbring de Hanovre perdit son ami Strube. Ils s'étaient souvent entretenus ensemble de l'état de l'homme après la mort et s'étaient mutuellement promis que le premier qui mourrait viendrait donner des nouvelles au survivant. Peu après la mort de son ami, Klockenbring rêva qu'il recevait une lettre de Strube ainsi conçue : « Mon cher Klockenbring, il existe une vie après la mort ; cette existence est bien meilleure que vous et moi ne l'avions supposé et très différente de ce que nous imaginions. Adieu. » Puis en post-scriptum il y avait : « Surtout n'allez pas croire que ce soit-là un rêve ; je tiens ma promesse de vous donner de mes nouvelles et je n'avais pas d'autre moyen que celui-ci. »

La plupart des pensées apparemment émanées d'un mort qui sont perçues par les sensitifs, à l'état de veille sous forme d'hallucinations, pendant le sommeil sous forme de rêves, sont des pensées envoyées au percipient incarné par l'agent désincarné immédiatement ou au moins très peu de temps après la mort de ce dernier. Cela s'explique aisément. Si la mort, au lieu d'être un anéantissement, n'est que le passage de l'homme dans un monde de vie plus haute, ceux d'entre nous qui n'emportent pas quelqu'un de ces terribles monoïdéismes dont nous avons parlé, doivent perdre assez promptement les préoccupations de la terre. Il est probable qu'ils continuent dans la plupart des cas, à penser à leurs parents et à leurs amis, encore vivants, mais ces pensées n'ont bientôt plus assez d'intensité pour venir affecter ceux qui dorment encore dans la chair, comme s'exprime George Pelham en parlant de ses amis vivants. Cette circonstance a permis à ceux qui admettent la télépathie entre les vivants sans vouloir admettre la survie, de fournir une explication spécieuse. Quand un sensitif perçoit la pensée d'un mort plusieurs heures après que tout est fini, ce n'est pas, disent-ils, parce que celui-ci continue à vivre quelque part au moment du phénomène ; la pensée perçue a été émise au moment de l'agonie ou avant ; elle est venue aussitôt frapper la subconscience du percipient, mais là elle a dû attendre une circonstance favorable, pour remonter à la surface de ce gouffre qui est la subconscience et venir produire un phénomène perceptible pour la conscience normale. Il y a cependant des cas nombreux qui ne s'accommodent que difficilement de cette explication. En voici trois exemples pris dans le VIIIe volume des *Annales de la Société pour les Recherches psychiques* et rapportés par Frédéric Myers.

Dans le livre *Les Fantômes des Vivants* est rapporté un fait qui peut se résumer ainsi : En mars 1857, Mme Menneer rêva en Angleterre qu'elle voyait son frère, qui se trouvait elle ne savait où, debout auprès de son lit, mais sans tête ; la tête était à côté de lui sur un cercueil. On apprit plus tard que ce malheureux avait été assassiné par des Chinois à Sarawak et que la tête avait été séparée du tronc. Puis par une lettre du rajah de Sarawak on eut des détails qui feraient croire que c'était bien plutôt la pensée d'un mort que la pensée d'un mourant que Mᵐᵉ Menner avait perçue. Le corps de la victime avait été brûlé par les meurtriers ; la tête seule, qui avait été portée en triomphe et qui fut rendue le jour suivant, demeura pour attester le crime ; seule, elle put être mise dans le cercueil. Ne semble-t-il pas que la victime, dans la vision qu'elle envoya à sa sœur, ait voulu lui dire : On m'a tué, on m'a coupé la tête, et celle-ci seule sera mise dans le cercueil. C'était là un détail que le mort pouvait savoir, mais que le mourant devait forcément ignorer.

Mˡˡᵉ A..., institutrice native de Zurich, connue de Frédéric Myers, a raconté à ce dernier, entre autres faits, ce qui suit :

Le 31 mai 1887, ma mère bien-aimée mourut. Je l'avais soignée pendant sa maladie. Avant qu'elle n'expirât, je lui demandai de m'avertir toutes les fois qu'un événement d'importance devrait arriver dans notre famille. Elle me promit de le faire, autant que cela lui serait possible. En décembre 1889, je quittai la Suisse pour aller à Londres. Là je trouvai pour quelque temps une place d'institutrice près de Welwyn. En février 1890, ma mère m'apparut en rêve : elle tenait à la main trois petits bouquets composés chacun d'une primevère entourée de feuilles vertes. Elle me fit signe d'en choisir un. Je tendis la main vers celui du milieu ; mais avant que j'eusse pu le saisir, la fleur tomba. Ma mère alors me montra la fleur qui gisait sur le sol et se détourna toute triste. Le rêve fit sur moi une profonde impression parce que j'avais trois frères, dont le cadet avait été spécialement recommandé à mes soins par ma mère. Je m'informai de sa santé ; mais il se portait très bien. Au mois de juin d'après, je revis ma mère en rêve, telle qu'elle était sur son lit de mort ; ce rêve se répéta trois fois, et la troisième fois je vis en même temps mon frère, dont les joues étaient rouges de fièvre. Alarmée, le lendemain j'écrivis chez moi ; mais il ne s'y passait rien d'anormal et je fus rassurée. Quelques mois après, je rêvai que mon frère était mort ; et il mourut en effet. Ce fut seulement après sa mort que j'appris qu'au moment où je l'avais vu en rêve avec les joues rouges de fièvre, il avait une attaque d'influenza ; il se rétablit, mais mourut quelques mois après d'une rechute.

Voici un autre cas qui serait très frappant si on ne pouvait prétendre que l'attente de la mort a suffi pour la déterminer. M. Thomas James Norris écrit :

Il y a environ 60 ans, Mme Carleton mourut dans le comté de Leitrim. Elle et ma mère étaient amies intimes. Quelques jours après sa mort elle apparut en rêve à ma mère, et lui dit : « Vous ne me reverrez plus, même en rêve, excepté une fois encore, et ce sera juste vingt-quatre heures avant votre propre mort. » En mars 1864, ma mère vivait à Dalkey avec ma fille et mon gendre, le Dr Lyon. Le soir du 2 mars au moment de se retirer dans sa chambre, ma mère était de très bonne humeur ; elle riait et plaisantait avec le Dr Lyon. Cette nuit-là, ou plutôt vers le matin, le Dr Lyon entendit du bruit dans la chambre de ma mère ; il réveilla sa femme et l'envoya voir ce qui se passait. Elle trouva ma mère, à moitié hors du lit, avec une expression d'horreur sur la figure. On la recoucha et on la réconforta. Au matin, elle sembla tout à fait remise : elle mangea son déjeuner comme à l'ordinaire, dans son lit, mais de bon appétit. Quand ma fille l'eut quittée, elle pria qu'on lui montât un bain et elle le prit. Ensuite, elle fit appeler ma fille et lui dit : « Mme Carleton est enfin venue, après 56 ans. Ma mort est proche : je mourrai demain matin à l'heure où ce matin vous m'avez trouvée à demi hors du lit. J'ai pris un bain afin que vous n'ayez pas à laver mon corps. » À partir de ce moment-là, elle commença à s'éteindre, et expira le 4 mars à l'heure annoncée d'avance.

La dernière livraison des *Annales de la Société pour les Recherches psychiques* contient une suite de procès-verbaux de séances tenues avec Mme Thompson, médium de Cambridge qui offre beaucoup d'analogie avec Mme Piper. La première série de ces séances a eu pour consultant un médecin hollandais bien connu le Dr F. Van Eeden. Le contrôle principal de Mme Thompson est soi-disant un de ses enfants, mort en bas-âge, la petite Nelly. Dans la dernière page de son rapport, le Dr Van Eeden écrit ce qui suit :

Pendant l'hiver qui suivit ma série, Nelly annonça dans diverses séances qu'à trois reprises elle-même, et une quatrième fois un autre esprit étaient venus me visiter dans mes rêves. En deux occasions, ces visites correspondaient exactement à des visions de mes rêves que j'avais notées dans mon journal avant de recevoir les lettres de M. Piddington m'informant des affirmations de Nelly ; en quatre occasions, il semble qu'il y ait eu un rapport télépathique entre Nelly et moi.

Le deuxième de mes rêves est le plus remarquable. Je commis en rêvant ce que je croyais être une erreur, et j'appelai : Elsie ! Elsie ! au lieu de : Nelly ! Je notai l'occurrence dès le lendemain matin ; je croyais ne connaître personne du nom d'Elsie, et ce nom n'avait aucune signification pour moi.

Deux jours après, je reçus une lettre où l'on me disait que l'esprit Elsie, amie de Nelly, m'avait entendu l'appeler, et qu'elle avait été envoyée par Nelly pour me répondre. Ainsi mon erreur n'en était pas une. Ce nom d'Elsie, alors que je ne connaissais personne qui le portât, m'était venu dans la tête en vertu de je ne sais quelle mystérieuse influence : mon cri avait franchi l'abîme et avait été entendu.

J'ai en ma possession mes notes et les lettres, et je suis prêt à les montrer à ceux qui s'intéressent sérieusement au sujet.

La communication cessa après ce deuxième rêve. Cependant Nelly sembla encore avoir connaissance de deux légères indispositions que j'eus.

Voici maintenant la traduction des extraits des séances où Nelly affirma avoir été en communication avec Van Eeden endormi, en même temps que les notes de ce dernier, contemporaines du rêve.

Le Dr Van Eeden eut sa dernière séance en Angleterre le 4 décembre 1899. Il retourna en Hollande un ou deux jours après.

EXTRAIT DE LA SÉANCE DU 5 JANVIER 1900. — *Nelly*, s'adressant à M. Piddington : « Dites au Dr Van Eeden qu'il m'a appelé la nuit dernière (c'est-à-dire la nuit du 4 au 5). Il était entouré de rideaux ; il a des rideaux autour de son lit ; il était là-dedans et il m'a appelée. J'allai à lui, et il a dû s'en apercevoir, puisqu'il me l'a dit. Il attend que vous lui envoyiez mon message. Il était au lit, et il s'écria : Maintenant, Nelly, venez à moi, et souvenez-vous. Sa femme est très grosse... Il était seul au lit, pas avec sa femme : il était tout seul. Il avait travaillé dur toute la journée, et il était cependant assez éveillé pour m'appeler. »

M. Piddington envoya une copie de ce qui précède au Dr Van Eeden et en reçut la réponse suivante :

Walden, Bussum, 10 janvier 1900.
Mon cher Monsieur Piddington,
Dans le journal de mes rêves, je trouve à la date du 3 janvier que, dans la nuit du mardi 2 au mercredi 3, j'eus un de ces rêves pleinement conscients que j'appelle des rêves lucides : pendant ces rêves, j'ai le pouvoir d'appeler les gens et de les voir. J'avais convenu avec Nelly que la première fois que j'aurais un rêve de cette sorte, je l'appellerais. C'est ce que je vis pendant la nuit indiquée : elle m'apparut sous la forme d'une petite fille grassouillette, avec une mine de santé, des cheveux blonds flottants ; elle ne me parla pas ; elle eut l'air plutôt gauche et embarrassé ; elle me fit comprendre qu'elle ne pouvait pas me parler parce qu'elle n'avait pas encore appris le hollandais. C'était le deuxième rêve de cette sorte que j'avais depuis mon retour d'Angleterre. Le premier eut lieu le 11 décembre. Dans ce premier rêve également, j'essayai d'appeler Nelly ; mais elle ne vint pas. Il vint à sa place une grande fille qui parlait hollandais ; et comme je n'étais qu'à demi conscient, j'avais oublié que si c'avait été Nelly, elle aurait parlé anglais.

Les détails sont exacts : je dormais seul dans un lit devant lequel se trouvait un rideau ou plutôt une draperie. J'étais très fatigué et je dormais profondément, ce qui est une condition requise pour ces sortes de rêves.

L'erreur de date est sans importance. C'était probablement la première séance que vous aviez après le 3 janvier. A la première occasion, annoncez à Nelly qu'elle ne s'est pas trompée à propos de mon appel, et dites-lui de vouloir bien vous avertir encore quand elle l'entendra de nouveau. Mais pas de conjectures : j'essaierai de lui donner quelques communications. »

Nelly ne fit aucune allusion au Dr Van Eeden aux séances du 10, du 12 et du 16 janvier.

EXTRAIT DU PROCÈS-VERBAL DE LA SÉANCE DU 18 JANVIER 1900. — A la fin de la séance, M. Piddington demande à Nelly : « Etes-vous allée voir le Dr Van Eeden ? »

Nelly. — Non, je n'y suis pas allée ; il y a eu confusion. Le Dr Van Eeden m'a appelée deux fois, puis Elsie (Ici, M. Piddington interrompit Nelly pour lui demander qui était Elsie dont il n'avait jamais entendu parler). — Une petite fille qui parlait par l'intermédiaire de maman avant que je ne vienne, Elsie Line ; elle vint à moi et me dit : Le vieux bonhomme à favoris qui est couché vous appelle.

Piddington. — Quand était-ce ?

Nelly. — C'était avant la séance avec.... (Ici Nelly décrivit le physique d'une dame et d'un monsieur qui avaient été les consultants à la séance du 16 janvier). Les deux fois, c'était avant cela (c'est-à-dire avant le 16 janvier). Je répondis : « Le bonhomme à favoris m'embête ! Allez-y à ma place ! » Ce qu'elle fit probablement. J'aime à penser qu'il n'a pas cru que c'était moi. Vous voulez mon portrait : Je n'ai pas les cheveux rouges, ils sont d'un blond clair, comme ceux de maman, pas rouges, ils ont plus d'éclat, comme ceux de maman ; puis j'ai de plus jolis yeux que maman : de grands yeux noirs bien fendus ; je suis potelée, et je parais sept ans, mais je suis plus vieille. »

Voici maintenant un extrait du journal du Dr Van Eeden :

15 janvier 1900.

« Après avoir reçu la lettre de Londres, j'avais formé le projet de communiquer à Nelly dans mon rêve le nom de Walden, ensuite de la prier de penser à un petit singe que j'avais et qui était mort depuis peu. Le rêve commença par une grande fête populaire quelque part près de Bruxelles : la musique me plaisait beaucoup ; puis je m'en allai vers des montagnes et me trouvai sur le bord de la mer en face d'une vaste baie. Ensuite je devins pleinement conscient, et je me rappelai mes projets. J'appelai tout d'abord : Elsie ! Elsie ! Puis, m'apercevant que je me trompai, j'appelai : Nelly ! Nelly ! Personne ne vint. Je devins inquiet, ayant conscience que personne ne viendrait, et je dis : Nelly, il faut venir, et penser à Walden, Walden, c'est l'endroit où je demeure. Je ne parlai pas du singe. Je m'éveillai sans avoir vu personne. »

L'extrême importance de ces faits n'échappera à personne. Ce sont là des cas de télépathie bien caractérisés. Mais la même question demeure toujours non résolue : Nelly est-elle bien une petite fille de l'autre monde, ou n'est-elle qu'une personnalité seconde de Mme Thompson ? Si nous voulons étudier avec ardeur, nous finirons peut-être par la résoudre.

CHAPITRE IX

Les faux médiums.

Ce qu'il faut entendre par phénomènes médiumniques. — Un faux médium est-il faux en toute circonstance? — Mlle S. W., une rivale de Me Smith; étude magistrale du Dr Jung. — Influences de l'hérédité et du milieu. — Considérations générales sur le cas de Mlle S. W.

Par faux médiums, je n'entends pas les médiums frauduleux. Ceux-ci sont de vulgaires malfaiteurs plus ou moins irresponsables, et par là souvent plus dignes de pitié que de colère. Par faux médiums, j'entends les somnambules, qui, grâce aux facultés inhérentes à l'état somnambulique, et sous l'influence d'une auto-suggestion ou d'une suggestion étrangère, imitent inconsciemment les phénomènes médiumniques. Les faux médiums ne trompent pas : ils présentent des phénomènes réels et très intéressants pour le psychologue ; c'est l'observateur superficiel, celui dont le siège est fait d'avance, qui se trompe dans l'interprétation de ces phénomènes. Peut-être serait-il bon que je dise ce que j'entends par phénomènes médiumniques. J'entends par là les phénomènes produits au moyen de forces empruntées à un médium et aux assistants, ou au médium seul, par une volonté qui n'est celle ni du médium ni d'aucun des assistants. Cette volonté peut être celle d'un mort ou celle d'un vivant éloigné du lieu de l'expérience. Quand la volonté d'un vivant agit ainsi au loin, elle ne peut le faire qu'en vertu des facultés de l'homme magique, tout comme celle d'un mort : les phénomènes produits sont donc de même nature.

Les cas sont nombreux, où la volonté qui dirige les phénomènes médiumniques n'est certainement celle d'aucun des expérimentateurs. Dans la positive et grave Allemagne elle-même, on est allé jusqu'à le reconnaître ; mais on ne veut pas encore admettre la survie, et on attribue toujours les phénomènes à des vivants. Je crois pour ma part qu'on sera obligé d'abandonner cette position et d'aller plus loin ; mais en tout cas, c'est déjà là un poste très avancé.

Chez les faux médiums, la volonté directrice n'est autre que celle du médium lui-même, ou celle d'un des assistants, ou les volontés réunies de plusieurs assistants. Bref, comme je le disais plus haut, le faux médium n'est qu'un somnambule particulièrement suggestionnable, dont l'organisme obéit avec une incroyable docilité à toute pensée consciente ou subconsciente — mais surtout subconsciente — d'un des assistants ou du sujet lui-même. En outre, le somnambule possède la faculté de lire dans les replis les plus cachés de l'âme des assistants comme dans un livre, et il y trouve des éléments pour créer des marionnettes qui ressemblent d'une manière surprenante aux décédés. Mlle Hélène Smith, étudiée par le professeur Flournoy, est un faux médium.

N'y a-t-il que de faux médiums ? Je crois pour ma part qu'il y en a d'autres ; mais si tous les médiums ne sont que des somnambules, pourquoi la science éprouve-t-elle tant de répugnance à les étudier ? Qu'elle nous prouve que tous les médiums sont faux, et les hommes de bonne foi, ceux qui, comme moi, ne cherchent que la vérité, quelle qu'elle puisse être, applaudiront. Si certains savants éprouvent tant de répugnance à étudier les médiums, c'est donc qu'ils craignent d'en rencontrer qui pourraient être autre chose que des somnambules ?

Un faux médium est-il toujours faux ? Une fausse médiumnité ne peut-elle devenir par intervalles médiumnité vraie ? Cela est difficile à déterminer ; mais il semble bien que la fausse et la vraie médiumnité peuvent se trouver ensemble. On arrivera sans doute à tracer la ligne de démarcation entre ce qui appartient à l'une et ce qui appartient à l'autre ; mais nous n'en sommes pas là : il faudra des études patientes, faites par des esprits calmes, ne cherchant que la vérité, et non pas à étayer un système. Dans le cas de Mlle Smith, dont nous parlions tout à l'heure, la plupart des phénomènes ne sont incontestablement pas médiumniques. Mlle Smith n'a jamais voyagé sur Mars, elle n'a jamais été la triste Marie-Antoinette ni la plus sympathique princesse Simandini ; mais bien audacieux serait celui qui affirmerait que Jean le Carrieur et le curé Burnier ne sont pour rien dans les manifestations où il est question d'eux. Dans son premier livre, le professeur Flournoy ne se prononçait pas pour ces cas-là, et il avait raison ; mais ce livre a eu une suite, une suite malheureuse, qui n'ajoutera rien à la gloire de son auteur, chez qui on aurait supposé plus de philosophie et un caractère moins facile à aigrir par des égratignures de plume. Dans ce second livre donc, M. Flournoy dit qu'il faudrait être bien simple pour voir, dans les incidents de Jean le Carrieur et du curé Burnier, autre chose que de la cryptomnésie. Il a tort ; on peut se demander, sans être un simple, s'il n'y a pas là autre chose.

Mlle Hélène Smith a trouvé une rivale, qui vient d'être magistralement observée par un médecin de Zurich, le Dr C. G. Jung. Celui-ci publie ses observations dans un livre à peine sorti des presses, qui a pour titre : *Contribution à la psychologie et à la pathologie de prétendus phénomènes occultes.* Je vais donner idée de ce nouveau cas, absolument analogue à celui qu'a étudié le professeur Flournoy, en résumant l'exposé du Dr Jung.

Mlle S. W. a quinze ans et demi ; elle appartient à la religion réformée. Son grand-père du côté paternel était pasteur, très intelligent, mais sujet aux hallucinations pendant la veille. Un frère de ce grand-père était un esprit bizarre et lui aussi un voyant. Une de leurs sœurs était une originale. La grand'mère du côté paternel eut à vingt ans, après une fièvre, un accès de léthargie : on la crut morte pendant trois jours ; elle ne revint à la vie que lorsqu'on la brûla au vertex avec un fer rouge. Plus tard, les émotions lui donnaient des syncopes, suivies presque immanquablement de courts somnambulismes, pendant lesquels elle prophétisait. Le père du sujet est un original plein d'idées bizarres ; deux de ses frères lui ressemblent : tous les trois ont des hallucinations à l'état de veille. Dès sa naissance, la mère a eu l'esprit dérangé, a souvent frisé la folie. Une sœur est hystérique, visionnaire. Une deuxième sœur a une maladie de cœur d'origine nerveuse.

Mlle S. W... est très délicate : le crâne est quelque peu rachitique, sans hydrocéphalie bien marquée ; le visage est pâle, les yeux sombres avec un regard extraordinairement perçant ; n'a jamais eu de maladie grave. A l'école, elle était distraite, prenait peu d'intérêt à l'étude. Retenue et timide en général, elle avait par moments des accès de joie exubérante. Intelligence moyenne ; pas de dons spéciaux ; aucun goût pour la musique ; elle n'aime pas les livres : elle leur préfère les travaux de main et la rêverie. Dès l'école, quand elle lit à haute voix, elle prend les mots les uns pour les autres : cela est si fréquent que ses frères et sœurs se moquent d'elle. Pas d'autres anomalies : elle n'eut jamais de graves symptômes d'hystérie ; sa famille se compose d'ouvriers et de commerçants s'intéressant à très peu de choses. Les livres mystiques n'ont jamais été tolérés dans la famille. L'éducation de Mlle S. W. a été défectueuse, parce que la famille a été trop nombreuse et à cause du caractère incohérent et souvent brutal de la mère. Le père, trop absorbé par son commerce, s'occupait peu de ses enfants ; du reste il mourut alors que Mlle S. W. était encore en bas-âge. Dans ces conditions il n'y a pas lieu de s'étonner si celle-ci se sentait malheureuse, si partout elle se trouvait mieux qu'à la maison. Elle grandit au hasard, au dehors, sans beaucoup d'éducation. En conséquence, ses connaissances littéraires sont très peu étendues : elle sait par cœur quelques morceaux de Gœthe et de Schiller, quelques hymnes et quelques fragments de psaumes. En prose, elle a lu quelques feuilletons, et c'est tout. Ayant entendu parler chez elle et par des compagnes des tables tournantes, elle demanda à prendre part à des expériences de ce genre. En juillet 1899, avec quelques amies et ses frères et sœurs, on organisa quelques séances pour s'amuser, et c'est ainsi qu'on découvrit qu'elle était un remarquable « médium ». On eut des communications qui surprirent par leur sérieux et leur ton de pasteur en chaire. L'esprit prétendit être le grand-père du médium. Comme je connaissais la famille, il me fut permis d'assister à ces expériences. En août 1899, et en ma présence, eurent lieu les premiers accès de somnambulisme, qui présentaient le plus souvent les caractères suivants : Mlle S. W. s'affaissait lentement sur le parquet ou dans un fauteuil, mortellement pâle ; elle fermait les yeux, devenait cataleptique, respirait plusieurs fois profondément, puis commençait à parler. Les membres alors redevenaient souples, les réflexes réapparaissaient, ainsi que la sensibilité tactile : des contacts inattendus la faisaient tressaillir.

Si on l'appelait par son prénom, elle ne répondait pas. Dans ses discours somnambuliques, elle imitait très habilement ses parents ou ses connaissances décédées, au point de faire une impression durable sur des personnes non prévenues en sa faveur ; elle copiait même à la perfection des personnes qu'elle n'avait jamais vues et qu'elle connaissait seulement par description. Aux discours s'ajoutèrent successivement les gestes, puis les attitudes passionnelles ; enfin elle joua ainsi des scènes entières. Dans cet état, elle parlait correctement et couramment l'allemand écrit, alors qu'à l'état normal elle ne parlait guère que son patois. Ses attitudes étaient pleines de grâce et d'aisance et correspondaient étonnamment à ses divers états d'âme. Pendant la trance, Mlle S. W. tantôt restait sans bouger, étendue sur le sol ou sur un sofa, durant un espace de temps pouvant varier de dix minutes à deux heures ; tantôt elle était à moitié assise et parlait d'une voix toute changée ; tantôt elle allait et venait durant toute la séance, jouant une pantomime des plus expressives. Ses discours ne variaient pas moins que ses attitudes ; quelquefois elle parlait d'elle-même à la première personne, mais le plus souvent elle en parlait à la troisième. La crise prenait fin par un état cataleptique remplacé petit à petit par la veille. Un fait à peu près constant pendant la crise était la pâleur de cire du visage ; le pouls était faible mais régulier ; le nombre des battements normal, la respiration quelquefois presque imperceptible. Elle annonçait les accès d'avance : avant le début de la crise, elle éprouvait de la surexcitation et de l'angoisse, et disait qu'elle mourrait probablement un jour dans un de ces accès, l'âme ne tenant plus au corps que par un fil très ténu. Au début, les crises étaient spontanées; plus tard, le sujet put les provoquer en s'asseyant dans un coin obscur, le visage entre les mains; mais cela ne réussissait pas toujours. Je n'ai pu élucider la question de l'amnésie. Un fait est certain : au sortir de la crise, son esprit était orienté vers ce qu'elle avait fait ou dit; mais c'était un souvenir très obscur et très incomplet.

Quoiqu'elle prétendît que les esprits lui communiquaient avant son réveil ce qu'ils avaient dit, elle était souvent très désagréablement surprise quand on lui en faisait part, surtout si de graves indiscrétions avaient été commises. Elle s'irritait alors sincèrement, et assurait qu'elle prierait son guide de tenir désormais ces esprits indiscrets à l'écart. Sa colère n'était pas feinte, et on s'en apercevait tout de suite ; car, inaccoutumée à se maîtriser, tous ses sentiments se peignaient sur son visage. Pendant la crise, elle n'avait pas conscience, ou n'avait qu'une conscience très obscure de ce qui se passait autour d'elle; elle ne remarquait ni les entrées ni les sorties. Un jour qu'elle m'avait défendu d'être présent, je pénétrai néanmoins dans la pièce, où se trouvaient trois autres personnes. Le sujet avait les yeux ouverts et s'adressait aux assistants sans me voir : elle ne s'aperçut de ma présence que lorsque je parlai, et elle eut alors un violent accès d'indignation. En dehors des grandes crises, qui semblaient sujettes à certaines lois, Mlle S. W. présentait encore un grand nombre d'automatismes : elle avait des « absences », qui ne duraient que quelques minutes, pendant lesquelles elle regardait devant elle d'un air égaré et disait des choses incohérentes. D'abord, elle refusa de s'expliquer sur ces absences; puis, elle avoua qu'elle apercevait alors ses esprits. Ces absences pouvaient la

surprendre partout, dans la rue comme à la maison.
Si elle se trouvait dans la rue, elle s'appuyait contre une
maison et attendait la fin de l'accès. L'intensité de ces
absences était variable : elle avait alors régulièrement
des visions, et souvent, quand elle devenait très pâle,
elle quittait, disait-elle, son corps et était conduite par
ses esprits dans des endroits éloignés. Ces « voyages »
lointains pendant la crise l'épuisaient totalement pour
des heures. Un jour, au sortir de la trance, elle fut
atteinte d'une cécité hystérique qui dura pendant une
demi-heure ; elle marchait en chancelant et ne voyait
pas la lumière qui était sur la table, bien qu'il y eût
réaction des pupilles. Elle avait souvent aussi des
visions en dehors de ces « absences ». Au début, ces
visions n'avaient lieu qu'au commencement du sommeil : quand elle était au lit depuis quelques instants,
la chambre s'éclairait d'une lueur nébuleuse, au milieu
de laquelle apparaissaient des formes blanches : toutes
étaient enveloppées dans de grands voiles blancs ; les
femmes avaient une coiffure en forme de turban et une
ceinture. Plus tard, ces visions eurent lieu dès que
Mlle S. W. songeait à aller se coucher ; enfin elle les
vit en plein jour, quoiqu'elles fussent très indistinctes
et très fugitives en dehors des « absences », où elles
prenaient une apparence de réalité saisissante. L'obscurité les favorisa toujours. Ces visions étaient ordinairement agréables, et très peu prirent un caractère
démoniaque. Je n'ai pu fixer l'époque de leur entrée
en scène. Le sujet prétend avoir vu pour la première
fois son grand-père qu'elle n'avait pas connu vivant,
pendant la nuit, alors qu'elle avait cinq à six ans. Il
paraîtrait que rien de semblable ne se présenta plus,
jusqu'au jour de la première séance médiumnique.
Mlle S. W. considérait toutes ses rêveries comme
réelles avec une stupéfiante facilité ; tout cela lui semblait on ne peut plus naturel ; elle était heureuse à

l'idée d'avoir trouvé sa voie dans la vie ; tous mes raisonnements tendant à lui prouver que ses visions étaient le résultat d'un état maladif n'aboutissaient qu'à l'indisposer fortement contre moi : elle en vint même à ne plus vouloir tolérer ma présence, et je dus, pour rentrer en grâce, taire mes doutes et garder mes réflexions. Les parents et les connaissances du sujet avaient pour elle le respect et l'admiration la plus grande ; ils venaient la consulter dans toutes les circonstances possibles. Son influence sur tous ses partisans devint si grande qu'à la fin trois de ses sœurs se mirent à avoir aussi des hallucinations du même genre.

A côté des grandes crises, et des crises larvées que j'ai appelées absences, se présentait encore un troisième état digne de remarque : un état d'hémisomnambulisme. Cet hémisomnambulisme se rencontrait souvent au commencement et à la fin des grandes crises, mais souvent aussi il entrait en scène en dehors de toute crise. Il se développa dans le courant du premier mois de séances. Dans cet état, ce qui frappe d'abord, c'est l'immobilité des traits, l'éclat du regard, la dignité des attitudes. Cet état représente le moi somnambulique de Mlle S. W.., qui est alors pleinement consciente du monde extérieur, tout en ayant déjà un pied, si je peux m'exprimer ainsi, dans le monde de ses rêves. Elle entend ses « esprits » et les voit aller et venir dans la pièce, et s'arrêter auprès de l'un ou de l'autre des assistants. Elle se souvient nettement de ses visions passées, de ses « voyages », des enseignements reçus ; elle parle avec calme, clarté et décision ; son attitude est sérieuse, presque solennelle ; son être tout entier trahit une religiosité profonde mais sans affectation de piétisme et sans le jargon biblique de son esprit-guide. Toutefois, dans ses manières solennelles, il y a quelque chose de mélancolique et de douloureux : elle ressent péniblement l'immense différence qu'il y a entre son monde idéal et la dure réalité. Dans cet état, Mlle S. W.., est le contraire de ce qu'elle est à l'état de veille ; ce n'est plus du tout là cet être chaotique et fantasque, ce tempérament nerveux, tout en soubresauts. Si on lui parle, on a l'impression de s'entretenir avec une personne mûrie par l'âge. L'hémisomnambulisme est le plus souvent spontané, et il survient ordinairement lorsque la jeune fille est à la table. Dès qu'il commence, elle connaît d'avance les communications automatiques de la table. Puis ces communications de la table cessent, et le sujet tombe en trance plus ou moins rapidement.

Le sujet peut, dans cet état d'hémisomnambulisme, répondre aux questions posées mentalement, pourvu qu'on mette une main sur les siennes ou simplement sur la table. Mais il n'a pas été possible d'obtenir de transmission de pensée plus parfaite. Le sérieux du sujet dans cet état d'hémisomnambulisme contraste étrangement avec son caractère à l'état de veille. A l'état normal, Mlle S. W.., prend un intérêt non dissimulé aux jeux, aux amourettes, aux petits secrets de cœur, aux espiégleries, aux méchancetés des fillettes de son âge et de sa condition sociale ; bref, elle est une jeune personne de quinze ans et demi, qui ne diffère en rien des autres. D'autant plus frappante est la seconde face de sa personnalité qu'elle présente pendant l'hémisomnambulisme. Ses proches n'y pouvaient rien comprendre ».

Tels sont, d'après le Dr Jung, les traits caractéristiques du somnambulisme, ou, si l'on veut, de la médiumnité de Mlle S. W... A première vue, ces caractères évoquent plutôt l'idée d'une fragmentation de personnalité — phénomène aujourd'hui bien connu — que d'une vraie médiumnité. La personnalité somnambulique qui entre en scène se complète au moyen d'éléments puisés dans la conscience des assistants, par la lecture de leurs pensées même inconscientes. Cette impression se dégagera bien plus nettement quand on aura une idée de ces personnalités secondes, dont je vais maintenant emprunter une esquisse au Dr Jung. Mais auparavant qu'on me permette de remarquer que les caractères de la médiumnité de Mlle S. W.., ne ressemblent pas aux caractères de la médiumnité de Mme Piper et de Mme Thompson qui paraissent être, elles, de vrais médiums. L'hérédité morbide de ces dernières est beaucoup moins chargée, autant du moins qu'on peut en juger, car les circonstances n'ont permis ni pour l'une ni pour l'autre un examen médical approfondi. Mais les tares nerveuses ont-elles toute l'importance que les médecins leur attribuent, dans la production des phénomènes de cette nature ? Comme je l'ai dit dans mon étude sur Mme Piper, nous avons tous, sans exception, parmi nos ascendants plus ou moins éloignés, des névropathes ou des psychopathes ; si l'hérédité n'est pas un vain mot, tous nous devons avoir des tares nerveuses plus ou moins apparentes. J'admire l'outrecuidance ou la naïveté de ces médecins qui voudraient défendre aux névrosés de se marier et de se reproduire. Ils ignorent totalement la nature de l'hérédité ; ils n'en prétendent pas moins lui avoir dérobé tous ses secrets, qui sont graves. Si leur science est exacte, je me demande comment il peut encore exister des hommes, alors que cette hérédité terrible est à l'œuvre depuis des âges, et qu'on ne m'indique rien qui puisse en contrebalancer les effets. Il faut croire qu'on se trompe : l'hérédité a moins d'importance qu'on ne veut le dire, et l'ambiance en a plus qu'on ne lui en attribue. Améliorons les conditions sociales, répartissons plus équitablement la fortune, répandons à pleines mains la manne bienfaisante de l'instruction ; et aussitôt, dès la première génération, l'humanité deviendra plus belle physiquement et moralement, en dépit de l'hérédité. Je passe à l'exposé du caractère des principaux « esprits » où — ici nous pouvons leur donner ce nom sans grand risque de nous tromper — des principales personnalités secondes de Mlle S. W... A moins que des faits importants n'aient échappé au Dr Jung, il n'y a pas là de raison pour faire intervenir les désincarnés.

Le contrôle le plus fréquent de Mlle S. W.., est son grand-père, qui, un jour, déclara : « C'est elle que j'aime le mieux dans votre monde, parce que je l'ai protégée depuis son enfance et que je connais la moindre de ses pensées ». Le grand-père est l'esprit-guide de notre médium. Pendant la trance, il s'entretient avec les assistants ; en général, ses réponses verbales sont, comme celles de l'écriture automatique, banales en voulant être édifiantes. Le caractère de cette personnalité est froid, franchement ennuyeux, d'une moralité rigoureuse et d'une piété affectée. Tout cela ne concorde pas du tout avec le véritable caractère du grand-père pendant qu'il vivait. Le contrôle donne des conseils de toute sorte : il annonce les crises qui suivront, les visions qui auront lieu à l'état de veille ; il ordonne des compresses froides, donne des indications pour que le médium soit confortablement placé, pour la direction des séances, et ainsi de suite.

A côté de cette personnalité grave en apparaît une autre qui en est juste la contre-partie. Celle-ci se donnait pour le frère d'un M. R.., qui prenait part aux séances. Ce frère décédé aimait à s'étendre sur l'amour fraternel et autres banalités du même genre, mais il esquivait soigneusement les questions trop précises. Il faisait avec une extraordinaire volubilité le galantin auprès des dames, et il fatiguait surtout de ses assiduités une dame que le jeune homme, ainsi caricaturé, n'avait pas connue de son vivant. Mais il prétendait l'avoir souvent rencontrée dans la rue sans savoir qui elle était, et il manifestait toute sa joie de faire enfin sa connaissance de cette manière peu ordinaire. Avec ses compliments fades, ses remarques déplacées vis-à-vis des hommes, ses plaisanteries enfantines, il remplissait la plus grande partie des séances. Plusieurs assistants se moquèrent de la légèreté et de la trivialité de cet « esprit » —, sur quoi il nous quitta pendant une ou deux séances, pour revenir bientôt, d'abord métamorphosé et débitant même souvent des sentences de pasteur ; mais il ne tarda pas à retomber dans son ancienne manière.

A côté de ces deux personnalités bien tranchées, en apparaissaient d'autres dont le caractère différait peu de celui du soi-disant grand-père et qui se donnaient pour des parents décédés du médium. Après quelques semaines, M. R... quitta notre cercle, ce qui amena une modification remarquable dans la conduite de son prétendu frère. Celui-ci ne parla plus que par monosyllabes ; il vint d'abord moins souvent puis ne vint plus. Plus tard, il reparut de loin en loin, mais de préférence lorsque la dame dont j'ai parlé plus haut était seule présente. Il fut remplacé par une autre personnalité qui en était la copie exacte, avec une différence toutefois : ce nouveau venu, qui se faisait appeler Ulrich de Gerbenstein, parlait couramment et même avec élégance le haut-allemand, alors que son prédécesseur s'exprimait toujours en patois. Ce détail est remarquable, parce que Mlle S. W.., à l'état normal, ne parle que très imparfaitement le haut-allemand. Le caractère d'Ulrich de Gerbenstein est celui du désœuvré spirituel, bretteur, grand admirateur des dames, tout à fait léger et superficiel. Pendant l'hiver de 1899-1900, il conquit de plus en plus du terrain, au point d'expulser le grand-père, dont il accapara les fonctions. On eut beau essayer de changer la situation par des suggestions, rien n'y fit, et on dut espacer de plus en plus les séances. Un trait bien remarquable, et commun à toutes ces personnalités, est le suivant : elles connaissent tout ce que connaît la conscience et la subconscience du médium, elles connaissent aussi les visions du médium pendant la trance ; mais elles ne connaissent que d'une manière très imparfaite, par ce qu'elles ont pu apprendre des assistants, les rêveries du médium entrancé.

Les séances postérieures commençaient ordinairement de la manière suivante : on se réunissait autour de la table et on joignait les mains ; aussitôt la table se mettait en mouvement. Cependant Mlle S. W. entrait peu à peu dans l'état somnambulique ; elle retirait alors les mains de la table et s'appuyait contre le dossier du sofa. Au sortir de la trance, elle racontait ce qu'elle avait vu et fait ; mais en présence des étrangers elle se montra toujours très retenue sur ce point. Dès les premières trancés ou extases elle nous fit comprendre qu'elle jouait parmi les esprits un rôle important ; comme tous les autres esprits elle avait un nom particulier : elle s'appelait Ivènes ; son grand-père l'entourait de soins constants ; au milieu de visions de fleurs, on lui révélait des secrets sur lesquels elle gardait le plus profond silence. Pendant les séances où les « esprits » parlaient, elle faisait de lointains « voyages » auprès de parents à qui elle apparaissait (1) ou bien elle se trouvait dans l'au-delà, dans « cet espace qui est entre les astres et que nous croyons vide, mais où se trouvent en réalité de nombreux mondes spirituels. » Un jour, après une crise, alors qu'elle était dans cet état d'hémisomnambulisme dont j'ai parlé, elle nous décrivit en termes très poétiques un paysage de l'au-delà, « une merveilleuse vallée, baignée par le clair de lune, où habitent ceux qui ne sont pas encore nés ».

Le moi somnambulique représente Mlle S. W. comme une personnalité presque entièrement immatérielle. C'est une femme aux cheveux noirs, petite quoique adulte, au type juif bien prononcé, vêtue de grands voiles blancs et coiffée d'un turban. Elle parle et comprend la langue des esprits ; en effet les esprits parlent entre eux à la manière des hommes, quoique cela ne leur soit pas indispensable puisqu'ils perçoivent directement la pensée les uns des autres. Elle « ne parle pas toujours aux esprits ; il est des moments où elle les voit seulement, mais elle comprend tou-

---

(1) Il est vraiment regrettable que le Dr Jung ait négligé de faire une enquête pour savoir si quelques-uns de ces parents n'avaient pas vu en effet son fantôme.

jours leurs pensées ». Elle voyage en compagnie de quatre ou cinq qui pendant leur vie furent de ses parents ; avec eux elle visite ses parents et ses connaissances encore vivants pour se rendre compte de leur état d'âme et de leur manière de vivre ; elle visite aussi tous les lieux qui ont la réputation d'être hantés. Depuis qu'elle a lu le livre de Justinus Kerner (1), elle a pour mission d'instruire et de ramener au bien les esprits noirs qui sont relégués dans certains lieux ou qui demeurent au-dessous de la surface de la terre — tout cela est analogue à ce qu'on lit dans la *Voyante de Prévorst*. Cette mission lui occasionne bien des douleurs et bien des chagrins ; pendant les extases et après, elle se plaint de sensations d'étouffement et de violents maux de tête. Mais en revanche tous les quinze jours, le mercredi, elle a le droit d'aller passer toute la nuit dans les jardins de l'au-delà en compagnie des esprits bienheureux. Là on l'instruit sur les forces de l'univers ; sur les relations de parenté, infiniment compliquées, qu'ont les hommes entre eux ; sur les lois de la réincarnation ; sur les habitants des astres et sur bien d'autres sujets. Malheureusement le système des forces du monde et celui de la réincarnation furent les seuls à prendre forme ; sur les autres sujets, Mlle S. W. ne laissa tomber que des remarques occasionnelles. Un jour, par exemple, elle revint d'un voyage en chemin de fer émue au plus haut degré. On crut qu'il lui était arrivé quelque chose ; mais quand elle eut pu se ressaisir elle nous raconta que « en wagon elle s'était trouvée assise juste en face d'un habitant des astres ». A la description qu'elle nous fit de cet être, je reconnus un vieux négociant qui était par hasard de mes connaissances et dont le visage n'était pas très sympathique. A propos de cet incident elle nous

---

(1) *La Voyante de Prévorst*.

raconta toute sorte d'étranges choses sur les habitants des astres : ils n'ont pas d'âme divine comme les hommes, ils n'étudient ni les sciences ni la philosophie, mais ils sont bien plus avancés que nous dans les arts mécaniques. Ainsi sur Mars, il y a beau jour qu'on se sert de machines à voler ; toute la planète est canalisée ; ces canaux sont des lacs creusés avec art et servent à l'irrigation ; ils sont très peu profonds. Le creusement n'a pas offert aux Martiens de bien grandes difficultés, les matériaux sur Mars étant plus légers que sur la terre. Il n'y a pas de ponts sur ces canaux, mais cela ne gêne pas la circulation puisque tout le monde voyage avec une machine à voler. Sur les astres il n'y a jamais de guerres parce qu'il n'y a jamais non plus de différences d'opinions. Les habitants des astres n'ont pas la forme humaine, mais des formes plus bizarres et plus ridicules les unes que les autres, des formes qu'on n'imaginerait jamais. Les esprits humains qui dans l'au-delà obtiennent la permission de voyager, ne doivent pas visiter les astres. De même les habitants des astres qui se promènent ne doivent pas mettre le pied sur la terre ; ils doivent demeurer éloignés d'au moins 25 mètres de la surface terrestre. S'ils enfreignent cette loi, ils demeurent au pouvoir de la Terre ; ils sont alors forcés de s'incarner dans une forme humaine et ne redeviennent libres qu'à la mort. Comme hommes ils sont froids, durs de cœur, cruels. Mlle S. W. les reconnaît à leur regard particulier où ne se révèle aucune âme, à leur visage dur, taillé à coups de serpe. Napoléon était un habitant des astres.

Dans ses « voyages » elle ne voit pas les pays qu'elle traverse ; elle a la sensation de planer et les « esprits » l'avertissent quand elle est arrivée à destination. Elle n'aperçoit que le visage et le buste de celui à qui elle veut apparaître ou qu'elle va visiter. Rarement elle peut décrire le milieu où se trouve la personne ainsi visitée. Elle me voyait aussi quelquefois, mais ne distinguait que ma tête, rien de plus.

Le regard étrange et inspiré qu'a Mlle S. W. pendant l'hémisomnambulisme donna l'occasion à quelques-uns des membres de notre cercle de la comparer à la Voyante de Prévorst. La suggestion ne fut pas perdue. Mlle S. W. parla plus d'une fois en passant de prétendues existences antérieures ; puis tout à coup, au bout de quelques semaines, elle développa toute une théorie réincarnationniste, alors qu'auparavant elle n'avait fait allusion à rien de semblable. Ivènes est un esprit plus avancé que les autres esprits humains, sur bien des points. Chaque esprit humain doit s'incarner deux fois en un siècle. Ivènes, au contraire, ne doit s'incarner qu'une fois au moins tous les 200 ans. Il n'y a que deux autres êtres humains qui aient le même privilège : Swedenborg et Mlle Florence Cook, le célèbre médium de Crookes. Mlle S. W. appelle ces deux personnages son frère et sa sœur ; mais elle n'a pas donné d'indications sur leurs préexistences. Quant à Ivènes, au commencement du XIXe siècle elle était Mme Hauffe, la Voyante de Prévorst. A la fin du XVIIIe siècle elle était la femme d'un pasteur du centre de l'Allemagne (la localité demeure indéterminée). Comme telle, Goethe la séduisit et elle en eut un fils. Au XVe siècle elle était une comtesse de la Saxe et portait le nom poétique de Thierfelsenbourg. Ulrich von Gerbenstein est un de ses parents de ce temps-là. C'est pour expier son repos de 300 ans et sa faute avec Goethe qu'elle dut supporter tant de douleurs quand elle fut la Voyante de Prévorst. Au XIIIe siècle elle était une noble dame du midi de la France du nom de de Valours : elle fut brûlée comme sorcière. Entre le XIIIe siècle et l'époque des persécutions chrétiennes sous Néron, eurent lieu plusieurs réincarnations sur lesquelles Mlle S. W. ne s'explique pas davantage. Sous Néron elle souffrit le martyre pour la foi chrétienne. Puis vient encore une immense lacune qui remonte jusqu'au règne de David sous lequel Ivènes était une Juive du commun. C'est à cette époque, après sa mort, que lui fut confiée par l'intermédiaire d'Astaf, ange d'une sphère élevée, la mission merveilleuse qu'elle remplit depuis. Durant toutes ses préexistences elle fut médium et servit aux rapports entre ce monde-ci et l'autre. Son frère et sa sœur ont le même âge et la même mission. Pendant chacune de ces préexistences elle fut mariée et fonda ainsi une colossale famille d'une complication infinie, dont elle s'occupa pendant plusieurs extases.

Ainsi au VIIIe siècle elle fut la mère de son père actuel, ainsi que de son grand-père et du mien. C'est là l'origine de l'amitié que les deux vieillards ont eue l'un pour l'autre. Comme Mme de Valours elle fut ma mère. Quand elle fut brûlée comme sorcière, j'en fus si vivement affecté que je me retirai dans un couvent près de Rouen ; je portais une robe grise ; je devins prieur ; j'écrivis un ouvrage sur la botanique et je mourus très vieux, âgé de plus de 80 ans. Au réfectoire du couvent se trouvait le portrait de Mme de Valours représentée dans une position mi-assise et mi-couchée. Mlle S. W. imita cette position sur le sofa, exactement celle qu'a Mme Récamier dans le tableau bien connu de David. Un membre de notre cercle qui avait avec moi une ressemblance lointaine est également un de ses enfants de cette époque-là. Autour de ce noyau de parenté viennent prendre place, à un degré plus ou moins éloigné, tous les membres de sa parenté actuelle et toutes ses connaissances. Un tel était son cousin au XVe siècle ; tel autre l'était au XVIIIe et ainsi de suite.

La plus grande partie des populations de l'Europe se rattachent aux trois grands troncs de sa parenté.

Son frère, Swedenborg, sa sœur, Florence Cook, et elle descendent d'Adam, qui fut créé par matérialisation ; les autres peuples alors existants, auxquels Caïn demanda sa femme, descendaient des singes. Mlle S. W. entremêlait l'exposé de toute cette généalogie d'histoires romanesques, de surprenantes aventures. Elle prenait surtout comme héroïne de ses fictions méchantes une dame de ma connaissance qui lui était antipathique au plus haut degré pour des raisons impossibles à découvrir. Cette dame est, paraît-il, la réincarnation d'une célèbre empoisonneuse parisienne, qui fit beaucoup parler d'elle au xviiie siècle. Cette malheureuse continue toujours son triste métier, mais d'une manière bien plus raffinée que jadis. Grâce à l'inspiration des mauvais esprits qui l'accompagnent, elle a découvert un mélange fluidique qu'il suffit de répandre dans l'air pour qu'aussitôt les bacilles de la tuberculose qui flottent çà et là viennent s'y réunir et y prospérer à plaisir. C'est avec ce fluide, qu'elle mélange à la nourriture, que cette dame a tué son mari qui est, en effet, mort de la tuberculose ; elle a tué ainsi en outre un de ses amants et son propre frère pour capter son héritage. Le fils aîné de cette dame est un enfant illégitime de l'amant assassiné. Elle a eu, pendant son veuvage, un autre enfant illégitime des œuvres d'un autre amant ; enfin elle a eu aussi des relations incestueuses avec son propre frère, celui qu'elle empoisonna. Mlle S. W. inventait une infinité d'histoires du même genre, auxquelles elle croyait aveuglément. Les personnages de ces romans venaient aussi jouer un rôle dans ses visions, principalement la dame en question.

Mlle S. W. était soumise à des suggestions sans nombre concernant les sciences naturelles. A la fin de chaque séance on discutait en sa présence science et spiritisme. La jeune fille ne prenait jamais part à la conversation, et demeurait assise dans un coin, à l'état d'hémisomnambulisme. Elle saisissait des fragments de ce qu'on disait, mais, si on l'interrogeait, elle ne pouvait jamais répéter l'ensemble ; quant aux explications elle ne les comprenait qu'à moitié. Dans le courant de l'hiver elle nous prévint à différentes reprises que « les esprits l'instruisaient sur les forces de l'Univers et lui faisaient d'étonnantes révélations ; mais elle ne pouvait pas encore tout nous répéter. » En une certaine occasion elle essaya d'un exposé, mais tout ce qu'elle put dire fut : « D'un côté est la lumière, de l'autre la force d'attraction. » Enfin, à la fin de mars 1900, après être restée plusieurs séances sans souffler mot de ces choses, elle nous dit toute joyeuse que les esprits lui avaient enfin tout communiqué. Elle tira de sa poche un long papier étroit couvert de lignes et de noms. Malgré ma prière elle ne voulut pas me le donner, mais me dicta un schéma que je reproduisis aussitôt à la plume.

Je borne là mes emprunts au livre du Dr Jung. Nous en savons assez maintenant pour juger de la valeur de la médiumnité de Mlle S. W. Il n'y a là à l'œuvre que la subconscience du sujet.

Les « esprits » de Mlle S. W. ne sont que des personnalités secondes. Les fanatiques du spiritisme ne manqueront pas de se récrier ; ils ne voudront pas croire que des personnalités secondes puissent avoir une pareille intensité de vie et des caractères si opposés. Mais un peu de réflexion calme leur ferait changer d'avis.

Cette création de personnalités secondes

cause en général beaucoup plus d'étonnement qu'il ne conviendrait. Ce phénomène, comme un grand nombre d'autres, n'est que l'exagération morbide d'un fait très normal, que nous pouvons observer tous les jours. Le poète tragique ou le romancier qui composent doivent successivement se mettre dans la peau, si je puis m'exprimer ainsi, d'un grand nombre de personnages fictifs. Ces personnages sont de véritables personnalités secondes, d'autant plus vivantes, d'autant plus conformes à la réalité que l'écrivain a plus de talent. Je ne dis rien du génie, qui travaille tout à fait en dehors de la conscience normale et dont la nature intime nous échappe. Or l'homme de talent a deux qualités maîtresses : la puissance d'observation et la force d'attention ; en réalité la première de ces deux qualités n'est qu'une forme de la seconde. L'homme de talent observe soigneusement dans l'ambiance une infinité de détails qu'il emmagasine dans son esprit ; le moment de composer venu, il s'abstrait totalement du monde extérieur, il est tout entier à son idée, il oublie momentanément tout ce qui n'est pas cette idée ; bref il se plonge par l'effort de sa volonté dans un état analogue à l'hypnose où rien ne surnage qu'un monoïdéisme, composé de tous les traits caractéristiques du personnage à créer, qui peuvent se trouver dans l'esprit de l'écrivain. Aussi les écrivains, surtout les plus grands, créent-ils bien plutôt des types que des hommes vrais. Un homme peut avoir une qualité ou un défaut dominant qui forme le fond de son caractère, mais il n'est pas l'incarnation même de cette qualité ou de ce défaut comme Harpagon est l'incarnation de l'avarice, ou Tartuffe l'incarnation de l'hypocrisie. Un homme, au moral, est quelque chose d'incessamment changeant, de contradictoire fort souvent ; un esprit se fait et se refait sans cesse et n'est jamais identique à lui-même. Mais un homme véritable serait bien pâle en littérature.

De même les personnalités secondes des somnambules sont des types et c'est pour cela peut-être qu'elles nous frappent tant. Le magnétiseur dit à un sujet dans l'hypnose : « Tu es un notaire ». Voilà un puissant monoïdéisme de créé. Toutes les caractéristiques des tabellions que le sujet a pu recueillir dans la vie normale surgissent au premier plan, se combinent et le sujet en toute sincérité joue au notaire. Son jeu est plus ou moins parfait suivant qu'il y avait dans son esprit plus ou moins de données sur les notaires : un huissier hypnotisé vous donnera un notaire bien plus réel qu'une pauvre femme qui ne connaît guère que par ouï dire ces gros officiers ministériels. Dans l'hypnose où il n'y a pas d'inhibition, le corps par ses attitudes reproduit tous les états divers de l'âme ; quelque chose d'analogue a lieu chez certains auteurs : ils composent un drame en le jouant de toute leur voix et de tous leurs gestes devant une glace : sans cela leur veine demeurerait improductive.

Quand on a affaire à un sensitif entrancé, le problème se complique d'une donnée nouvelle. Le sensitif ne puise pas qu'en lui-même les éléments de ses créations ; il lit dans l'âme des assistants mieux que ceux-ci n'y lisent eux-mêmes, cela est incontestable. C'est pourquoi il peut donner à tant de personnes d'un jugement sain l'illusion qu'elles conversent avec l'un ou l'autre de leurs chers disparus. Comment donc faire pour savoir si nous avons affaire au décédé lui-même ou à une simple personnalité seconde ? Ce n'est pas facile. C'est pourquoi le communiquant qui veut être pris au sérieux doit avant tout s'attacher à prouver son identité, en rappelant le plus grand nombre possible des incidents de sa vie sur terre, inconnus des assistants, mais vérifiables. Si le sensitif peut lire l'âme des assistants, il est beaucoup moins prouvé, il est même tout à fait improbable qu'il puisse lire aussi celle de personnes absentes, surtout de personnes dont il n'a jamais entendu parler. Peut-être lit-il dans l'âme du mort évoqué, au su ou même tout à fait à l'insu de celui-ci. Cette hypothèse expliquerait pourquoi les meilleures communications sont par moments si fragmentaires. En tout cas pour lire dans cette âme il faudrait qu'elle n'ait pas cessé d'exister : la preuve de la survie n'en sortirait pas moins de l'étude de ces phénomènes. Mais je crois, pour ma part, que les phénomènes médiumniques ne sont pas d'une nature unique : ceux qui de l'autre côté communiquent avec nous peuvent être passifs dans certains cas, mais ils peuvent aussi être actifs dans d'autre cas. Avec du travail nous arriverons à débrouiller tout cela.

La production du moi somnambulique de Mlle S. W., moi qui est, à l'opposé du moi normal, grave, digne, mélancolique, s'explique de la même manière que la production des personnalités secondes et prouve en somme en faveur du sujet, qui se rêve ainsi. C'est son idéal qui prend forme pour quelques instants. Chacun de nous n'en fait-il pas autant en mainte circonstance ? Par exemple, tel bon bourgeois pusillanime ne croit-il pas être, quand il se laisse aller au fil de la rêverie qui coule, un guerrier généreux et brave comme l'acier d'une épée ? Mlle S. W., qui en réalité est étourdie et gamine, aime à se croire par instants une grave et digne personne : tant mieux, elle finira peut-être par le devenir.

Quoi qu'il en soit, tous ces phénomènes sont incompatibles avec la conception d'une âme, simple synthèse éphémère du jeu de l'organisme physique. Plus on plonge dans l'abîme qu'est une âme, plus on le trouve vaste et profond. Une âme produit du corps serait beaucoup plus simple ; la conscience normale devrait être à peu près tout et la subconscience à peu près rien. C'est le contraire qui a lieu. Or si l'âme et le corps sont différents, absolument rien ne me force à admettre que l'âme et le corps meurent en même temps. L'âme peut très bien ne jamais mourir et c'est ce qui semble probable dès aujourd'hui pour une infinité de raisons.

CHAPITRE X

Les matérialisations.

Difficultés d'accepter le phénomène, bien qu'il soit aujourd'hui presque impossible de le nier. — Expériences de Carl du Prel et de la Société psychologique de Munich. — Expériences récentes du Dr Gibier en Amérique.

De tous les phénomènes de la zone-frontière, le plus stupéfiant, le plus invraisemblable est sans conteste celui des matérialisations. Il paraîtrait que les morts peuvent non seulement se manifester à nous de mille manières, mais qu'ils peuvent encore, quand ils ont à leur disposition un bon médium auquel ils empruntent de la matière, se reconstituer en totalité ou en partie un corps éphémère et réapparaître à nos yeux aussi vivants que jamais : nous pouvons les serrer dans nos bras et ils causent avec nous comme autrefois. Depuis les expériences de Crookes avec Katie King, faites voilà plus de vingt-cinq ans et qui eurent un retentissement considérable tant à cause du nom du célèbre physicien, que des précautions qui furent prises, le phénomène a été observé maintes fois et un peu partout par des hommes à qui on ne saurait refuser le sérieux et qui se portent garants de sa réalité. En fait tous les médiums quelque peu puissants donnent des matérialisations. Néanmoins le phénomène est tellement invraisemblable qu'on ne doit pas en vouloir à ceux, dont je suis, qui n'ayant jamais eu l'occasion de l'observer disent : « Je ne nie pas : un être aussi insignifiant que moi ignore trop ce qui est possible et ce qui est impossible dans l'Univers. Et puis tant d'hommes perspicaces n'ont pas pu se laisser tromper lourdement. Eh bien ! malgré tout, pour croire, je voudrais voir ». Je ne dis rien de ceux qui, du haut de leur omniscience, savent bien que le phénomène est impossible et sourient de pitié en haussant les épaules : ce ne sont que des sots et, si durant cette vie éphémère, on voulait perdre son temps à convaincre les sots, il n'en resterait pas pour autre chose.

Je voudrais rapporter ici le témoignage de deux hommes dont, je pense, on ne conteste pas le sérieux à moins qu'on n'ignore totalement leurs œuvres. Le premier est Carl du Prel à qui, dans cet ouvrage, j'ai déjà fait tant de larges emprunts ; l'autre est le docteur Paul Gibier. Celui-ci, voilà une quinzaine d'années, fit des expériences psychiques alors qu'il était jeune médecin tout frais émoulu de la Faculté. Il eut le courage — oh ! la jeunesse ! — de les publier. C'était alors un jeune homme qui promettait ; mais l'occasion était trop belle ; les chers collègues, jeunes et vieux, en profitèrent pour lui couper l'herbe sous les pieds et il dut aller chercher fortune à New-York où, du reste, il ne réussit pas trop mal, tout en s'entêtant dans sa folie et en continuant ses relations compromettantes avec les médiums. Peu de temps avant sa mort récente et prématurée, due à un accident, il a publié une relation d'expériences de matérialisation très intéressantes, dont je veux dire quelques mots. Mais je dois commencer par Carl du Prel.

Carl du Prel, en août 1894, publia, dans le journal allemand l'*Avenir*, la relation d'expériences faites, à la « Société de psychologie scientifique » de Munich, dans des conditions à certains égards excellentes. Je vais traduire les passages de cette relation les plus importants à mes yeux, en regrettant de ne pouvoir la traduire tout entière, faute de place.

Pendant les dernières vacances de Pâques je reçus une lettre de M. H. Ohlhaver de Hambourg où il me disait que, « pour me remercier d'avoir courageusement pris parti pour le spiritisme », il désirait me fournir sa part de faits. Dans ce but il viendrait à Munich avec sa fiancée, Mlle Elisabeth Tambke, médium privé, et me donnerait des séances. Malheureusement il ne pouvait disposer que de dix jours. J'acceptai l'offre avec reconnaissance mais proposai que les expériences eussent lieu devant la Société de psychologie scientifique ; M. Ohlhaver le voulut bien et consentit non seulement à ce que, avant chaque séance, le médium fût fouillé par ma femme, mais à ce que toute une commission de dames fût nommée à cet effet. Il ne devait pas être question d'honoraires, pas même du remboursement des frais de voyage.

Mlle Tambke demeura à Munich du 28 mai au 9 juin et fut l'hôte de la famille du Dr Von Arnhard, l'un de nos membres ; quant à M. Ohlhaver il descendit dans un hôtel voisin. Malheureusement une étoile défavorable présida à notre entreprise : Mlle Tambke fut indisposée pendant le voyage et durant tout son séjour ici ; en outre pendant tout le temps des expériences les journées furent lourdes et orageuses, ce qui, au su de tout le monde, nuit aux manifestations médiumniques.

L'un de nos membres, le peintre Halm-Nicolaï, mit à notre disposition son vaste atelier où il ne s'était pas encore installé et qui était entièrement vide. On organisa un cabinet noir dans un coin, en suspendant au plafond un rideau noir, divisé en quatre, derrière lequel on plaça un fauteuil. Une rangée de chaises fut disposée à quelques pas du cabinet et des appareils photographiques, appartenant à nos membres, furent installés en différents points de l'atelier. Les deux fenêtres, une très grande et une petite, percées dans le même mur, furent couvertes avec des draperies ; mais la pénombre ainsi obtenue n'empêchait pas d'embrasser toute la pièce d'un coup d'œil ni de reconnaître les visages.

Quatre dames fouillèrent le médium avec le plus grand soin et, naturellement, ne découvrirent rien de suspect. Mlle Tambke intentionnellement n'avait mis que des vêtements de couleur ; elle avait des bas noirs et des bottines à boutons, montant très haut. Elle avait remplacé sa robe par un simple cache-poussière, qu'à la première séance on boutonna par devant et qu'on cousit à la deuxième. Inutile de dire que les deux portes de l'atelier furent soigneusement fermées. Le médium prit place dans le cabinet, mais ne fut pas attaché : la pratique m'a démontré que les liens nuisent aux matérialisations ; du reste ils sont inutiles quand on est bien décidé à n'accepter les phénomènes comme réels qu'après avoir pu voir et photographier en même temps le médium et le fantôme.

Aux séances de Mlle Tambke, généralement les fantômes apparaissent au bout de très peu de minutes, vont et viennent au milieu des assistants et même leur parlent. Mais cela n'eut pas lieu avec nous à cause de l'indisposition du médium et de la température accablante. Une main faisant des signes avec un mouchoir annonça le début des phénomènes ; des formes blanches apparurent entre les rideaux mais ne purent supporter longtemps les regards. Plus tard elles demeurèrent plus longtemps et on put les voir de la tête aux pieds. Un seul fantôme, à la deuxième séance, quitta tout à fait le cabinet et persista un temps assez long.

Il ne saurait être question de fraude. Il aurait fallu des vêtements, des masques et des perruques et nous sommes sûrs qu'aucun complice n'en apporta. Pour vêtir une seule forme il aurait fallu au moins huit mètres d'étoffe. Ceux qui approchèrent les fantômes remarquèrent que les étoffes dont ils étaient drapés n'étaient pas du même tissu ; pour vêtir tous ces fantômes vingt mètres d'étoffe n'auraient pas suffi : où le médium les aurait-il cachés ?

A la première séance eut lieu trois fois, à la seconde une fois, un incident qui rend la fraude encore plus improbable. Lorsque les fantômes rentraient dans le cabinet, les rideaux étaient écartés largement des deux côtés et nous pouvions voir pendant assez longtemps le médium endormi. Quant aux fantômes et à leurs draperies blanches, ils avaient disparu.

C'est l'od qui, dans ces manifestations, sert à la production des fantômes qui tantôt sont des formes purement vaporeuses, tantôt des formes tangibles. La plus grande partie de cet od est empruntée au médium. C'est une volonté qui l'organise.

Dans nos séances, tous les fantômes eurent des défauts organiques plus ou moins prononcés. M. Bayersdorfer vit la main d'un fantôme, qui apparut entre les rideaux juste en face de lui, nettement matérialisée ; mais le bras, au delà du coude, devenait de plus en plus mince et ressemblait à un bâton.

De son côté, la baronne Poissl, qu'un fantôme embrassa, sentit la main, mais ne sentit pas le bras. Même à leurs mouvements, on devinait chez les fantômes des défauts organiques ; ils faisaient tous les efforts possibles pour s'éloigner du médium et sortir du cabinet, mais ils y revenaient toujours comme s'ils n'avaient pas pu, à quelque distance de la source de leur force, se tenir sur leurs jambes. A la première séance, il y eut une autre circonstance défavorable : dès que les fantômes se montraient, ils étaient exposés à une lumière trop vive ; la draperie qui couvrait la grande fenêtre ne montait pas assez haut et laissait passer un long filet de lumière qui, par contraste avec la pénombre du reste de la pièce, éblouissait les fantômes et les contraignait à tenir la tête baissée. A la deuxième séance, on avait remédié à cet inconvénient et les fantômes se montrèrent plus fermes. S'ils ne parlèrent pas, il faut aussi l'attribuer à une insuffisance de matérialisation. Quand ils voulaient appeler quelqu'un auprès d'eux, ils lui faisaient signe avec un mouchoir ou bien ils avaient recours aux organes vocaux du médium.

Ce qui prouve encore l'insuffisance de la matérialisation, c'est la rapidité de la dématérialisation quand — cela arriva quatre fois — les rideaux étaient ouverts et qu'on apercevait le médium endormi. Un fait bien digne de remarque est le suivant : les étoffes semblaient se dissoudre moins vite que les formes elles-mêmes. Une fois une étoffe blanche, quelque chose comme un voile qu'on aurait laissé tomber, demeura en avant des rideaux ; on ne le tira pas dans le cabinet et il s'évanouit petit à petit comme de la neige qui se fond : quatre témoins se portent garants du fait.

Voilà plus de cent ans que Mesmer a remarqué l'influence heureuse que les ondes sonores harmonieuses ont sur tous les phénomènes où l'od joue un rôle. Les Américains ont fait la même remarque et c'est pour cela que chez eux les séances spirites sont souvent accompagnées de musique. Nous avions installé un harmonium et M. Halm-Nicolaï en jouait comme il sait le faire, en artiste. En une occasion, pendant qu'il jouait, un bras vêtu d'une manche étroite écarta les rideaux et se tendit vers lui. Plusieurs d'entre nous furent frappés de l'extraordinaire beauté de la main. Plus tard une forme apparut du côté de l'harmonium et la voix du médium se fit entendre, disant que la mère de M. Halm-Nicolaï était là. Je donne maintenant la parole à ce dernier :

« Quand je fus près du cabinet, les rideaux s'ouvrirent. Le fantôme que je vis avait bien la taille de ma mère, mais le visage imparfaitement matérialisé lui ressemblait si peu que, m'adressant à du Prel, je dis : Ce n'est pas elle. Le fantôme alors rentra dans le cabinet puis ressortit : la ressemblance était plus grande ; mais je ne pouvais pas distinguer les yeux parce qu'ils semblaient encore incomplètement formés et parce que la tête était penchée en avant. Je demandai au fantôme de me donner la main ; il le fit. La ressemblance de cette main avec celle de ma mère me frappa. Ma mère avait une main très belle. Je lui demandai si je ne portais pas sur moi quelque chose qui lui eût appartenu. Elle me fit signe de lever les mains; je lui tendis les deux avec la paume en haut.

Elle repoussa l'une et prit l'autre, la retourna et, à deux reprises, désigna la pierre de ma bague. Cette pierre, elle l'avait portée sa vie durant quoique enchâssée dans une autre bague. Quand elle se retira, je voulus faire une autre expérience. Je me mis à l'harmonium et je jouai le chant de Schubert : « Au bord des flots », un de ses morceaux favoris et qu'elle avait tant de fois chanté. Pendant que je jouai elle ne cessa d'agiter son mouchoir avec émotion. Je revins au cabinet et elle me tendit de nouveau son bras que je pus voir jusqu'au coude bien nettement matérialisé et vivant. Elle plaça sa main gauche sur ma tête, puis sur ma main, puis de nouveau sur ma tête et, dans ce geste, elle s'inclina vers moi bien en avant du rideau largement entr'ouvert. Puis le visage perdit sa ressemblance avec celui de ma mère et prit de la ressemblance avec celui du médium, mais pour quelques instants seulement et, enfin, le rideau se ferma. L'étoffe des vêtements n'était pas du tout la même que celle des vêtements d'un autre fantôme qui parut peu après ; on coupa un échantillon de cette dernière. Elle était moins blanche et plus épaisse. La manche, d'abord étroite, devint très large et pendante. La matérialisation du corps ne sembla jamais complète. En dessous du buste, non seulement les vêtements, mais tout le corps semblait manquer. La main que je tins dans la mienne était très molle. »

Voici maintenant les impressions de la baronne Poissl, exposées par elle-même :

« Une forme apparut au rideau, agitant son mouchoir. Le médium appela mon nom : j'approchai.

L'ensemble de l'apparition aurait pu être celui de ma mère, mais les traits du visage étaient ceux du médium. Le fantôme rentra dans le cabinet, puis il en ressortit une forme beaucoup plus grande que je reconnus aussitôt pour celle de mon amie décédée Julie von N..., avec laquelle j'avais souvent échangé la promesse d'apparaître après la mort. Je reconnus aussitôt mon amie à sa manière particulière de me tendre la main puis de frapper trois petits coups sur la mienne. Elle avait un nez court aux ailes très mobiles, des yeux noirs, de grandes pupilles et de longs cils ; les cheveux étaient noirs aussi, alors que ceux du médium étaient blonds. Je n'avais nullement pensé à cette amie, j'attendais bien plutôt ma mère ; mais les gestes, le sourire, les mouvements de la tête, tout rappelait mon amie. La main du fantôme ressemblait aussi à celle de mon amie. Elle fit signe de la tête que « oui » comme si je lui avais demandé : Est-ce bien toi ? Quand la forme se retira, je pus jeter un coup d'œil dans le cabinet ; il y avait sur le plancher une partie du vêtement blanc ; un bras du fantôme était encore visible et ce bras — deux messieurs assis tout près des rideaux ouverts purent aussi le voir — sembla se fondre dans le creux de l'estomac du médium. Pendant toute la durée de cette scène je n'éprouvai aucune émotion ; j'essayai bien plutôt de tirer la forme en avant mais je ne sentis aucune résistance. Le fantôme m'embrassa plusieurs fois, mais il me semblait que les mains et le poignet seuls étaient matérialisés et que le bras manquait. Dans le baiser que je reçus, je ressentis le contact de deux lèvres fermes et sèches. Le fantôme ne ressemblait nullement au médium. Les cheveux frisés sur le front n'étaient pas seulement plus foncés ; ils étaient plus longs que ceux du médium. La teinte brune de la peau était bien aussi celle de mon amie. Quand la forme se retira, les rideaux s'ouvrirent pour lui livrer passage et deux messieurs assis tout près crurent entendre le bruit léger de l'étoffe des vêtements qui tombait à terre ».

Je borne là ma citation. Le rapport de du Prel contient bien d'autres remarques intéressantes et plusieurs autres relations de témoins; mais je dois m'arrêter. Je passe maintenant aux expériences dont j'ai parlé, faites par le Dr Paul Gibier. Je n'ai malheureusement pas le texte français à ma disposition; je n'en ai qu'une traduction espagnole, mais elle me semble bonne et autant que possible je lui emprunterai mes termes. Même quand j'abrégerai, je parlerai à la première personne comme le Dr Gibier l'a fait. Naturellement je ne prendrai que le plus important.

J'appellerai Mme Salmon le médium avec lequel j'ai obtenu les phénomènes dont je vais parler. C'est une dame américaine qui, depuis plusieurs années, se prête à mes expériences. A plusieurs reprises elle a résidé chez moi à l'Institut bactériologique de New-York, pendant des espaces de temps variant de quelques jours à un mois. Les dames de ma famille ont pu examiner à loisir ses vêtements avant chaque séance.

A chaque séance je payai d'avance à Mme Salmon une somme déterminée, parce que sa situation matérielle ne lui permet pas de donner son temps pour rien; mais on va voir que cette circonstance est plutôt une preuve de plus en faveur de sa sincérité. En une occasion j'ai expérimenté plusieurs semaines sans rien obtenir, probablement parce que, à cette époque, le médium traversait une crise de neurasthénie. Ces échecs abattirent complètement la pauvre femme ; malgré mes instances et celles de ma famille, elle ne voulut plus continuer et rentra chez elle ; et quoique nécessiteuse, on ne put lui faire accepter la totalité de la somme convenue.

Les expériences eurent lieu dans mon laboratoire de New-York ou dans une maison de campagne située à une heure de chemin de fer de la ville. La pièce où on expérimentait, à New-York comme à la campagne, mesurait six mètres sur quatre et demi ; elle était tendue de tapisseries noires sur lesquelles on pouvait distinguer la moindre vapeur lumineuse. L'éclairage était assuré par une lanterne introduite dans une boîte en bois n'ouvrant qu'à sa partie antérieure ; le tout était placé sur le sol à l'extrémité de la pièce faisant face au cabinet. Une lame de verre bleu qui glissait dans des rainures sur la face ouverte de la boîte et qu'on pouvait monter ou baisser à volonté au moyen d'une ficelle permettait de graduer l'éclairage à volonté. Je brûlai d'abord de l'huile dans ma lanterne puis je me servis de gaz acétylène.

Quelques-unes de mes expériences ont été faites avec une cage complétée par un cabinet tapissé ; d'autres avec un cabinet spécial sans cage.

La cage était formée de treillis de fil de fer galvanisé fixé à de solides montants en bois ; elle était naturellement couverte du même treillis ; la porte, dont les gonds étaient fixés extérieurement, se fermait avec un cadenas. Les mailles du treillis étaient justes assez grandes pour qu'on pût y passer l'extrémité du petit doigt. Les fils de fer avaient une épaisseur d'un millimètre et demi. La cage était couverte de grands rideaux très épais, destinés à empêcher le moindre rayon de lumière d'y pénétrer ; à droite ces rideaux recouvraient encore un espace carré qui était le véritable cabinet aux matérialisations.

Le médium entrait dans la cage et s'asseyait sur une chaise ordinaire ; on fermait la porte avec le cadenas et on tirait les rideaux de manière à ce qu'ils vinssent se joindre complètement. Les préparatifs se faisaient à la pleine lumière du gaz, puis on éteignait et la lanterne seule éclairait la pièce, mais donnait assez de lumière pour qu'au bout d'un instant on distinguât les objets et les assistants.

Les apparitions commençaient dans ces conditions. Elles étaient nombreuses et variées. Les deux esprits qui se manifestaient le plus fréquemment étaient d'abord un cousin du médium nommé Ellan, mort depuis trente ans ; puis une petite fille du nom de Maudy. Ellan ne parle que l'anglais, mais un anglais assez correct, plus correct que celui du médium. Dans l'ensemble Ellan fait l'impression d'un ouvrier qui par moments se changerait en prédicateur. Maudy, elle aussi, ne parle que l'anglais. Encore au berceau elle fut, dit-elle, assassinée avec toute sa famille, voilà quarante-cinq ans, dans ce qui était alors le Far-West. Sa voix est celle d'une fillette de 6 à 8 ans. Je lui ai demandé à maintes reprises pourquoi elle n'avait pas l'air plus âgé ou pourquoi elle ne prenait pas la forme d'un enfant au berceau : ses réponses ont été contradictoires.

A une séance qui durait déjà depuis deux heures, nous entendîmes tout à coup la voix de Maudy à l'intérieur de la cage, disant que les forces du médium étaient épuisées et que, pour cette raison, on considérerait la séance comme terminée. Elle avait à peine fini de parler que la voix d'Ellan se fit entendre à son tour. S'adressant à moi, celui-ci dit : « Venez recevoir notre médium qui va sortir et qui aura besoin de vos soins ». Croyant que le moment était venu d'ouvrir la porte de la cage et de donner la liberté au médium enfermé depuis longtemps dans cet espace étroit, je me levai pour ouvrir le gaz, mais la voix m'arrêta : « Attendez pour donner de la lumière que le médium soit sorti ». Comme je ne me doutais pas du tout de ce qui allait arriver, je m'approchai pour ouvrir la porte et je sentis le treillis de fer à travers les rideaux. Au même instant ma main fut repoussée doucement, mais par une force irrésistible et je vis le rideau s'enfler comme sous l'impulsion d'un corps volumineux. Je saisis la masse qui se présentait ainsi à moi et je fus étonné en m'apercevant que je soutenais dans mes bras une femme évanouie. Je levai alors le rideau qui la couvrait : c'était Mme Salmon et elle serait tombée sur le plancher si je ne l'avais pas soutenue dans mes bras. Je l'assis sur une chaise et les dames présentes l'aidèrent à reprendre ses sens.

Sans perdre un instant et pendant que l'un de nous allumait le gaz, je palpai la cage en tout sens et particulièrement la porte, sans rien découvrir de particulier.

Aussitôt que le gaz fut allumé, nous examinâmes les rideaux du cabinet et nous les trouvâmes dans le même état qu'au commencement de l'expérience. On les enleva et on examina presque une à une les mailles du treillis et le cadenas : il n'y avait rien d'anormal nulle part.

Je sortis la clef du cadenas de la poche de mon gilet où je l'avais mise au début de la séance et j'ouvris la porte ; elle tourna doucement sur ses gonds et je pus me convaincre que ceux-ci n'avaient pas été déplacés. Du reste, pendant toute la durée de la séance, j'étais demeuré assis à moins d'un mètre de distance de la porte ; j'aurais entendu le moindre bruit anormal et j'affirme qu'il n'y en eut pas.

Tel est le stupéfiant phénomène dont j'ai été témoin deux fois dans mon propre laboratoire, à quelques jours d'intervalle. J'ai pu le voir une troisième fois en dehors de chez moi.

Beaucoup de mes amis, spirites convaincus, m'ont assuré qu'en des cas semblables, après le passage du médium au travers de la porte, ils ont trouvé brûlant le treillis de fer. Pour ma part je dois déclarer que j'ai touché avec beaucoup de soin les mailles du treillis ainsi que la barre de bois que le médium avait traversés ; la température m'en a paru un peu inférieure à celle de ma main. Mais je n'en veux nullement conclure à de la mal-observation chez mes amis ; quelque grande que soit la confiance que j'ai dans le témoignage de mes sens, ceux de mes amis les valent probablement.

Sous l'influence de quelle force de pareils phénomènes peuvent-ils se produire ?

J'ai interrogé Ellan, espérant en obtenir des éclaircissements, mais n'ai guère réussi. Voici notre dialogue :

— Est-ce vous qui avez fait sortir le médium de la cage ?

— Moi et les autres esprits qui m'aident dans ces manifestations.

— Comment avez-vous procédé ?

— Nous décomposons la matière et nous la recomposons instantanément.

— Est-ce la matière du corps du médium que vous avez décomposée et recomposée où est-ce celle de la porte ?

— Naturellement, c'est celle de la porte. La matière vivante ne peut pas se dématérialiser ; au contraire rien ne nous est plus facile que de dématérialiser et reconstituer la porte de la cage.

— Vous êtes bien sûr que la matière vivante ne peut être dématérialisée ? Je sais cependant des cas où on l'a fait.

— Vous devez avoir raison, mais moi je n'en sais rien.

Soyez bien sûr que nous avons beaucoup à apprendre et que nous, les désincarnés, nous sommes très contents quand nous pouvons recevoir quelque enseignement de la part des incarnés. Il y a sur votre plan beaucoup de personnes bien plus avancées que quelques esprits de notre sphère.

Je ne pus pas découvrir la moindre trace d'ironie dans le ton de ces paroles.

Ellan paraît ignorer la géométrie de la quatrième dimension, dont on a tant parlé à propos de ce prodigieux phénomène du passage de la matière à travers la matière. Quoi qu'il en soit, il n'a pu ou n'a pas voulu me donner de plus amples explications quand je l'ai prié de me décrire le procédé des dématérialisations.

Mais après tout était-il sincère quand il me disait que la matière vivante ne peut être dissociée psychiquement ? Il n'est pas possible qu'il ignore qu'en se revêtant d'un corps matériel, il doit utiliser celui du médium et le dématérialiser en partie.

Les remarques du Dr Gibier sont pleines de sens. Il est surprenant qu'on n'ait jamais pu obtenir des fantômes des renseignements quelque peu précis sur les procédés par eux employés pour se manifester ; et pourtant c'est un fait. Aucun fantôme n'a pu ou n'a voulu en donner.

Maintenant que sont ces fantômes ? Des désincarnés qui se manifestent à nous ? Peut-être. Mais peut-être ne sont-ils aussi que de simples projections odiques inconscientes du médium, projections qui adoptent une personnalité sous l'influence de la pensée du médium et des assistants. Cette dernière hypothèse rendrait compte de leur ignorance. Mais d'autre part bien des faits ne s'en accommodent pas.

L'hypothèse la plus vraisemblable est que ces fantômes sont bien ce qu'ils prétendent être : des esprits de l'au-delà, des désincarnés qui prennent un corps éphémère pour se manifester à nous. Mais, quelque vraisemblable qu'elle soit, ce n'est encore là qu'une hypothèse, ce n'est pas une incontestable vérité.

Quoi qu'il en soit, si ces phénomènes sont réels — et comment en douter ? — que deviennent nos conceptions sur la matière ? Nous sommes ramenés à la conception que j'ai déjà exposée. Les états de la matière que nous connaissons ne sont pas les seuls qui existent : il y en a d'autres, peut-être en nombre infini. L'état odique est un état intermédiaire entre ceux qui constituent notre monde et ceux qui constituent l'au-delà. Pour un désincarné même d'une intelligence médiocre et d'une mentalité inférieure, il est facile d'amener, sans transition et avec la rapidité de la pensée, la matière des états où elle est dans notre monde à l'état odique ; puis il lui est également facile de faire l'inverse et de ramener la matière de l'état odique aux états solides, liquides ou gazeux. Il ressortirait nettement de cette conception qu'il n'y a un au-delà que pour nos sens physiques : nous percevons jusque-là et pas plus loin, mais des esprits plus parfaits doivent percevoir infiniment plus loin.

que nous, surtout s'ils ne sont pas emprisonnés dans un corps de chair.

Maintenant dans quel but cet emprisonnement dans la chair, emprisonnement qui est du reste temporaire ? Nous ne le savons pas pour le moment, nous le saurons peut-être un jour. Mais les procédés par lesquels on nous emprisonne ou par lesquels nous nous emprisonnons nous-mêmes ainsi commencent à nous apparaître un peu moins mystérieux. La matérialisation des fantômes, l'émission de doubles et la naissance sont des phénomènes de même nature. Les procédés de la naissance et de la croissance sont longs et compliqués afin de donner au corps une certaine durée ; un corps formé par d'autres procédés serait essentiellement éphémère. Et nous avons besoin de séjourner ici plus longtemps.

CONCLUSION

Les trois idées principales qui ont guidé l'auteur dans ce travail. — Les vieilles conceptions philosophiques et religieuses s'effondrent. — Mais d'immenses horizons nouveaux s'ouvrent devant nous. — Il faut travailler. — Appel à tous ceux que la grande Enigme torture.

J'ai essayé, dans cet ouvrage, de dégager trois conceptions, qui, à mes yeux, dominent la plupart des phénomènes de la zone-frontière observés jusqu'ici.

En premier lieu, l'existence de l'od, ou, pour être plus exact, de l'état odique. Cet état odique est un état de la matière, intermédiaire entre les états solide, liquide et gazeux familiers à nos sens, et les états, inconnus de nous, de la matière dans le monde qui suit le nôtre. L'od humain est le véhicule, le char de l'âme ; c'est par son intermédiaire que l'âme peut agir sur l'organisme physique, et c'est par cet organisme qu'elle peut agir sur le monde physique, ou que le monde physique peut agir sur elle. Les visions de doubles, les matérialisations, la télékinésie et bien d'autres phénomènes sont des phénomènes odiques. Dans certaines conditions, l'od peut impressionner la plaque photographique ; mais en général, il l'impressionne faiblement. Mais, quand on aura cessé de nier l'existence de l'od, quand on voudra sérieusement l'étudier, on trouvera, j'en suis persuadé, des corps chimiques plus sensibles à l'action de l'od que ceux qui composent la plaque photographique actuelle ; on trouvera, j'en suis également persuadé, bien d'autres procédés encore, qui non seulement nous révèleront son existence, mais nous dévoileront ses modalités. Ce jour-là seulement, l'étude des psychoses, des névroses, et de toutes les folies en général, commencera sur une base sérieuse. Toutes ces maladies sont accompagnées de troubles odiques, et c'est en agissant directement sur l'od qu'on peut espérer les vaincre.

En deuxième lieu, j'ai essayé de montrer l'importance de monoïdéismes. C'est l'étude des monoïdéismes qui nous donnera une idée des puissances infinies qui sont latentes dans l'âme. La volonté, l'attention, la suggestion sont des monoïdéismes.

Enfin, en troisième lieu, j'ai essayé de démontrer qu'une âme peut percevoir directement la pensée. C'est dans cette faculté qu'il faut chercher l'explication de la plupart des phénomènes du rêve et celle des hallucinations.

Ces conceptions sont-elles basées sur un nombre de faits suffisants ? Sont-ce là des vérités démontrées ? Non, il faudrait être très sot et très présomptueux pour le prétendre. Depuis cent ans on a déjà beaucoup étudié la zone-frontière, et ces trois grandes lignes semblent se dessiner à l'horizon. Mais ce n'est peut-être qu'un mirage : alors, qu'on nous débarrasse de ce mirage ? Assez de mirages décevants ont déjà conduit notre pauvre humanité aux abîmes.

Le psychisme est un nouveau continent qu'on devine immense, mais sur lequel on vient à peine d'atterrir. Parmi les premiers pionniers, les uns enthousiasmés par la beauté du ciel, par l'étrangeté et l'exubérance de la végétation, se sont peut-être laissé entraîner trop loin dans leurs conjectures ; les autres, devant cette nature vierge et mystérieuse, ont été pris d'effroi : ils demeurent immobiles sur le rivage de la nouvelle terre, cherchant du regard dans l'horizon leur ancienne et mesquine patrie. Il faut que cela cesse : le temps de la découverte est passé ; celui de l'exploration et de la colonisation est arrivé. Il faut que des armées de colons quittent leurs îles natales, où ils s'écrasent, et viennent par le travail humaniser la terre nouvelle. Pour ma part, je les appelle de tous mes vœux, ces explorateurs et ces colons : je voudrais tant en savoir plus long sur cette terre mystérieuse ; mais je veux avoir des détails précis, je ne puis me contenter des affirmations des marins qui n'ont fait que longer ses rivages et qui ne l'ont contemplée que du pont de leurs vaisseaux.

Néanmoins, nous savons assez déjà de choses certaines sur le psychisme pour ne pas pouvoir accepter plus longtemps la conception du monde chère aux monistes. Cette conception est fausse. Néanmoins, de toutes les conceptions que l'homme avait élaborées jusqu'aujourd'hui, c'est la conception moniste qui satisfaisait le mieux notre raison. Mais je dirais presque qu'elle la satisfait trop. Le monde, c'est l'infini dans la grandeur et dans la complication. Un monde qu'un esprit aussi débile que le mien peut concevoir aisément, qu'il aurait presque pu créer lui-même, ce ne peut pas être là le monde vrai. La conception moniste du monde est, comme la conception chrétienne, une conception de la période d'orgueil enfantin que l'esprit humain semble avoir à traverser. Mais certains esprits ont enfin atteint la période d'humilité. Pouvait-il y avoir quelque chose de plus orgueilleusement enfantin que de concevoir l'homme et le grain de poussière sur lequel il évolue comme le centre de l'univers, que de concevoir un dieu anthropomorphe dont l'homme est le plus bel ouvrage, un dieu qui a besoin de la fumée de l'encens et des louanges de ses créatures, un dieu qui a besoin de prêtres comme intermédiaires? Concevoir ainsi Dieu, c'est un immense blasphème. Le dieu de l'Église romaine, et de toutes les Églises, est une monstrueuse création du prêtre. Ce n'est pas l'homme qui est fait à l'image de Dieu, c'est ce dieu-là qui est fait à l'image du prêtre. Il ne faut donc pas s'étonner s'il est aussi grotesque et aussi méchant.

Les monistes ont enfin jeté cette idole au bas de son piédestal; et c'est là surtout ce qui les a rendus sympathiques. Le monisme a séduit beaucoup d'esprits, parce qu'il était une réaction nécessaire contre la théologie. Mais s'il a détruit cette idole qu'est le dieu des prêtres, il n'a pas détruit une deuxième idole : l'homme s'adorant lui-même. Le monisme a fait de l'homme la mesure de l'univers. L'homme, débarrassé de l'épouvantail qui l'avait effrayé pendant des âges, s'est dit, comme un enfant, quand le matin commence à poindre et chasse les terreurs de la nuit : Plus de Dieu ! donc c'est moi qui suis dieu ! L'univers est une machine analogue à celles que je construis. Cependant ce n'est pas moi qui l'ai construite. Alors, comme il n'y a dans le monde d'autre intelligence que la mienne, la machine s'est construite toute seule, au hasard et sans but.

Naturellement cette conception n'est pas énoncée dans les livres des monistes avec cette simplicité. Sinon son absurdité serait tellement évidente qu'eux-mêmes en auraient honte. Mais c'est bien là ce qu'il y a au fond de leurs grandes phrases. Toutefois distinguons : il y a chez la plupart des monistes deux hommes, le savant et le philosophe. Je viens de dire ce que je pense du philosophe. Mais je ne pense pas la même chose du savant. Le savant, ouvrier calme, observateur patient, a rassemblé des montagnes de faits ; il a illuminé, de la lumière de sa pensée, des coins très obscurs ; en un mot, il a rendu à l'humanité des services inappréciables. Je m'incline bien bas devant la science moniste ; mais la philosophie moniste me fait sourire comme un enfantillage.

Aussi cette philosophie, à peine échafaudée, va-t-elle déjà s'écroulant. La plupart des vieux pontifes sont morts ; leur travail de savants leur survit, mais leur pensée de philosophes n'est déjà plus acceptée que sous bénéfice d'inventaire par leurs propres élèves. Je n'en veux d'autre exemple que les ouvrages récents de M. Mœterlinck, un cerveau robuste et sain. L'an dernier, il nous raconta l'odyssée épouvantable de la vie des abeilles. Après nous avoir décrit des travaux, des efforts, des douleurs inouïes, il nous fit entendre que tout cela n'avait d'autre but qu'une vague évolution de la race des abeilles, race qu'un caprice de l'homme ou un accident peut faire disparaître tout à coup et à tout jamais de la planète.

M. Mœterlinck, toutefois, n'affirmait pas aussi nettement qu'un vieux moniste l'aurait fait, et il était sage. Si vraiment la douleur immense du monde des abeilles, comme la douleur immense du monde humain, n'est destinée qu'à élaborer des abeilles ou des hommes plus parfaits, c'est-à-dire pouvant souffrir encore davantage, dès qu'une créature est arrivée à s'assurer qu'il en est ainsi, s'il lui reste pour deux liards de raison, le mieux qu'elle ait à faire, c'est de se supprimer elle-même et le plus vite possible. Tuer et détruire, c'est être compatissant et miséricordieux. Ne me dites pas que la vie est sacrée : une chose mauvaise et sans but ne peut pas être sacrée. Ce qui est souverainement malheureux, c'est que le philosophe qui est arrivé à comprendre l'inanité de la vie n'ait pas le pouvoir de la supprimer d'un coup sur toute la planète. Si les monistes ont découvert la vérité, espérons, mon Dieu, que l'humanité sera assez sage pour travailler elle-même à son propre suicide.

La vie ne peut être sacrée que si elle est une transition nécessaire pour que les êtres puissent parvenir à des destinées plus hautes.

Si les monistes ont découvert la vérité, qu'on ne vienne pas me dire, par exemple, que je dois de la reconnaissance à mes parents. Ce que je leur dois, à ces malheureux, c'est ma malédiction. Comment ! J'étais plongé dans la béatitude infinie du non-être, et eux, en brutes qui obéissent à un instinct sans savoir ce qu'elles font, ils m'ont jeté dans cet océan de douleurs qu'est la vie. Qu'ils soient maudits ! Leur dois-je de la reconnaissance parce qu'ils m'ont élevé ? Fi donc ! Tous leurs bienfaits n'expieront jamais le crime qu'ils ont commis à mon égard en me mettant au monde. Mais si, au contraire, moi, Esprit immortel en évolution, j'avais besoin d'un corps physique temporaire pour assurer ma marche en avant, je dois une reconnaissance infinie à ceux qui me l'ont donné au prix de grandes douleurs. Ma destinée étant de m'élever toujours, je leur dois de la reconnaissance pour l'éducation qu'ils me donnent.

Je pourrais longtemps continuer ainsi : ce n'est pas utile. Cette année-ci, M. Mœterlinck nous a donné un nouveau livre, très beau également, moins que le précédent peut-être. Ce livre, à côté d'idées très justes, en contient de bizarres. M. Mœterlinck admet la réalité de la chance et de la malchance, comme la plupart de ceux qui réfléchissent. Les hommes ont une destinée ; il en est à qui tout réussit, sans qu'on puisse savoir pourquoi ; et il en est d'autres qu'une guigne noire poursuit, durant toute la vie. Est-ce hasard ? Non. Le mot *hasard* est un de ces mots creux qui ne servent qu'à voiler notre ignorance. Dans un monde comme celui-ci, où tout obéit à des lois immuables, il n'y a pas de hasard. Mais admettons qu'il y en ait, pour un instant. En ce qui concerne les phénomènes de la chance et de la malchance, le simple calcul des probabilités suffit à écarter toute idée de hasard. M. Mœterlinck attribue donc le phénomène à l'Inconscient, et il ne voit pas que ce n'est là qu'un mot, mais un mot malheureux capable de créer un mirage qui peut décevoir l'humanité pendant un quart de siècle. L'inconscient, pour l'homme, c'est le néant, et peut-on aller chercher la cause d'un phénomène dans le néant ? Nous, les psychistes, nous parlons de subconscient, ce n'est pas la même chose. Le subconscient peut, dans certaines conditions, être ramené à la lumière de la conscience normale. Comment y amener l'Inconscient ? Non, pas de mots creux ! Quand nous ne connaissons pas la cause d'un phénomène, disons: nous ne connaissons pas la cause de ce phénomène, et ne disons pas : la cause de ce phénomène, c'est l'Inconscient. Nous laisserons ainsi la voie libre à la recherche, et nous finirons peut-être par découvrir cette cause. En tout cas, cessons donc d'agir en enfants ; ayons le courage d'avouer notre ignorance et la débilité de notre esprit.

Un autre livre récent, où l'on constate l'inanité du monisme, est celui du Dr Grasset : *Les Limites de la Biologie*. Mais ce livre-là est conçu dans un autre esprit que celui de M. Mœterlinck, dans un esprit qu'on ne s'attendrait pas à trouver chez un médecin de la valeur du Dr Grasset. Ce médecin aime les théologiens et il les a fréquentés : il leur a même emprunté quelques-uns de leurs procédés. On s'attend à voir un médecin exposer des faits et les discuter : le Dr Grasset aime mieux aligner des textes et les disséquer. Puis, il range la théologie parmi les sciences : c'est une mauvaise farce. L'idée de derrière la tête du Dr Grasset est celle d'un homme, qu'il admire du reste, de M. Ferdinand Brunetière. Celui-ci serait certainement tombé dans l'oubli s'il n'avait trouvé un mot dont la postérité se souviendra pour en rire : il a parlé de la « faillite de la science ». La religion qui lui est chère a promis pendant des siècles des merveilles à l'humanité, et ne lui a rien donné que déception et douleur. La science, au contraire, à peine éclose, et sans avoir jamais rien promis, a métamorphosé le monde en deux générations. Cela ne l'empêche pas d'avoir fait faillite pour M. Ferdinand Brunetière, un enfant terrible qui voudrait la lune tout de suite. Aussi MM. Grasset et Brunetière disent-ils aux hommes : « Vous avez quitté le giron de votre bonne mère l'Église, pour courir à la recherche de la Vérité. Vous avez bien découvert un certain nombre de vérités, mais vous n'avez pas découvert la Vérité, et cependant voilà près de cent ans que vous cherchez, espace immense dans l'infini des temps ! Hâtez-vous donc, enfants imprudents, de rentrer dans le giron de votre tant bonne mère l'Église ! Elle aurait bien bonne envie de vous écraser pour vous faire payer votre audace ; mais elle vous sera miséricordieuse, parce qu'elle a peur d'effaroucher les autres ».

Eh bien ! non ! Messieurs ! merci ! Si je n'avais pas d'autre alternative que de me rallier au monisme ou de revenir aux doctrines de la sainte Église, je vous assure que je défendrais le monisme en désespéré. Je l'avoue impudemment ; mais j'ai une autre alternative, c'est de demeurer dans la voie de la Science, ou mieux dans la voie de la Recherche : le monisme n'est qu'une conception philosophique temporaire, la Science, elle, croîtra tous les jours en grandeur et en beauté, et sera immortelle. Si vous voulez ma profession de foi, je vous la ferai bien volontiers.

Dieu existe ; mais je ne sais pas dans combien d'âges mon esprit sera assez robuste pour commencer à le concevoir. Je ne sais pour le moment qu'une chose, c'est que la Raison est une émanation divine. Tout ce qui est déraisonnable ne vient pas de Dieu. D'où vient le Mal ? Je n'en sais rien, je le saurai peut-être un jour ; en tout cas je sais qu'il ne vient p^{as} du diable, qui n'est qu'une création grotesque de moine en délire.

Il n'y a pas de Révélation. Tous ceux qui

viennent nous parler de vérités révélées mentent. Dans un but que j'ignore, mais pour mon bien sans doute, je suis condamné à la Recherche. Je m'incline, et je dévore mon impatience. La Nature ne me dérobe pas ses secrets ; mais elle ne vient pas, bénévole, au-devant de moi pour me les livrer : elle veut que je les conquière. Et sans doute cette volonté est sage.

Il n'y a pas de limites à la Recherche. Ceux qui vous disent : l'esprit humain trouvera là ses colonnes d'Hercule, ceux-là se trompent. Avant de nous dire jusqu'où l'esprit humain est capable d'aller, ils feraient bien de nous dire ce que c'est que l'esprit humain.

Donc, soyons calmes, humbles et patients. Sachons nous dire que nous ne savons presque rien ; mais n'oublions pas aussi que nous avons, non seulement le droit, mais le devoir de chercher. Travaillons sans découragement ; abordons toutes les questions : il n'y en a pas de réservées par des décrets sacrés. Quand nous nous apercevons qu'au lieu de la réalité, nous avons embrassé un fantôme, ne nous entêtons pas dans notre erreur. Ne nous laissons pas épouvanter par le Mal, qui par moments nous semble tout submerger autour de nous : le Mal n'est qu'apparence, et le Bien est au fond de tout.

Je termine en faisant un pressant appel à toutes les bonnes volontés. Unissons-nous pour la recherche sur le domaine psychique. Il y faut des hommes rompus aux travaux exacts ; mais il y faut aussi en grand nombre de ces personnes à qui la nature a fait présent de facultés peu connues. Un médecin dirait : Il faut des sujets. Je ne parle pas ainsi et je dis : Il faut des collaborateurs. Quand une découverte est faite, le service rendu par le sujet est égal à celui rendu par le chercheur. Mais que la raison calme ne nous abandonne jamais. C'est un lumignon bien pâle que notre raison ; mais disons-nous bien, une bonne fois pour toutes, que nous n'en avons pas d'autre, et que du reste il ne tient qu'à nous d'en avoir la somme chaque jour davantage.

Imprimerie Ch. Colin, Mayenne.

BIBLIOTHÈQUE DES ÉTUDES PSYCHIQUES

EXTRAIT DU CATALOGUE

Crookes (William). — *Recherches sur les phénomènes psychiques*, illustré. . . . . 3 fr. 50
Wallace (Alfred Russell). — *Les miracles et le moderne spiritualisme*. . . . . 7 fr. 50
Aksakoff (Alexandre). — *Un cas de dématérialisation partielle du corps d'un médium* 4
Rochas (Comte Albert de). — *Les effluves odiques*. . 6
— *Les états profonds de l'hypnose* . . . . 2 fr. 50
— *Les états superficiels de l'hypnose* . . . . . 2 fr. 50
— *L'Extériorisation de la sensibilité* 7
— *L'Extériorisation de la motricité* 10
— *Les frontières de la science* . . . . 2 fr. 50
Gurney, Myers et Podmore. — *Les Hallucinations télépathiques*, traduction abrégée de *Phantasms of the living* par Marillier, préface de Ch. Richet. . 7 fr. 50
Crowe (M⁽ᵉ⁾ Catherine) — *Les côtés obscurs de la nature ou Fantômes et Voyants* 5
Gibier (Dr Paul). — *Le Spiritisme ou Fakirisme occidental*, étude historique, critique et expérimentale, avec figures dans le texte 4
— *Analyse des choses. Essai sur la science future, son influence sur les religions, les philosophies* . . 3 fr. 50
Flournoy. — *Des Indes à la planète Mars*, étude sur un cas de somnambulisme avec glossolalie et 44 figures dans le texte 8
Flammarion. — *La pluralité des mondes habités*. 3 fr. 50
— *L'Inconnu et les problèmes psychiques* . . . 3 fr. 50
— *Uranie*, roman sidéral . . . . 3 fr. 50
— *Stella*, roman sidéral . . . . 3 fr. 50
— *Lumen* (édition populaire, 52ᵉ mille) . . . . 0 fr. 60
Rapport sur le spiritualisme par le Comité de la Société dialectique de Londres avec les attestations orales et écrites. Traduit de l'anglais par le Dr Dusart. 5
Gyel (Dr E.) — *L'être subconscient*. 4
— *Essai de revue générale et d'interprétation synthétique du spiritisme* . . . . 2 fr. 50
Ochorowicz (Professeur J.). — *La suggestion mentale* avec préface de Ch. Richet 5
Bernheim (Dr). — *De la suggestion et de ses applications à la thérapeutique*. 6
Binet et Féré. — *Le magnétisme animal, avec figures* . 6
Luys (Dr J.). — *Hypnotisme expérimental, 28 planches*. 3 fr. 50
Proceedings of the Society for psychical Research.
— La librairie se charge de les procurer à ses correspondants.

MAYENNE. — IMPRIMERIE CH. COLIN.

www.ingramcontent.com/pod-product-compliance
Lightning Source LLC
Chambersburg PA
CBHW060645170426
43199CB00012B/1678